齐地文博研究

王焕文 ◎ 著

中国海洋大学出版社

· 青岛 ·

图书在版编目（CIP）数据

齐地文博研究 / 王焕文著 . —青岛：中国海洋大学出版社，2022.9

ISBN 978-7-5670-3239-2

Ⅰ . ①齐… Ⅱ . ①王… Ⅲ . ①文物工作—研究—淄博 ②博物馆事业—研究—淄博 Ⅳ . ① K872.523.4 ② G269.275.23

中国版本图书馆 CIP 数据核字（2022）第 147210 号

QIDI WENBO YANJIU

齐地文博研究

出版发行	中国海洋大学出版社			
社　　址	青岛市香港东路 23 号		**邮政编码**	266071
网　　址	http://pub.ouc.edu.cn			
出 版 人	刘文菁			
责任编辑	张跃飞		**电　　话**	0532-85901984
电子信箱	flyleap@126.com			
印　　制	淄博华义印刷有限公司			
版　　次	2022 年 9 月第 1 版			
印　　次	2022 年 9 月第 1 次印刷			
成品尺寸	170 mm × 240 mm			
印　　张	16.25			
字　　数	258 千			
印　　数	1~1 000			
定　　价	53.00 元			
订购电话	0532-82032573（传真）			

前言

似乎我一生都与文博事业有缘。

1984年9月，我进入山东大学中国史专业学习。1988年7月，我从山东大学毕业后，被分配到淄博市博物馆从事近现代文物研究工作。1991年7月，我参加机关工作人员遴选考试，考入了中共淄博市委宣传部，主要从事地域文化研究和组织协调工作。2013年11月，我服从组织安排，又重新回到淄博市博物馆从事文博工作。

是命运使然，还是自己的爱好或所学专业的缘故，我都不得而知，也没有时间进行认真的思考和深入的考证。但我确实热爱自己的专业，并乐此不疲地在地方史和地域文化领域进行辛勤的耕耘和探索。还在淄博市委宣传部工作时，我就参与了《淄博名人》《淄博名景》《淄博名物》和5卷本《淄博民间故事大全》的编纂工作，抢救和保护了一批优秀的传统地域历史文化遗产。重回淄博市博物馆工作后，我更是如鱼得水，在这片浩瀚无垠的海洋中继续探索前行。在完成本职工作之余，围绕着文物考古、展览陈列、博物馆建设与管理等方面，进行了比较认真系统地学习思考和探索实践。8年多来，共写出了30多万字的研究成果。与毕生致力于文博事业的同行、同学和甚至专家们相比，自己的研究水平不是很高，成果数量和实际效果也有限，但毕竟是学有所获、思有所得、做有所成。近年来，先后有20余篇文章在《文物》《中国国家博物馆馆刊》《中国博物馆通讯》《博物馆研究》《文物春秋》以及《中国文物报》等国家级专业期刊、报纸上发表。探索中确实孤单和寂寞，但收获中更有欣慰和快乐。

我的研究范围主要集中在以下5个方面。一是地方史研究。主要是围绕着淄博地区人类的起源产生以及相关历史人物、历史事件进行梳理和探究。二是考古与探索。主要是围绕着淄博地区的考古遗址和遗物进行考证。特别是在淄博地区发现的汉画像石进行了全面研究，并且有3篇研究成果在国家级文博刊物上发表。三是馆藏文物研究。主要是围绕着淄博市博物馆及部分区县博物馆收藏的珍贵文物进行介绍和赏析。四是地域文化研究。主要围绕着齐文化、聊斋文化、新城王氏家族文化和淄博地区的风情民俗等进行专题研究。五是博物馆建设与管理研究，主要围绕着国有博物馆和非国有博物馆目前的建设现状、存在问题和今后业务工作如何开展等进行探讨。其中，《文旅融合发展背景下非国有博物研究》为山东省人文社会科学课题的研究成果。这5个方面，是博物馆的基本业务范围，也是每一位从事博物馆工作的同志必须掌握的基础内容。出版本书的初衷，既是想对自己一个时期研究成果进行总结，又想将这些研究成果与正在从事这一工作的同行进行交流和分享，特别是能对年轻同行如果能够有一点借鉴和启示意义，这就是我最大的希望。

　　由于自己掌握的材料有限，所处的平台不高、研究范围不广，并且真正克服浮躁心态静下心来研究一点学问的时间毕竟有限，再加上自己能力和水平不高，所以文章中一定有许多不妥、不深、不精之处，还请各位专家、业内人士给予批评指教。

　　当前，我们正处于中华民族伟大复兴的新时代。让文化活起来，让博物馆火起来，让中华优秀传统文化不断传承和弘扬广大，是每一个博物馆人的神圣使命和重要责任。作为文博战线上的一名"老兵"，我将始终秉承"业精于勤荒于嬉"的信念，继续在文博大地上努力耕耘，以无愧于这个伟大的时代。

　　最后，我以《离骚》中的"路漫漫其修远兮，吾将上下而求索"作为我人生的勉励。

2022年1月1日

目录

地方历史研究

考古与探索

馆藏文物研究

地域文化研究

博物馆研究

地方历史研究

齐地土著居民探源

姜太公建国之前的齐地，是史前时期山东土著居民后裔东夷人的家园。

"夷"的称谓，大约产生于夏代，目的是与华夏相互区别。在古代甲骨文中，"夷"字时常出现，指居住在夏朝统治区域之外的部族。把"东夷"作为一个民族称谓，并于南蛮等其他少数民族相提并论，可能是从《礼记》开始的。《荀子·王制》中有"东方曰夷"的记载。许慎在《说文解字》中曰："夷，东方之人也。"这些都有东夷民族的记载。夏商统治中心在今黄河中游地区，大致在今山西、河南、陕西一带，那么"东夷"就只能是在以统治中心以外的东部地区了。截至目前，东夷人的历史还比较模糊，其大致脉络和情况如下。

一、东夷民族的文化发展时期

从考古和史料记载看，东夷文化从后李文化（距今7 500～8 500年）开始，历经北辛文化（距今6 100～7 500年）、大汶口文化（距今4 500～6 500年）、龙山文化（距今4 000～4 600年）、岳石文化（距今3 500～3 900年）等几个阶段，前后长达四五千年的历史时期，所有这些都是东夷人所创造出来的不同阶段的文化。后来，也许是因为氏族生活的压力，也许是因为人祸天灾或部族之间的战争等，从夏朝开始，东夷民族开始向中原地区拓展和迁徙。后来，历经春秋战国和秦汉时期，东夷人最终融入了中华民族的大家庭之中。

二、东夷民族的重要历史成就

在非常漫长的史前阶段，东夷人依靠自己的聪颖智慧和勤劳艰苦的劳动，研究制造出了精美的骨器、石器以及玉器等生产生活工具和用品。在长期实践中，他们烧造出了"薄如纸、黑如漆、明如镜、声如磬、硬如瓷"的蛋壳陶器，研制出了布纹细、密度高的纺织用品，发明了冶炼技术以及原始历法、古老文字等。在发展原始农业的同时，又开创了家禽饲养和酿酒业。到龙山文化的时期，东夷民族开始进入有阶级的社会，开始出现国家，东夷民族文明社会由此开始。

三、东夷民族的部落首领代表

根据《竹书纪年》以及《后汉书》等史料记载，东夷族大致分为九个部分。古代，"九"不是实际数量，而是很多的意思。这也就是说，东夷族不是一个统一的民族，而是由很多个大大小小的部落组成的庞大部落联盟。主要的部落有风姓、姜姓、嬴姓、姚姓等具体部落，此外还有一些不被历史记载的部落。各个部落都有自己的图腾，他们主要以龙、凤、鸟、蛇、太阳等为图腾，其中鸟类图腾居多。在东夷民族的历史中，最著名的部落首领有太昊、蚩尤、少昊、大舜等人。

太昊，伏羲氏，风姓，燧人氏之子。据《白虎通》和《新语》记载，伏羲氏定人道，创八卦，并且还发明了五十弦的瑟和陶等乐器，设官分职，制礼作乐，进入文明社会。

蚩尤，姜姓，炎帝的后裔。蚩尤部落共由81个氏族部落组成。在蚩尤时期，青铜冶炼技术不断提高，铜质工具大量涌现。蚩尤使用青铜制作了刀、戟、大弩等先进兵器，提高了兵器的杀伤力和战斗力。这是一个重要的进步。传说，蚩尤非常善战，其名声威震天下，一举而兼并9国，再举而兼并了12国。后来在跟黄帝的战斗中，蚩尤遭遇到了惨败，死后被葬在了东平地区。再后来被历史神化，成为齐地的兵主武神。

少昊，嬴姓，黄帝的后裔。因他修炼太昊之法，因此称之为少昊。他们居住的中心大致在今山东曲阜地区，历史足迹遍及今山东各地。少昊氏以各种鸟类作为自己氏族的图腾，已经设立了各级官吏，分工明确，组织严密，其社会化已达到了较高的水平，系当时的先进部族。

舜，系姚姓，古籍中也称作为虞舜。《孟子·离娄下》曰："舜生于诸冯"，诸冯也就是今山东诸城。据传说，舜亲自率领东夷人积极发展农业、畜牧业、渔业和制陶业，由于舜品德高尚，管理有方，从而使东夷民族在这个时期人口激增，生产先进，社会发展，文化繁荣。这时期不但东夷出现了城镇，还创造了早期的城市文明，而且逐步完善了早期的天文历法，还创造了以《大韶》为代表的音乐文化。在舜死后，他把君位禅让给了大禹，因此大舜便成了后世儒家所歌颂的上古圣君。

四、东夷民族建立的部落方国

夏商时期，东夷民族在今山东地区建立了许许多多的小国。在当时，所谓的"国"，其实大多都是一个个带有氏族部落特征的聚落集团。但这种"国"，也有一定范围的疆域，并依靠自己的血统组织来维护和领导。我们把这些血缘关系与地域关系相结合，并且已经有了公共权力和公共机构的组织叫部族方国。从文献记载来看，目前我国能够查到地望的有135国。其中，由氏族部落发展而成为国家的，在东夷民族中就有107个，其主要方国如下。

（一）莱国

莱国，又称莱子国、莱夷，是先秦时期的姜姓莱夷人所建的部落方国。当时，在莱国生活的土著居民系原来的莱夷人和嵎夷人。在商代以前，莱国的统治中心一直在昌乐、临朐等地附近，东部可以到达黄县的沿海地区。在齐地部落方国中，莱国的势力是比较强的。在春秋初年，莱国的疆域西起临朐，东至胶东半岛，北至渤海，南至今诸城、胶州。姜太公刚刚受封于齐国、建都营丘时，因为距离莱都较近，因此莱国屡次进犯营丘。春秋时期，在齐国强大之后打败了莱国，侵占了位于今山东平度西边的领土。因此，莱公迫不得已迁都黄县，叫作东莱。公元前567年，东莱被齐国灭亡。

（二）纪国

纪国位于齐国以东、莱国以南，主要在今天的寿光境内，当时疆域不亚于齐国或鲁国。周夷王年间，由于纪侯进谗言，周王烹杀了齐哀公，齐、纪两国由此结仇。从此，齐国一直想寻找机会消灭纪国，报杀君之仇。但这只是其中的一个原因，最重要的是消灭纪国是齐国进行扩张的必由之路。面对虎视眈眈的齐国，纪国只好选择与鲁国结好，借助齐、鲁两大强国的矛盾而寻求自保。鲁国也想保存纪国，并借助纪国的力量，抑制齐国的扩张。这种现状从公元前8世纪持续到公元前690年纪国灭亡。到公元前690年，齐国大军终于攻破了纪国都城。纪侯将剩余的国土交给了纪季，出国逃亡后一去不返，纪国从此灭亡。

（三）淳于国

淳于国是西周到春秋时期的一个小的诸侯国。西周初年，武王把淳于公分封到山东安丘的东北部，建立淳于国。实际上，淳于国只是州国的一种延续。大致在春秋早期，从今河南地区迁移过来的杞国频繁入侵淳于国。由于淳于国弱小，力量有限，无力抵抗。在此情况下，国君不得已去国逃往外地，淳于国由此灭亡。淳于国灭亡后，杞国就势迁国都于其地，因此，后人有时也将杞国称之为淳于国。

（四）蒲姑国

蒲姑国在山东博兴东北，系嬴姓诸侯国。据《左传》记载，商周时期，在今山东临淄、博兴、广饶等地区，有一个比较强大的部落方国叫蒲姑国。郦道元在《水经·济水注》中说："济水又迳蒲姑城北……蒲姑故城，在临淄县西北五十里，近济水。"在今博兴城东面的寨郝镇，有蒲姑城的故城遗址。从而证明今天的博兴、广饶一带，属于当时蒲姑国的疆域范围。

周成王东征灭掉蒲姑国之后，将原来的蒲姑国分封给了姜太公之子吕伋，蒲姑国由此划归了齐国。广饶地区成为齐国开发渔盐之利、发展畜牧业的重要地区，为此后齐国发展成泱泱大国提供了重要的支持。广饶历史进入一个新阶段。

除此之外，齐地当时还分布着娄国、曾国、杞国、奄国、诸国、谭国、剡国等许多小的国家。这些大大小小的部族方国都在各自居住的地区进行艰苦的开发，在此基础上，他们共同创造了灿烂的古代齐地文化，从而为姜齐政权的建立和发展奠定了坚实的基础。

齐国得名由来

周武王在姜太公的辅佐下灭商建周后，大封功臣，第一个封赏的人便是姜太公，"封尚父于营丘，曰齐"。那么，齐国为什么以"齐"为国家的名称呢？

姜太公的封地之所以叫齐国，是因为早在殷商时期，这里已经有齐地之说。这是没有什么争议的，但是齐地是缘何而来的，目前还有许多种说法。

殷商之时，临淄这一带就称"齐"。《中国历史地图·商时期中心区域图》标注"齐"为城邑。关于"齐"的来历，郭沫若先生认为，齐国之所以称齐是沿袭旧称。他在《卜辞通纂》中说："齐当为齐国之前身，盖殷时旧国，周人灭之，别立新国而仍其旧称也。"对此说，学术界无甚异议。然而，临淄最早为何得名为齐，却众说不一。

第一种说法是因临淄附近有"天齐渊"而得名。这是目前被普遍接受的一个说法。司马迁《史记·封禅书》里解释："齐所以为齐，以天齐（渊）也。"《括地志》里记载："天齐水在临淄东南十五里。"天齐渊是一处泉水涌动的深水潭，被古齐人看作是天神之地，是祭祀之地。齐通"脐"，古代齐人将自己居住的地方看作是天下的中心，因而得名"天齐渊"。王筠之《说文释例》说："齐国以天齐渊得名。天齐者，如天之脐也。"段玉裁注《说文解字》："脐，人脐也。凡居中曰脐。"在这种说法里，齐字有"中央之义"。

第二种说法是因为"齐"字的甲骨文的字形像禾麦穗头。许慎《说文解字》云："齐，禾麦吐穗上平也，象形。"此认为齐之得名与当地种植小麦有关。而且临淄一带原为从事种植的齐族建立的北齐国，盛产小麦，齐族的族徽也为小麦吐穗的形状，此即"齐"字，齐地因此得来。实际上，当时的"齐"字象形字参差不齐，可以以野生小麦为形。

第三种说法是认为查"齐"字之本义，应是3枚无箭或有箭的镞头之形，为远射兵具的摹画。齐地为东夷人的居住地之中心，"夷"从字源学上来看，其义为弯弓、尚箭的民族，以其善射为本部族的特长，所以《说文解字》解释"夷"说，夷，"东方之人也，从大，从弓"。这样，该地也就以富有尚箭含义的"齐"字为名。

第四种说法是认为齐地因临近济水而得名。《唐韵》《集韵》中都认为："济，齐也。"《庄子·逍遥游》中注："其济一也。"《释文》中有"济，本又作齐"。因为在济水流域而得名者，还有后周的济州、东汉的济国、汉代的济南郡等。故临淄在古代时以"济"命名，因当时齐、济皆可通用，故"齐"得名于济水。

将以上四种齐地得名相比较，似乎齐地因箭而取名为"齐"的说法更为合理。《山海经·海内经》曰："少暤生般，般是始为弓矢。"少暤即少昊，是传说中东夷族的首领。《说文解字》谓："古者夷牟作矢"。夷牟即牟夷，是东夷族的一支。而传说中善射的后羿，也是东夷族首领。夷族的得名也源于弓矢。《说文解字》说："东夷人好战，好猎，故字从大持弓，会意。"既然夷族是根据其特点而得名的，在善射箭的夷族居住地，用3支箭头组成的象形字"齐"作为地名，也是很有可能的。因此，齐国得名也许就是由此而来。

齐国"称霸称雄"原因探秘

西周初年，周王朝推行"分封亲戚、以藩屏周"政策。也就是说，周王把国家的土地和在土地上生活的人民分封给自己的王公大臣，允许他们建立各自的诸侯国，以此作为藩屏，来保卫王室和周王朝。由此，在当时中国的大地上，出现了许许多多的诸侯国。《荀子·儒效》说："（周公）兼制天下，立七十一国"。齐国作为其中的一个诸侯国，却在列国林立中一跃成为战国七雄之一，存续长达800余年，这不能不说是一个奇迹，其中原因值得后人思考总结。

一、太公治齐，建本立基，为"称霸称雄"奠定了基础

在建国之初，齐国的社会基础并不是很好。《汉书·地理志下》载："齐地负海舄卤，少五谷而人民寡"。面对自然条件恶劣、地薄人稀粮少的不利形势，姜太公至国修政，采取了"因其俗，简其礼，通工商之业，便鱼盐之利"的政策，使齐国由一个地薄民寡的小国，很快发展成为一个经济富庶、人口众多的泱泱大国，这与齐国早期统治者的统治政策有很大关系。

（一）重地利、开放务实的经济政策

姜太公建立齐国后，之所以没有照搬周朝的农业立国方针，是因为当时齐地全为潟卤之地，不利于种植各种粮食作物。齐地位于我国东部沿海地区，在当时这里是地广人稀、土地贫瘠，缺乏劳动力，希望通过发展农业来实现富国强兵非常困难。然而齐地负海，有丰富的渔盐资源，当地的居民一直有种桑养蚕、制作陶器、青铜冶炼等传统畜牧业和手工业，这是齐国发展工商业的有利条件。对此，姜太公实事求是地分析了齐国的具体国情，有针对性地实行了工商立国的基本政策。经过几代人不懈地努力，齐国由此成为

"冠带衣履天下"的大国，出现了"人民多归齐"的盛旺局面。《史记·货殖列传》中曰："故太公望封于营丘，地潟卤，人民寡，于是太公劝其女功，极技巧，通鱼盐，则人物归之，襁至而辐凑。故齐冠带衣履天下，海岱之间敛袂而往朝焉。"

（二）重才能、尊贤赏功的用人政策

据《汉书·地理志下》记载："昔太公始封，周公问：'何以治齐？'太公曰：'举贤而上功。'""举贤而上功"就是说把那些有才能的人推荐出来，委以重任，带领齐国百姓发财致富。姜太公不计较亲疏和身份地位，只要有才能、有功绩，并愿意为国家效力的，都安排合适的岗位，让他们发挥应有的作用。这种开放式的用人政策，形成了"人物归之"的可喜局面。此外，姜太公用人举贤尚功，不分部族、出身、门第，用人唯贤，唯才是举，比较当时鲁国"尊尊亲亲"的用人路线，这无疑是一个巨大的进步。

（三）因其俗、简其礼的政治政策

太公封齐之后，在对待民族和文化的问题上，制定了因人而异的政策。《史记·齐太公世家》载："太公至国，修政，因其俗，简其礼。"《史记·鲁周公世家》载，在同时期伯禽治鲁则采取了"变其俗，革其礼，丧三年然后除之"。所以伯禽3年后才报政周公，而太公5个月后即报周公。可见，伯禽治鲁采用的是用周礼的模式去改造鲁地原有的传统习俗，当然举步维艰、收效较慢；而姜太公则从齐地实际情况出发，从俗简礼，不进行强制干涉，实事求是加以引导。这种入乡随俗的民族政策，进一步缓和了占领者周人与土著居民东夷人的矛盾，也由此巩固了统治者的统治地位。"因其俗，简其礼"使得社会安定、人心思齐，百姓安居乐业。就这样，姜太公以其雄才大略和开明的姿态，因时因地因人制宜，迅速建立了政权并使之得到进一步巩固和发展，为齐国发展成为东方大国，为齐国建立春秋霸业，打下了良好深厚的基础。

二、桓管改革，富国强兵，齐桓公成为"春秋五霸"之首

从太公建国后又经过300多年，到齐桓公小白即位时，齐国已经有了一

定的发展。同时，齐桓公胸怀大志，他不计前仇大胆任用管仲为相。在管仲一班人的共同辅佐下，齐桓公尊王攘夷，变法图强，实现了富国强兵的目标。他"九合诸侯，一匡天下"，成就了春秋第一霸业，把齐国推向了一个繁荣高峰。

在政治政策方面，齐国重新划分行政区划和国家统治机构。把全国划分为共21个乡，其中有6个工商乡和15个士乡。把国家政权划分成3个机构或部门，制订了三官制度，官吏设有三宰，工业设立三族，商业设立三乡，川泽业设立三虞，山林业设立三衡。郊外30家划分为1邑，每邑设立1名司官。10邑设立为1卒，每卒设1名卒师。10卒为1乡，每乡设1名乡师。3乡为1县，每县设1名县师。10县作为1属，每1属设立1大夫。全国共有5个属，设立5名大夫。每年年初，由五属大夫把属内情况向齐桓公汇报，检查其政绩功过。由是，全国就形成了一个完整统一的整体。

在经济政策方面，齐国推行"相地而衰耕"的土地税收政策。就是依据土地的贫瘠情况，作为征收赋税的依据。这种比较客观合理的赋税政策，调动了农民生产积极性。始终坚持以农为本，大力发展农业生产。实行"均地分力、与民分货"政策，也就是把公田经折算后分给农民，让农民耕种，实行个体生产。劳动者和土地所有者按比例获得土地收益，把劳役地租变为分成制的实物地租。在坚持以农为本的同时，本末并举，共同发展。齐国高度重视手工业和商业发展，多业并举。齐国经济在其他诸侯国中一枝独秀，并呈现出工商业经济的鲜明特色。特别是齐国创立的"官山海"制度，也就是国家盐铁专卖制度，使国家控制了齐国的经济命脉。此外，齐国统治者还实施"轻重之术"，设"轻重九府"，积财通货，根据年景的丰歉，人们的需求，来征收税赋，即粮食和物品，极大地调动了人民发展经济的积极性。

在军事政策方面，强调藏兵于农。齐国规定，10家为1轨，每轨设立1名轨长。10轨为1里，每里设立1名里有司。4里为1连，每连设立1名连长。10连为1乡，每连设立1名乡良人，主管各乡的军事。发生战争时组成军队，每户派出1人。1轨派出5人，5人作为1伍，由轨长带领。1里派出50人，50人作为1小戎，由里有司率领。1连派出200人，200人作为1卒，由连长带领。1乡派出2 000人，2 000人作为1旅，由乡良人带领。5乡派出10 000人，设立1名帅，10 000人作为1军，由帅率领。这样就把军队组织和保甲制结合在了一起，强化了组织领导，极大地提高了军队的战斗力。

齐国统治者在政治、经济、军事等方面的改革，使齐国迅速强大起来，实现了富国强兵，为齐桓公称霸和奠定齐国大国地位打下了一定基础。从此，在管仲等人的辅佐下，齐桓公经过不懈努力，终成"春秋五霸"之首。

三、齐威王图治，一鸣惊人，齐国成为"战国七雄"之一

田氏代姜后，田氏统治集团继续施行桓管时期的统治政策，并结合当时实际，进行适当改革，特别在田齐第四代国君齐威王统治时期，他虚心纳谏，从善如流，以至提意见的人"门庭若市"。他锐意整顿朝政，改革政治经济，齐国迅速由弱变强，称雄天下。

（一）整顿吏治，选贤任能

齐威王初期，齐国是"百官荒乱"。面对这一局面，齐威王首先从整顿官吏队伍入手。他调查和掌握了各级官吏的治乱现状及原因，然后把东地的72名官吏召集起来。对"田野辟，民人给，官无留事，东方以宁"，确实富有政绩的即墨大夫"封之万家"；而对"田野不辟，民贫苦"，以币厚其"左右以求誉"，犯有严重失职之罪的阿地大夫，施以严酷的"烹刑"。并且，对于那些收受贿赂、毁誉不实的左右近臣，视为奸臣，"皆并烹之"。由于齐威王赏罚严明，严肃吏治，从此"群臣耸惧，莫敢饰非，务尽其情。齐国大治，强于天下"[①]。

（二）广纳群言，兴利除弊

齐威王鼓励国民给自己提意见，他下令："群臣吏民，能面刺寡人之过者，受上赏；上书谏寡人者，受中赏；能谤议于市朝，闻寡人之耳者，受下

_____

① 《史记·田敬仲完世家》。

赏。"命令发布之后，群臣进谏者"门庭若市"。几个月之后，进谏者"时时而间进"。一年以后，进谏者"欲言无可进者"。①借助这种方式，齐威王采纳了很多好的建议，达到了兴利除弊、富国强兵的目的。

（三）破格提拔使用人才

邹忌以"鼓琴见威王"，他以弹奏琴弦的道理，比喻治理国家的道理。他认为，作为国君执政时要温和，作为相者执政时要清廉，国家在制定政令时要全面考虑，推行政策时要抓牢抓实。这样，才有可能治理好国家。齐威王对邹忌的才能很赏识，他为官3个月后便为官拜相。淳于髡本人身份微贱，曾经作为别人的"赘婿"，但他才智非常过人，善于用隐语讽谏，为此深得齐威王的赏识，让他参与一些重大的外交活动。孙膑遭受过膑刑，身体残疾。齐威王发现孙膑有杰出的军事才能，便破格任命他为军师。这些人才，都为齐国发展强大做出了突出贡献。

（四）发展经济，富国强兵

一是对土地充分开发利用，鼓励农民垦荒种田，生产粮食。二是采取措施维护农民利益，鼓励发展农业，调动农民生产积极性。三是按照土地的好坏纳粮，平均农民负担，"相壤定籍而民不移"。四是奖勤罚懒。对能够勤奋劳动、多种粮食的农民给予一定奖励，而对于游手好闲、不努力劳动的人们给予惩罚，由此鼓励人们积极参加劳动。五是不误农时。国家不在农忙时节兴师动众、大兴土木，以保证农业生产。六是做好粮食管理工作。在丰收年份，国家多收购粮食，以防止粮贱伤农；在荒年，国家及时出卖储备粮食，以解决人们的贫困。七是提倡发展林牧副渔业，多业并举，实现富国富民。

（五）宣教兵法，改善军备

齐威王非常重视对官兵的教育训练，而且标准高、要求严、教导明。在训练军队的方式方法上，不固守常规，士兵的行动要机智灵活，两者相互兼顾，以此提高部队的军事素质。威王非常重视提高武器装备，为保证军队具

---

① 《战国策·齐策一》。

有优良精制的武器，他采取以下几项措施：一是"聚天下之精材"来生产武器；二是"来天下之良工"，"论百工之锐器"，用重金雇用各地的能工巧匠生产武器；三是对生产出来的武器进行认真严格地测试、检查和保管，做到"春秋角试以练，精锐为右，成器不课不用，不试不藏"。这样，有了精良的武器，加上训练有素的士兵，大大提高了军队战斗力。正如苏秦称赞的那样，齐国"带甲数十万，粟如丘山。三军之良，五家之兵，进如锋矢，战如雷霆，解如风雨"。齐国军队成为诸侯列强中一支优秀强大的军队。

（六）扩建稷下学宫，大力招揽人才

齐威王为了实现富国强兵，在前人的基础上，还大力扩大学宫规模，四处招揽有用之才，为其霸业出谋划策。齐威王在稷下"开第康庄之衢，高门大屋"，以待士人，并且给稷下先生们以丰厚的待遇。在政治方面，"皆命曰列大夫"，尊为上等宾客；在经济方面，给稷下先生们享受上大夫职别的俸禄，且"赀养千钟"。因此，稷下先生及各派著名学者荟萃于稷下，传道授业，讲学争鸣，他们为齐威王的富国强兵、争雄称霸做出了贡献。

由于齐威王的一系列措施，从而使齐国民富兵强，人民安居乐业，齐国由此替代了魏国的地位，并且延续到齐宣王、齐闵王时期，齐国国势仍然十分强大。

公元前320年，齐威王去世，其子辟疆继位，是为齐宣王。此时齐国国力强盛，齐宣王继承父亲的基业，继续推进齐威王开创的事业。他开拓疆土，称雄天下，齐国成为"战国七雄"之一。到公元前288年，齐宣王的儿子齐闵王继位后，他还与秦国的秦昭王相约共同称帝，秦昭王为西帝，齐闵王为东帝，当时并称"东西二帝"。

齐国赛马活动考探

赛马活动是世界各国流行的一项体育运动，马术于1900年被列入了奥运会比赛项目。在我国，赛马活动历史悠久，"田忌赛马"是迄今我国赛马活动的最早历史文字记录。考古发掘和文献研究证明，我国的赛马活动大致起源于春秋战国时期，发展普及秦汉时期，从此传之后世，历代不衰，始终是我国传统的娱乐游戏活动。[①]在文献资料和考古发掘还没有发现新的证据之前，我们认为，中国赛马活动至迟出现在公元前4世纪，当时，齐国都城临淄的赛马活动已经非常普遍。

一、史料文献记载

马是古代重要的交通工具，它以快捷、灵敏、健走、力大等特点，很快被人们认识和喜爱，并被加以驯养和利用，至迟到夏代马已大量用于驾车，商代甲骨中已多有用马驾车打猎和商王训练马匹的内容。我国古代早期文献中不乏对车马的记载。《左传·定公元年》载："薛之皇祖奚仲居薛，以为夏车正"；《玉篇》载："车，夏时奚仲造车，谓车正也"；《竹书纪年》记载："商侯相土作乘马，遂迁于商丘"；等等。从这些资料记载中说明，早在公元前13世纪的商代晚期，已经人工饲养马匹并将马用于骑乘和争战，商人养马驯马已有相当的历史。

齐国是春秋战国时期养马业非常发达的国家，当时许多人都在从事养马、驭车工作。齐国早期著名的政治家、思想家、辅佐齐桓公成为春秋首霸

---

① 张光明、边希锁：《齐国殉马探略——先秦齐及诸国殉马发现略述》，《管子学刊》2002年第1期。

的名相管仲，年轻时曾是一名喂马的仆役。他在论"傅马栈最难"时，曾对齐桓公说"夷吾尝为圉人"①。"圉人"，即掌管养马放牧等事务的人，后泛指养马的人。在记录管子言行、阐述管子思想的《管子》中，管仲借马喻政的论述就有七、八处之多。如"夷吾尝为圉人""毋代马走，使尽其力""不行其野，不违其马"等。此外，《管子》以及《晏子春秋》中还记载了大量与马有关的故事。如《管子》中齐桓公爱马、外交礼仪中送诸侯良马、管仲向齐桓公解释"老虎为什么怕逆光奔跑的马"。《晏子春秋》中刖跪击打景公之马、晏婴乘蔽车驽马上朝、晏婴借"挂牛头，卖马肉"劝说齐灵公严格约束身边人、晏婴借金壶丹书"勿乘驽马"劝说齐景公重用人才等，都充分说明齐国养马业的繁荣发达，证明当时马匹已被广泛应用于人们的生活、生产、狩猎和军事、外交等许多领域。同时，随着对马的认知不断深入，人们对其特长特性加以开发利用，进而出现与之相关的赛马活动也属必然。

统治者对马的喜爱，是赛马活动的直接推动力。特别是到了齐国第十六代、第二十六任国君齐景公，已经到了酷爱的程度。《论语·季氏》记载："齐景公有马千驷，死之日，民无德而称焉。"《史记·齐太公世家》称：齐景公执政后期，"好治宫室，聚狗马，奢侈，厚赋重刑"。《晏子春秋·内篇·谏上》："景公使圉人养所爱马，暴死，公怒，令人操刀解养马者。"可见齐景公爱马到了何种程度。齐国统治阶级对马的酷爱，对齐国养马业的发展无疑会产生极大的推动作用。而养马业的发达，为赛马活动的产生奠定了强大的物质基础。

在我国史书中，最早记载赛马活动的大致是"田忌赛马"。《史记·孙子吴起列传》中曾经记载，田忌经常与齐国众公子赛马，设重金赌注。孙膑发现他们的马脚力都差不多，马分为上、中、下三等，于是对田忌说："您只管下大赌注，我能让您取胜。"田忌相信了他，与齐王和各位公子用千金来赌注。比赛即将开始，孙膑说："现在用您的下等马对付他们的上等马，用您的

———————

① 《管子·小问》。

上等马对付他们的中等马，用您的中等马对付他们的下等马。"三场比赛结束后，田忌一场败而两场胜，最终赢得齐王的千金赌注。因此田忌把孙膑推荐给齐威王。齐威王向他请教了兵法，于是把他当成老师。"田忌赛马"这个故事的历史记载，证明了战国中期赛马活动在齐国的客观存在，当时齐国盛行赛马，并且可能已经发展到一定的规模和程度。

二、考古发掘发现

考古发现证明，早在四五千年前的城子崖龙山文化地层里就有马骨被发现，研究证明此马为被驯养的家马。[①]这或许证明至迟在原始社会晚期龙山文化时期，马可能已经被驯养。到了商周时期，马已被广泛饲养和运用，并作为统治者喜爱的私有财产和重要物质被殉葬。目前，仅齐国都城临淄及周围地区，就发现殉马坑、车马坑多达20余处，时代从西周一直延续到战国。具有代表性的如下。

（1）1964年和1972年发掘的位于山东临淄齐都镇河崖头村5号齐景公墓殉马坑。殉马坑在墓室的东、西、北三面，环绕着主墓室，全长215米。经对其中的84米进行发掘，已清理出殉马228匹。经考证，这些殉马都是青壮年时期的马匹，是被人们处死后，按照葬式有秩序地排列而成的。殉马分成两排，整齐排列，昂首卧伏，四蹄蜷曲，呈现出临战时的姿态，似乎一旦听到战鼓就会四蹄腾飞，奔赴战场。根据其分布密度推算，整个殉马坑埋葬马匹约600匹。[②]

（2）后李春秋殉车马坑。该殉车马坑位于齐故城东南约3千米的齐陵街道后李村西北、淄河东岸。1990年发掘，为1990年全国十大考古发现之一。车马坑呈南北走向，平面为不规则长方形，分一号坑和二号坑。其中，一号坑长32米，宽5米，坑内出土殉车10辆、殉马32匹。二号坑长8米、宽3米，

① 傅斯年、李济、董作宾等：《城子崖（山东历城县龙山镇之黑陶文化遗址）》，上海：中史研究院历史语言研究所，1934年。

② 张学海、罗勋章：《齐故城五号东周墓及大型殉马坑的发掘》，《文物》1984年第9期。

有殉车3辆、殉马6匹。[①]

（3）淄河店2号战国墓殉马坑。该殉马坑位于山东淄博临淄区齐陵镇齐王陵附近、齐陵镇淄河店村西南，1990年发掘。殉马坑全长45米，殉马数量多达69匹[②]。

（4）窝托西汉齐王墓殉车马坑。该墓位于齐故城西南、今山东淄博临淄区辛店街道窝托社区，于1978年11月—1980年11月发掘，为西汉齐哀王刘襄墓。坑东西长30.2米，宽4.6米，深3.8米，内殉车4辆、殉马13匹。[③]此外，临淄周围还有2001年春发掘于齐故城南中轩集团工地的战国墓殉马4匹，2013年开始发掘的齐都文化城的东孙战国墓殉马坑2处，以及已发现但未发掘的殉马坑多处。这从一个侧面反映出当时齐国养马业的发达和人们对马的喜爱。

三、遗址文物佐证

一是近年来在齐故城出土的战国树木双马纹、树木双骑纹瓦当。瓦当是我国古代建筑中筒瓦顶端的下垂部分，是用以装饰美化和庇护建筑物檐头的构件。所谓齐瓦当，是指以齐国故城临淄为中心，涵盖齐地广大地区所出土的、年代主要为周至两汉的瓦当。战国时期，齐瓦当最为典型的纹样为树木双马纹和树木双骑纹，在临淄多有出土。这类瓦当当面图案中间为树木，树木两侧配上两匹马或者两个骑马者。其中，最为代表赛马寓意的瓦当是双骑纹瓦当[④]。这种树木双骑纹半圆形瓦当一般底径长15厘米，高7.5厘米。当面主题内容由树木、双骑构成。树木处于当面正中，上部四对无叶树枝，下部一对树枝向下弯曲，树枝呈三角纹，在树干两侧各有一骑呈同向相行。两名骑手呈前后追逐状：左侧前马在奔跑，骑手立于马背上，身体前倾；右侧后

① 张龙海：《临淄拾贝》，淄博：淄博市新闻出版局，2001年。

② 罗勋章：《田齐王陵初探》，张光明主编：《齐文化丛书·考古卷》，济南：齐鲁书社，1997年。

③ 山东省淄博市博物馆：《西汉齐王墓随葬器物坑》，《考古学报》1985年第2期。

④ 张越、张要登：《齐国艺术研究》，济南：齐鲁书社，2013年。

马在追逐，后臀弓起前后蹄腾空飞驰，立于马背上的骑手身体前倾更甚。整个画面表现出两名骑手追逐竞赛的场面，再现战国时期齐国赛马的激烈场景。

二是"遄台"遗址。遄台亦名"歇马台"或"戏马台"，原址在今山东淄博临淄区齐都镇小王村南约1千米，是一夯筑台基。现台高5米，南北长60米，东西宽50米。《左传·昭公二十年》有"齐侯至自田，晏子侍于遄台"的记载。"遄台"大致在春秋时期建成，当时是外国人进入临淄的一个驿站，是专供各诸侯国的使节来齐国访问时休息之用，故而有"歇马台"之称。到了战国时期，在"遄台"周围改建成了赛马场地，"遄台"成为齐国王公大臣们观赏赛马比赛的看台，因此此处又叫"戏马台"。田忌赛马的故事，就发生在这里。

此外，近年来在齐国故城周围还发现了战国时期的马俑，出土了汉代描绘墓主人车马出行、打猎的画像石，以及临淄陶文、封泥、玺印、铜镜等文物上大量与马有关的内容。

四、齐国赛马活动产生的原因背景

齐国在公元前4世纪出现赛马活动，并非偶然，而是有着深厚的历史背景。赛马活动的产生与经济发展、商定繁荣、城市富庶等都有着极人的关系，尤其是齐国养马业的发达和统治者对马的酷爱，更是赛马活动产生发展的直接原因。

（一）繁荣的经济为赛马活动产生发展提供了坚实的基础

齐国是重工商的国家，渔盐、纺织是齐国独有的贸易资源，齐国统治者利用"地潟卤"的地势地利，开辟水路通道，广开贸易，繁荣经济，富国强民。纵观有齐一代，通商和发展经济是其立国强国之本，故而齐国至战国前期已称雄称霸、强胜于诸侯。文化的发展繁荣，需要有坚强的经济作为保证。一个连衣食温饱问题都还没有解决的地方，是不可能产生赛马活动的。赛马活动的产生需要以雄厚的经济实力作为基础。

（二）城市的大量出现为赛马活动产生发展提供了良好的场所

齐国以商业立国，在建国之初就提出了"通商工之业，便鱼盐之利"的基本国策。商业的发展，促进了城市的出现和城市经济的繁荣。至战国时期，齐国境内已有70多城，最著名的有临淄、即墨、莒城、昌城、皇城、纪城等。特别是当时的都城临淄，大城里面套小城，其中大城南北长近4.5千米，东西宽将近3.5千米；小城位于大城的西南部，南北长约2千米，东西宽约1.5千米。整个临淄城的总面积达15平方千米以上，有13个城门。城内有完整的地下排水设施和宽阔纵横的道路。在先秦时期，临淄是最具特色商业城市，有"东方商业大都会"的称誉。城市的建设和城市经济的繁荣，为赛马活动的产生和活动的开展提供了良好的场所。

（三）文化的繁荣为赛马活动产生发展提供了良好的社会氛围

一个国家经济发达后，必然带来文化的繁荣。春秋战国时期的齐国亦是如此，突出表现以下几个方面。一是齐国在都城临淄设稷下学宫，广集诸子，著书点说，参政议政，开"百家争鸣"之先河。稷下学宫是我国历史上最早的集政治学术功能于一体的高等教育大学堂，也是我国最早设立的社科院性质的咨政、问政机构。稷下学官的创立，足以证明齐国当时政治昌明和文化繁荣。二是齐王宫中建立了数百人的大型演奏乐队。史料记载在齐宣王时期，王宫中选宫廷乐手300人组成乐队，演奏《韶》乐。著名的"滥竽充数"的故事就出于此时。《韶》乐为齐官乐，即宫廷音乐。能组织如此庞大的乐队演奏，足见当时文化的繁荣。三是统治阶级的喜爱和参与直接助推了赛马活动的推广和普及。史载，齐景公"治宫室，聚狗马"。齐国墓葬多见殉人和殉车马，也证明了当时齐国奢侈的社会风气。著名的"田忌赛马"故事说明齐国国君喜爱并直接参与赌博、赛马等娱乐活动。君王的喜爱为赛马活动在齐国得以提倡和广泛开展创造了条件。

（四）齐地传统的尚武习俗和诸侯之间连年争战为赛马活动提供了可能

在姜太公建立齐国之前，当时在齐地生活的是古代东方夷人，俗称"东夷人"。齐地史前夷人早就有尚武传统，据考证，"齐"字就是由三支箭组成的。姜太公建国后，承其传统，以武强国，齐地兵主祭蚩尤，为兵神。到了春秋战国时期，周王室衰微，诸侯称霸，各国之间的战争连绵不断，齐国在春秋战国长达500余年的时间内约计进行了270余次战争。马在战争中的作用越来越大，马成为当时战争的重要战略资源。赛马活动就是在这样的背景下产生的。

（五）齐国养马业的繁荣发达为赛马活动的产生提供了资源保证

齐国地处山东北部，北靠渤海，东有黄海，境内河流纵横，雨量充沛，非常适宜牧草作物生长，特别是沿北部临渤海一带，自古就是牧马之地，至今还是我国的"渤海马场"。姜太公至齐后，面对"地潟卤，人民寡"的实际，据其地利，优先发展的是手工业、纺织业和畜牧业。而齐国对畜牧业的重点发展，其中就有马的饲养。齐国不仅具备了发展畜牧业的国策和大量饲养马的自然地理条件，还具备了与居住在北部草原地区山戎族接辖、接受其饲马技能和引进优良马种的优势，所以齐地大量饲养马匹。马匹的大量存在是齐国赛马产生活动的重要因素。

齐长城考

始建于春秋时期、完成于战国时期的齐长城，距今已有2 600余年的历史。它西起黄河东岸，东至黄海之滨，差不多把山东分为南北两半。它蜿蜒于1 518座山峰，途经19个县市区，全长618.9千米，被称为"千里齐长城"。[①]齐长城规划合理，建设科学，规模壮观，凝聚着古代齐国人民的勤劳智慧，显示出齐国作为当时春秋首霸、战国七雄的强大国力，体现出齐国这个东方大国的雄风气势。本书拟结合多年来的考古勘探和相关的史料文献记载，对齐长城当时的建设原因、时代背景以及建筑年代、特点、作用等作一全面深入探讨。

一、修筑齐长城的原因和背景

齐长城是齐国特殊地缘政治的产物，是齐国在进行外军事斗争中建设的一处重要防御工程。关于修筑齐长城的原因，曾对春秋战国时期各国所修长城有过深入考证并著有《中国长城建置考》的山东大学教授张维华先生认为："春秋间，列国诸侯，竞相争伐，或因河为堤防，或沿山置障守，其所谋以自立之求，愈之且密。至于战国，车战之制渐息，徒骑之用渐广，战争范围，益为扩大，于是有长城之兴筑矣。齐国因设齐长城，当与此相关。"[②]中国古代长城研究专家、曾实地考察过齐长城的罗勋章先生也指出："在长期频繁的战争实践中，齐人或从防敌御敌的功能中得到启示，借鉴城池防御的手段，萌发了建筑不是周圈封闭式的城墙联想，在平地筑起与障水毫不相干的高

---

① 张光明：《齐长城考》，逄振镐主编：《孙子与齐文化——海峡两岸孙子与齐文化学术讨论会文萃》，东营：石油大学出版社，1993年。

② 张维华：《中国古代长城建置考》，北京：中华书局，1979年。

大夯筑土墙。其动机已不是为了障水，而是为了御敌。长城于是产生。"①

从当时历史背景来看，在春秋和战国时期，我国进入了由分裂逐渐到统一的变革动荡和发展时期，各个诸侯国都根据自己的基本国情，纷纷进行变法或变革，以求得国家政治稳定、经济发展、军事强大，由此就出现了长期的、大规模的侵略兼并战争。史料记载，在春秋和战国时期不到300年间，就爆发各类战争480余次。②战争的目的当然是为了保护自己，消灭他国，扩大疆域国土。而各诸侯国之间的不断兼并争夺，又十分迫切地要求加强防御，因此修筑长城就成了各国普遍采用的一种重要办法。处在各诸侯国东面的齐国，南接鲁楚，西面有晋、宋，北面邻近燕、赵。春秋时期，齐国西南的鲁、晋等国是当时强国，对齐国虎视眈眈，令齐国统治者时时不安，加强西南边防，势在必行。何况在齐鲁交界之处，又有着泰沂山脉相阻隔，在地理上具备修筑长城的条件，齐国由此首先修筑了西段长城。

从地理环境来看，齐国在泰沂山脉的北面，靠山面海，东部的海洋地区是不需要防守的；在齐国的西面、北面有黄河作为屏障，易守难攻，位置优越；只是在南面有进出泰山的陆路，可直接通向南面的鲁、晋、楚等国家。虽然南面的泰沂山脉是天然边界，但因为其地势开阔，易攻守难守，必须进行设防。据史书史料记载，春秋乃至战国时期，各国的战争方式主要是用战车作战。③战车的特点是适合在平原地区作战，齐国西南的边境平原自然成为各诸侯国争夺的主战场。因此，齐国当时的设防重点是在西南边境。正是出于防御的目的，在姜齐桓公时期，齐国开始着手修建西段的长城，其目的是以此阻挡战车。后来到战国时期，使用步兵作战开始取代车战，步兵机动灵活，可以通过翻山越岭进行作战，步兵的军事作用越来越明显，这样就使

---

① 罗勋章：《齐长城考略》，济南：纪念发掘城子崖遗址六十周年国际学术讨论会论文，1991年。

② 范文澜：《中国通史简编》（第一编），北京：人民出版社，1964年。

③ 王辉强：《先秦军队发展探析》，军事科学院战略部、后勤学院学术部历史室编：《先秦军事研究》，北京：金盾出版社，1990年。

齐国在修建重要关隘的同时，还要修筑好山岭之上的防御工事，即长城，以防止各国步兵侵犯。

总之，在春秋和战国时期，面对称雄争霸的军事形势，面对齐国与鲁、宋、晋、卫等邻国的军事对峙，都是齐国修筑齐长城的原因。

二、齐长城的修筑时间

研究齐长城的修建年代，不仅要分析诸侯国之间的政治斗争形势，而且要充分考虑当时的作战方式和地形条件。春秋至战国中期以前的作战方式，以车战为主，步兵配合，战争主要在平原地区展开。从战国中后期开始，步兵和骑兵作用凸现，车兵作用降为次要地位。步兵和骑兵机动性较大，丘陵地带容易突破。综合以上因素，我们认为齐长城是在长达二三百年间分期逐段完成的。大致说来，齐长城是由西向东逐段完成的。其中，西段长城的建筑时间早于东段长城。其所防御国家，春秋时期自西向东分别为鲁国及晋、吴等盟国，莒国及晋、越等盟国。到了战国时期，则主要用以抵御三晋各国和楚国了。[1]我国著名文献学家、在20世纪50年代初曾实地考察过齐长城的王献唐先生认为："齐长城从春秋时期开始修筑西段，在鲁襄公十八年（前555）早已完成；战国齐又向东展修一段，齐宣王时复向东修至海滨，全部完工，使一千多里长城衔接起来，作为齐国南部边境的重要国防线。"[2]

（一）最初的城墙

最初的城墙是原来用于防水的堤坝，时间上限最早开始于齐桓公元年，到春秋中期齐国完成了西段长城修筑。《水经·济水注》曰："平阴城南有长城东至海，西至济，河道所由名防门。"《括地志》曰："长城西北起济州平阴县"。张维华先生认为："齐长城西南之一段始因于防（防水堤坝），其后因军事上之需要，故首先筑为长城。"[3]以上记述是正确的。因为在春秋战国

---

① 张光明：《齐长城考》。

② 王献唐：《山东周代的齐国长城》，《社会科学战线》1979年第4期。

③ 张维华：《中国古代长城建置考》。

时期，齐国西部边境平阴邑地势低洼，河流纵横，时有水灾，经常造成"齐西水潦而民饥"①。该区域水害主要来自古济水②。因此，春秋时期齐国就在济水东岸、在平阴邑西面和南面修筑了防水堤坝，称之为"防"。由于济水常闹水患，该流域内的诸侯国各自筑坝挡水，引起河道变动，为害他国而引起纠纷。为此，公元前651年九月，齐、鲁、宋、卫、郑、许、曹等诸国会盟于宋地葵丘，齐桓公在会上宣布周襄王禁令中就有各国之间不要阻塞河道的命令。③而平阴邑又是齐国西南边陲重镇，战略位置十分重要。此处是齐国南通曹、宋、滕、邾、鲁、周诸国，西通卫、晋、郑诸国的要冲地带，也是兵家必争之地。在战争实践中，齐国统治者发现堤防不仅可障水，而且可以用来阻挡敌人入侵，于是他们便将原有堤防加固加高、增修延长，称之为"巨防""钜防"。为了便于车马人员出行，在堤防上设一便于通行的豁口，称为"防门"。防门外掘壕沟引济水入内，以增强防御功能。这就是齐国最早修筑的用于防止敌人入侵的长城。《竹书纪年》称"齐筑防以为长城"，《战国策·秦策一》称"长城钜防"，《史记·楚世家》称"还盖长城以为防"，等等，都说明"长城"由"防"发展而来，初时"防"即后来"城"。《左传·襄公十八年》记载："冬，十月，会于鲁济，寻溴梁之言，同伐齐。齐侯御诸平阴，堑防门而守之，广里。"晋国等12国联军压境，齐灵公亲自在平阴指挥抵御，拒晋军于防门之外，使晋军久攻不下。此时的防门绝不会是孤立的"门"，应该是两侧有坚固的"钜防"（长城）。这说明齐国当时已有长城守卫。齐灵公于公元前581年—公元前554年在位。这段史实证明，西端齐长城防线，春秋中期齐灵公期间就已建成，并在公元前555年就已经发挥着重要作用。正因为缘起于水利工程的防，所以齐长城本来的名字就叫"钜防"。即

---

① 《管子·轻重丁》。

② 史念海：《济水变迁史考》记载："济水，古水名，发源于今河南济源，流经山东济南、济宁、济阳入渤海。宋金时期，由于黄河改道，占据了济水河道，济水消失。"（政协济源市委员会编：《济源古代文化研究》，郑州：中州古籍出版社，2006年）

③ 《史记·齐太公世家》。

便到了战国时代，"长城"的名字叫响之后，"钜防"依然是齐长城的别称。此后，齐人由此还修建了泰山西侧其他几段巨防，以作防敌御敌之用。

至于齐长城西段最初的修筑时间，史料中没有明确记载，目前史学界也多有争论，但据我们推证，齐长城最早修建的上限在齐桓公元年即公元前685年，是比较符合实际的，近年来学术界也比较倾向于这一推断。国光红教授在《齐长城肇建原因再探》一文中认为："西段齐长城始建于齐桓公元年（前685），止于齐灵公二十七年（前555）。至战国齐宣王时（前342—前324），东段长城业已竣工。"蒋至静教授在对齐长城实际考察和对有关史料研究后认为："我国古代修筑长城……只能起源于春秋中叶的齐国。"春秋中叶，大致就是齐桓公在位时间（前685年—前643年）。另据《管子·轻重丁》记载："长城之阳，鲁也；长城之阴，齐也。"齐地"方五百里……阴雍长城之地，其于齐国三分之一，非谷之所生也"。齐地方五百里，正是齐国春秋中叶的疆域。因为到了春秋晚期，齐灭莱、莒、纪等国后，国土疆域已不再是"方五百里"了，而是齐地方两千里了，此时齐国的四界是"南有泰山，东有琅邪，西有清河，北有勃海"。这说明，到春秋中叶，齐国已有长城存在。另外，近代在洛阳城东约35里的太仓古墓中曾出土了编钟一套共13个，其中有5个上面铸有铭文"征齐，入长城，先会于平阴"的记载。铭文中的长城即齐长城。经史家考证，此段铭文作于周灵公二十二年（前550）或周灵公二十三年（前549）。据此推断，齐长城建设于公元前549年之前。

从齐国的社会发展和当时齐国的经济发展情况分析来看，齐长城最初建筑于齐桓公执政时的春秋时期是符合当时实际情况的。春秋时期，齐桓公任用管仲为相进行改革，从而使齐国的社会经济有了长足发展。特别是齐国鼓励经商，大力发展农业，使齐国农业和工商业等都有了较快较大发展，由此齐国呈现出了社会经济繁荣、军事力量强大的局面。此外，自公元前770年周王朝统治者把国都从镐京东迁洛阳后，周王朝力量弱小，中国大地上出现了诸侯争霸局面。为了争霸称雄，各个诸侯国相继采取了对内大力发展经济、构筑城池保卫国家，对外纷纷发动战争、兼并他国土地的策略，并力争

"挟天子以令诸侯"。这时，齐国作为东方的一个大国，为了争霸诸侯，必然要南征北战，拓展疆域。而为了防止外敌的入侵，又必须巩固自己的后方，增强自己的国防能力。因此，齐国就将处于军事要冲的障水堤堰等防水设施进行连接加固，以之用于御敌卫国，从此开始修筑长城钜防。

综合分析，我们认为：西段齐长城修筑上限最早是从春秋初期的姜齐桓公元年（前685），下限最晚至齐灵公二十七年（前555）之前完成。

（二）东段齐长城

东段齐长城修筑于战国时期，到齐宣王时最终完成了全部修建。从春秋末期到战国时期，各个诸侯国的军队开始由骑兵代替战车，运用步骑兵作战逐步替代了车战。新的作战形式的诞生和出现，使诸侯国之间的战争规模和作战时空也随之不断扩大，争夺战场开始由西面平原地区转移到齐国南面的山岭地带。此时，齐国南面的吴、越等国随着其势力不断壮大，相继开始向北扩张，占领了齐国东南部大片领土。战国初期，位于南方的楚国在先后灭掉了与齐国相邻的蔡、杞、莒、滕、郯等小国后，也致力于北图东扩，逐鹿中原，成为齐国南面最大的威胁。为了适应当时的战争需要，齐威王开始沿着原来修筑的长城由西向东延修，到了齐宣王时期才最后完成。关于战国初年齐威王修筑长城的史实，文献记载如下。《史记正义》引《竹书纪年》云："梁惠王二十年（前349），齐闵（威）王筑防以为长城。"《水经·汶水注》云："梁惠成王二十年（前350），齐长防以为长城。"《史记·赵世家》云："（成侯）七年（前368），侵齐至长城。"《吕氏春秋·慎大览·下贤》云："魏文侯可谓好礼士矣……东胜齐于长城"。

有关齐宣王修筑长城的史实，文献记载如下。《史记正义》引《齐记》载："齐宣王乘山岭之上，筑长城，东至海，西至济州，千有余里。"《山东考古录》"考楚境及齐长城"条云："大约齐之边境，青州以南则守在大岘，济南以南则守在泰山，是以宣王筑长城，沿河，经泰山，千余里至琅邪台入海。"又"考杞梁妻"条亦云："……长城筑于宣王之时，去庄公百有余年，而齐之长城又非秦所筑之长城也。"

上面的史料说明，在战国时期齐威王、齐宣王都修筑过长城，这符合当时齐国的经济状况和国力情况。因为战国时期，齐国是大国、强国。特别是到了齐威王、齐宣王时期，那是齐国非常鼎盛的时期。齐国作为"战国七雄"之一，国力雄厚，有修筑长城的能力。当时楚国已灭掉了鲁国和鲁国南面的其他诸国，全部吞并了山东的东南部地区，对齐国已经形成了直接的威胁。鉴于此，齐威王便在原有西段长城的基础上，又向东继续展修。之后，齐宣王又继续修筑，并延长修至滨海，作为抵御楚国侵略的防线，齐长城至此全部修完。

（三）齐长城东段与西段分界

齐长城东段与西段的分界处应在博山西部地区。齐长城是一条东西连亘千余里的宏大工程，当时生产力不发达，没有先进的生产工具，只靠人力畜力，绝非一世一王（公）完成的。从长城建筑规模以及当时的战争、国家形势等分析，在春秋中叶之前，齐长城只是完成了西段修筑，也就是齐国、鲁国交界的地段。到了战国时期，齐国又修建了东段长城。至于东西两段长城的分界处，我们认为应该在今山东淄博博山的西部山区一带。道光《沂水县志》卷一载："（沂水）县北偏东百五里，上有穆陵关。关之南北为沂朐分界处，齐宣王筑长城于此。西起齐州（今山东济南），东抵海，犹存遗址。"沂朐分界处大致在今天的沂源县境内。关于齐长城的东段与西段分界处，王献唐先生据《章丘县志》"相传齐所筑长城以御楚"和实地考证认为："章丘、莱芜交界处是否是东段长城从这里开始，尚不能定，但值得注意。"[1]另外，从齐国和鲁国的都城相处的地理位置，以及齐国经博山的青石关向南，是通向鲁国都城曲阜的交通要道和齐鲁两国交界地域分析，齐长城的东段和西段的分界处，应在博山西部山区一带。因为沂源以东的长城，是战国时由田氏齐国所续修的东段长城。

综合以上分析，齐长城最早一段是春秋时期齐桓公元年开始修筑的西段

---

① 王献唐：《山东周代的齐国长城》。

长城，最晚在鲁襄公十八年（前555）已修筑完成，前后100余年的时间。到了战国初期，齐威王又从博山段开始向东续修，只是到齐宣王时期才将长城修到海滨。齐长城前后经过春秋战国时期260多年的几代人努力，使500多千米的长城东西连接，终于完成齐国南面国防线的长城建设。

三、关于齐长城的建筑特点和结构规模

景爱在《中国长城史》认为，长城是古代边境御敌的军事工程，系以土、石、砖垒筑的连续性高城墙。

关于齐长城的建设形式，《管子·度地》曰："春三月，天地干燥，水纠列之时也。山川涸落，天气下，地气上，万物交通……令甲士作堤大水之旁，大其上，小其下，随水而行。地有不生草者，必为之囊。大者为之堤，小者为之防。"《考工记》也有修筑堤防的记载。凡修筑沟渠一定要顺水势，修筑堤防一定要顺地势。设计合理的堤防，会靠水中堤前沉积的淤泥而增加坚厚。凡修筑堤防，上顶的宽度与堤防的高度相等，堤两面的坡度比例都是1：1.5。较大的堤防基础加厚，坡度还要平缓。凡修筑沟渠堤防，一定要先以匠人一天修筑的进度作为参照标准，又以完成一里工程所需匠人及天数来估计整个工程所需人工，然后才能调配人力，实施工程计划。版筑墙壁与堤防时，需用绳束板；若收板太紧，致使夹板桡曲束土无力，筑土不实。

从齐长城的建设特点看，一是"因地势，用险制塞"。长城多依山势而筑，充分利用山险代替长城发挥作用，故齐长城又有"长城岭"之称。综观千里齐长城，基本上是建筑在泰沂山区以及胶南高地的南北分水岭之上，这样既省时省力节省财力，又增强了防御敌人的效果。因此，齐长城随山势修筑的地段多，在平原低谷的地段少；依石砌筑的多，依土修筑的少。虽然齐长城大都是建筑在山岭之上，但大多城墙都不在山脊之上，而是选择在山脊阳坡的陡坡上开挖少量土方，垒成1～2米的单面石墙，墙阴填土石，形成阳面高6～7米、阴面高仅1～2米的居高临下的态势，做到易守难攻。这是非常科学和很有道理的。因为将齐长城建于分水岭一侧，这样既可以节省人力、

物力，避免了墙体被山洪冲垮的危险，也充分体现了《孙子兵法》中"丘陵堤防，必处其阳，而右背之"的军事原则。并且岭脊区的地势，一般比较平坦，中部略凸隆起。将齐长城建筑于岭脊区的外缘一线，则长城与岭脊线之间的平阔之地，正好可以置哨所、备边事，或者安营扎寨、住屯军队，有利于防范敌人的偷袭和进攻。二是因地制宜，就地取材。就今天我们看到的齐长城不是统一设计、规范整齐，而是多借山岭地势和河堤渠沟而修建。随山势修筑的城墙大都是由大大小小、不规整的石块砌成，并且不用灰浆等进行凝固。而在平原低谷地段，又多用泥土进行夯筑而成。从使用的建筑材料来看，大都是就近取材，山岭地段因取石方便，就用石块砌成；在平坦地带因无石可取，就用土质修筑。山东济南长清区地势平坦，其境内没有山岭可据，因此境内现有的4处城墙，全部都是用土坯夯筑而成。其夯层非常清晰，每层厚度在8～11厘米。而在博山凤凰岭的一段城墙遗址，由于当地石头较多，城墙由土石混合修筑而成。

从防御的功能考虑，齐长城的主要构件有城墙、关塞、防门、烽火台等设施。城墙是齐长城的主体建筑。烽火台多数设立在山岭的高巅处，是传递烽火信号的军事设施；关塞、防门等设施多设立在平原地区的低谷地段，是进出国境的必经出口。这些地方除一般修筑两层城墙之处，大都还配设关卡、防门等设施。今天在山东五莲的长城岭村东西两座山顶上，各设有一座大型烽火台，高5米，直径20米。在山东沂水与临朐交界的大岘山上建有穆陵关，该关隘筑有两道城墙，厚实壮观，格外坚固。因为这里是齐国通向南方各诸侯国的重要门户，向北可直达齐都，地理位置非常重要，因此在这里必须设置重点关隘。根据罗勋章先生实地调查，齐长城所经过的沂水、临朐、安丘境内的城墙，大多都为南北向的两道城墙，并且两道城墙修筑结构完全相同。由此证明，齐长城在要冲地带的设计是有意重点加固的。

四、关于齐长城的历史作用

齐长城是中国早期一项重要的军事防御工程。关于齐长城的功能作用，张维华先生指出："原夫长城之设，即可以为界，亦可以为防，对于当时各国疆域分合的形势，甚有关系。"[1]齐国当时之所以要修建长城，其目的主要是从军事防御方面考虑的。齐长城虽然是齐国南部的边界线，但同时也是齐国从这里向南发展的扩张线。虽然齐国将长城作为疆域界线，但齐国的疆域又不仅仅限于此界，他们只是以此线作为防御的界线。也就是说战时在此防守，军事形势一旦对自己有利时，又可以此作为根据地攻占他国，即所谓的既能攻又能守。这种情况，从齐国多次越过齐长城侵犯他国的诸多实例中足够得到验证。杜宇先生、孙敬明先生通过齐地出土兵器地点进行考证，在战国时期齐国疆域已到江苏北部、鲁南的汶泗流域、枣庄一带[2]。而从齐长城的建筑结构上看，并从齐长城上多设烽火台、关塞、防门、关卡等设施分析，齐国修筑长城也主要是从军事、战争等用途上来考虑的。这些设施战时能够及时发出信号，迅速集结军队组织应敌，同时也能做到进出方便、易守难攻，使长达千余里的国防线成为一体。这不能不说是2 600多年前我国军事防卫设施上的一大奇迹，这也充分说明齐国当时科学技术的进步，同时也与齐国在这一时期曾出现管仲、孙武、田穰苴、孙膑等一大批著名军事家有关。在春秋战国时期，齐长城在防鲁备楚以及争霸称雄中发挥了重要作用，使齐国在长达500多年的频繁战乱中长期立于不败之地，并且威胁鲁楚，讨伐燕赵，攻取卫宋，成首霸，取七雄，成为东方的泱泱大国。

战争实践和作用看，齐长城在当时确实起到了御敌卫国的作用。《战国策·齐策一》载，苏秦说齐宣王曰："齐南有泰山，东有琅邪，西有清河，北有渤海，此所谓四塞之国也。"前已论述到，齐国在春秋时期主要的防御对象在南面。而从地理地势条件来看，原来的泰沂山脉可以说是齐国南边的天然屏障，况且又修筑了长城，齐国南面防守更加坚固。而在平阴、长清等地，也就是长城的西端，既没有山岭作为屏障，又没有河道阻碍，而这里又是齐国通向

---

① 张维华，《中国古代长城建置考》。

② 杜宇、孙敬明，《考古发现与战国兵器研究》，《管子学刊》1992年第1期。

鲁、楚、曹、滕、宋、邾、卫、晋、郑等诸侯国的必经之地和要冲地带，更是兵家战争的必争之地，因此齐国才会不惜巨费，征集大批民工在此用土坯筑成高厚的巨大城墙，史称"钜防"。"钜防"西端设一防门，并构筑两道城墙作为守卫的重要门户，平时随便出入，战时根据形势可以随时关闭。《史记·苏秦列传》中云："虽有长城钜防，恶足以为塞"即指此。正是南部有长城钜防，使齐国在长达500多年的时间内没有发生灭国之灾。这从一个方面证明，长城作为齐国南面的军事防御工事，确实起到了卫国安国的重要作用。

齐长城是世界上现存最古老的长城，在中国建筑史上具有重要地位和历史意义，并且拥有很高的考古意义和旅游价值。它比在公元前459年欧洲人修建的79千米的雅典壁垒还要早200多年，比秦国长城要早400余年，称得上是"中国长城之父"和"世界壁垒之最"。齐长城又是春秋战国时期各国所筑长城中现存遗迹保护较多的一处。齐长城作为春秋战国史上的古战场，东夷文化的发源地、齐鲁文化交流的纽带、齐鲁大地的分水岭，有着丰富的文化内涵，是古老的人文景观。无论是沿齐长城走向考察参观长城遗址、目睹2 000年前的军事防御工程，还是游览长城沿线的古迹，都会让人感叹自然景观与人文景观奇妙结合，同时为中华文明而倍感自豪。2001年，齐长城被公布为全国重点文物保护单位。2012年12月，"齐长城文化带"保护开发被确定为山东省"十二五"期间一项重要任务，山东省政府下发了《关于加强齐长城保护管理工作的意见》，要求齐长城沿线要加强对齐长城遗址的保护、开发和利用，2 500多年前的齐长城又在今天焕发了生机。

（本文原刊载于《寻根》2017年第1期）

战国至秦汉时期齐燕地区的方士

大约在战国至秦汉时期，在以齐、燕地区为核心的我国东部滨海地区，诞生了一个巨大的知识群体，他们长期活跃在政治、文化、社会等历史舞台，积极从事天文、历法、星占、受命改制、封禅、成仙等活动，他们的思想学说曾引起了当时最高统治者的极大兴趣，有的被朝廷赐予高官厚吏，担任重要官职，这些人就是当时的"方士"。

"方士"最早诞生于战国时期齐、燕一带的濒海地区，到战国末期的威王、宣王时期，并且成为当时社会上的一个流派。关于"方士"名称的来源，首先见于战国时期的相关著作中。《庄子》中最早提出了"方士"这个名称。《庄子·杂篇·天下》说："天下之治方术者多矣"。这里所说的"治方术者"，其实就是方士。到秦汉时期，方士已发展成为一个巨大的社会群体。《史记·孝武本纪》中说："齐人之上疏言神怪奇方者以万数"。西汉时期，刘向整理《鸿宝万毕术》时，竟获方两万有奇。后来，东汉班固在撰写《汉书·艺文志》时，他把当时天下图书共分为六艺、诸子、诗赋、兵书、数术、方技六大类。其中，数术和方技这两大类就是有关方士方面的著作。由此可见，当时方士人数之众、著述之多、影响之大。

一、齐、燕之地为何成为方士诞生地和中国方士文化的发源地

在有关中国最早方士的文献记载中，方士大多产生于战国时期的齐地和燕地。那么，为什么在战国秦汉时期，我国方士多产生于齐、燕地区呢？原因有以下几点。

一是方士出现与燕、齐等地的自然和地理条件有关。在古代，齐、燕地区大致是今天的山东、辽宁西部、河北北部、北京、天津等地区，这些地

区环绕着渤海，它们都有着漫长的海岸线。这里自然条件复杂多变，波涛浩渺，海面宽阔，一望无际。而这些地区又是经常出现"海市蜃楼"自然现象之地。"海市蜃楼"现在已知是一种由大气折射变化而产生的自然景观。在特殊条件下将陆地景物、海中岛屿等折射到了海洋的上空，在较短的时间内天空会变幻出一些奇异的现象，如高山房屋的时时变幻，穿梭往来的人流车马等景象。"海市蜃楼"现象的产生和出现，超出了当时人们认识自然的能力，他们对这些现象感到迷惑和不解。由此，他们便把这一景象幻想美化为人间仙境，他们甚至认为除了自己生活的这个世界之外，还有另外世界的存在，那个世界是神仙居住的地方。而人们要进入这个世界，可以通过修炼实现。就是在这样的背景驱使下，他们或深山采药，或海洋探险，或神山寻踪，或冶炼丹药，由此成为一个特殊的社会群体。著名学者许地山先生认为，这燕、齐两国都是为近海国家，海边出现的这些景象，如"海市蜃楼"等，给他们一种幻想中天庭仙界的暗示。萧兵也认为苍茫幽溟和广阔无边的大海，容易引起人们非凡的幻想和探索的欲望。海上的楼房、岛屿、物候、波涛等，尤其是"海市蜃楼"，是培育古代神话与浪漫主义文学的温床。总之，"海市蜃楼"等自然现象的时常出现以及由此出现的一些神仙传说，是齐、燕地区在历史上产生方士的重要原因之一。

二是与齐燕等国先民们浓厚的鬼神信仰和民族个性有关。据《史记·封禅书》记载，齐地人们普遍沿袭了古代先民们也就是东夷人的天神崇拜、祖先崇拜、图腾崇拜等信仰，到战国时期齐地居民仍普遍存在鬼神观念和浓厚的鬼神信仰，齐地有"八祠"，主祀"八神"。"八神"是指天主、地主、兵主、阴主、阳主、月主、日主、四时主。据记载，秦始皇巡游东海，还祭祀过齐地的"八神"。同样原因，燕地古老的社会文化传统，对神仙说的产生也不可忽视。燕地虽然是周代召公之国，但原先这里是商朝统治地区，商代人们信仰鬼神和神仙，由来已久的商文化影响是不能低估的。据《史记·封禅书》载，宋毋忌、充尚、正伯侨等都是燕国人，属方仙道，信奉鬼神之事。也就是说，战国时，燕国早已流行鬼神之事和神仙学说。而这一地区又正好濒临渤海，海上神秘现象与信奉鬼怪思想相结合，那么方士在这里诞生和流传也就容易理解了。此外，齐人还有足智多谋、能言善辩等特点，他们的讲话真真假假，难以分辨，以至当时人们称之为"齐东野语"。"这个民族有迂缓阔达而好议论的风气，有足智的长处，又有夸大虚矫的短处。足智而好议论，故其人勇于思想，勇于想象，能发新奇的议论。迂远而夸大，故他们的想象力往往不受理智的制裁，遂容易造成许多怪异而不近情实的议论。"而燕国是北方的边穷地区，民风野蛮，自古以来燕赵地区多慷慨悲壮之士。尤其是在战国时期，这里成为游侠、刺客聚集的地方。游侠是隐士的另一种化身，他们任侠使气，与方士的炼气、炼剑等术都是不分家的技术，因此，方士多产生于此也就不足为怪了。

三是与齐国的稷下学宫、燕国的碣石学馆等学术机构的设立推进有关。从学术氛围看，齐威王建立稷下学宫，燕国创建了碣石学馆、武阳会馆，以招揽人才，为国家强大、称霸天下出谋划策，这样就为当时方士活动提供了便利条件。这些学者来自不同的学派，他们普遍都有着很高的威望和地位，从而在战国中后期比较宽松的社会环境下，出现了各个学派和各种学术相互融合发展的盛况。稷下学派以黄老之学为主旨。《史记·孟子荀卿列传》载："慎到，赵人。田骈、接子，齐人。环渊，楚人。皆学黄老道德之术，因发明序其指意。"慎到、田骈、接子、环渊诸人均修习黄老之术，他们各自著书立说，谈论国家兴亡治乱大事，以此来求取国君的信用。特别是黄老学派中的阴阳家思想和道家无为而治等思想，占据了当时社会的主导地位，而阴阳家的邹衍学说和道家的自然养生学说，都与神仙思想有着较大联系和渊源。方士是通过某种方式可以与神仙接触沟通的群体，因此他们在当时士族阶层中拥有重要的社会地位。可以说，宽松的文化环境，丰厚的社会待遇，比较清明的政治环境，是方士阶层产生并迅速发展的又一个重要条件。

四是与齐燕等地发达的造船航海技术有关。据推测，齐人和燕人可能在很早时期，大约在商代就已经开始海外探险，有了一定的地理知识和海外生活知识，对海外产生了新奇的想法。地理概念和海外环境成为神仙学说广泛流行于齐、燕地区的重要因素。特别是在当时的齐国，造船技术发达，航海历史悠久，早在春秋时期，齐景公就曾乘船在少海游玩，并且兴趣很大，"六月不归"。据《史记·齐太公世家》记载，公元前485年，在齐国南面的吴国，是水上强国，吴国曾派水师由海上攻打齐国。但被"齐师败之，吴师乃去"。从这一记载可知，素以渔盐之利闻名于诸侯的齐国，其造船术及海上航行技术在春秋时期已达到了相当的规模和水平。到战国时期，齐国的海上强国地位更是毋庸置疑的。燕国位于渤海之边，作为当时"战国七雄"之一的大国、强国，他们具备了造船和航海的能力，这是理所当然的。燕、齐发达的海航海技术、一定的地理知识，是方士们游说各诸侯国的国君到海上探险和寻找不死仙药的重要条件。

五是与当时统治者希望自己能够长生不死和脱胎成仙有关。大约从战国中后期一直到秦汉时期，在这几百年的时间里，方士活动曾经出现了3次兴盛时期。《史记·封禅书》记载："自威、宣、燕昭使人入海求蓬莱、方丈、瀛洲。此三神山者，其传在勃海中，去人不远；患且至，则船风引而去。盖尝有至者，诸仙人及不死之药皆在焉。"在齐威王、齐宣王和燕昭王时期，齐、燕两国经济发展、国力强盛，当时两国统治者派出方士入海求仙，希望能求得长生不老之术，这是方士活动的第一次高潮。方士活动的第二个高潮是在秦始皇统治时期。秦国统一全国后，嬴政作为国家第一人和最高统治者，"并一海内，以为郡县，天下和平。昭明宗庙，体道行德，尊号大成"①。想要的都有了，最缺的就是寿命。他为了求得不死之药，率人巡视东部郡县，并多次来到齐、燕之地。燕、齐的方士们自然不会放过这一机会，借机重弹"海中仙山"和"不死之药"等老调，来欺骗统治者。这些学说正好符合了秦始皇的想法，因为他希望自己可以长生不死。因此他一心求仙，并不断派徐福、韩众、卢生等方士入海找药。第三次是汉武帝刘彻时期。汉武帝

①《史记·秦始皇本纪》。

"初即位，尤敬鬼神之祀"①，在位50多年，他也非常迷信，希望长生不死较秦始皇更甚。他任用方士，给他们封侯拜将，让他们享受荣华富贵，甚至把皇室公主嫁给他们，并"令言海中三神山者数千人（入海）求蓬莱真人"②。他还亲自到处泰山等地封禅拜祠，以表诚恳心意，希望感动仙人能够降临，赐他长生不老之药。可以说，最高统治者对生命永恒和灵魂不灭的追求，是齐燕地区方士大量涌现的重要原因。

二、战国秦汉时期齐、燕方士的历史贡献

长期以来，由于受儒家正统文化思想影响，人们对方士这个特殊群体总是带有种种偏见。权威的工具书之一《辞源》认为，方士是"指古代求仙、炼丹，自言能长生不死的人"，认为他们只是在编造谎言、鼓吹求仙得道。因此，方士活动也一直被视为江湖末技，与走江湖、耍把戏、变魔术、混饭吃的人群混同一类。认为他们大谈阴阳不经之说，炼制神仙丹药之术，都是奇技淫巧，用来欺世盗名，蛊惑人心，于世无益，于人有害。其实，这是一种历史误会和社会偏见。方士文化是历史赋予的一种神秘而神圣的文化，他们对当时及后世的历史、政治、文化、科技、艺术，以及中医药学、古代化学、冶炼学、天文学、养生学、神学等方面，对中华传统文化的形成和发展等都具有重要的推动作用。

（一）方士是中华传统文化许多重要元素的创始者

我国方士文化崛起于公元前3世纪下半叶的山东、河北、辽宁一带滨海地区，其源头大致有3个方面。一是脱胎于古代当地流行的巫术，这是滨海方士文化的先声。二是来源于战国中期滨海地区的神仙传说，由于受当时认识自然能力的限制，他们认为人类之外有神仙存在。这是方士文化的主要源头。三是来源于滨海地区发达的学术文化，特别是阴阳五行说、黄老学、儒

①《史记·孝武本纪》。
②同①。

学等。这些学说对滨海文化的最终形成，起到了极大的推动作用。方士文化经过战国后期的融合发展，到秦始皇、汉武帝时达到鼎盛并向四周不断扩散。

在漫长的历史发展进程中，方士文化对中国传统文化的影响是多方面的，至少体现在以下几个方面。一是方士是道教产生发展的主要源头。道教来源于我国本土的古老原始的宗教崇拜，又吸引了方士的各种原始思想。道教的一个核心思想就是追求得道成仙，而方士的中心思想是讲求长生不死，认为通过修炼可以成为神仙。在方士文化基础上形成的"方仙道"是道教的直接源头。而汉末道教中的许多信徒和结社成员，有很多就是方士。二是对阴阳家的培育。阴阳家起源于上古的巫师和方士。梁启超在《阴阳五行说之来历》中认为："春秋战国以前，所谓阴阳，所谓五行，其语甚希见，其文甚平淡……其始盖起于燕齐方士而其建设之，传播之。"[①]阴阳五行家在秦汉时期是影响极大的思想流派，对秦汉大一统思想产生了巨大影响。顾颉刚先生说，秦汉时期思想的主流是阴阳五行，其代表人物邹衍就是方士文化培育出来的阴阳学大师，也是助推方士文化达于巅峰的人。三是方士文化对"独尊儒术"的影响。儒学之所以受到喜好方士之学的汉武帝的青睐，是因为儒学大量吸收方士学说、黄老学说的思想要素，经历了一个儒学方士化和方士儒学化的过程，儒学与方士文化的相互融合，使儒家思想更加适应大统一环境下最高统治者的思想需求。从战国秦汉时期的主流思想、道教的产生、儒学上升为统治思想的过程中就可以看出，中国若干思想文化的重要元素，方士文化是一个不可忽视的源头。

（二）方士是我国古代许多原始科学门类的实践者乃至是创立者

方士是一个复杂的社会群体，方士思想涉及政治、经济、文化、科学等众多内容，是中华传统文化的一个组成部分，特别是在原始科技方面有着较多的贡献，包括天文学、历法学、星象学、占卜学，以及在此基础上产生

---

① 梁启超：《阴阳五行说之来历》，顾颉刚编著：《古史辨》（第五册），上海：上海古籍出版社，1982年。

的数学、阴阳学，还有因为炼丹和追求长生不老而派生出来的养生学、生理学、药物学、物理治疗学，甚至农学、杂学等。突出表现在以下几个方面。一是天文、历法。方士方术中就蕴含着天文、历法等自然科学知识，为人们进一步研究自然科学提供了一定基础。在《汉书·艺文志》中，其实天文学就是占星术，利用天文知识来观察日月星辰和天气云雨。历法学就是在占星术基础上制定的历法，并且历史悠久，从传说中的黄帝、颛顼，到两汉等每个朝代都有各自历法。二是医学。在古代，巫、医同宗同源，巫术中包含着医术，其实医术是巫术的探求实践中成长起来的。在甲骨文的卜辞中就有"巫"字，当时巫师的身份就是医生。黄帝开创了医学时代。我国现存最早的医学专著《黄帝内经》。这部医书就是托名黄帝，以黄帝与岐伯、雷公讨论治病的形式撰写的。进入奴隶社会之后，巫师的工作主要是从事医术治病，巫师遍及于民间。到了周代，我国已经开始摆脱巫术，医术逐渐从巫术中剥离发展。《周礼》把巫祝列于《春官宗伯》，把医师列于《天官冢宰》。这样分别记载，标志着医、巫已经分流，医术不断成长进入了新的时代。三是气功。气功是一门人体科学，是一种古老的养生修炼术，它通过意识来调节内气，使身体各部分处于优化状态，以此来达到强身健体的目的。气功不但可以强身健体，还可以增强智力。通过练习气功，可以提高记忆、想象、思考等能力。四是古代化学。古老的炼丹术对化学和药物学的产生积累了丰富经验。其实，炼丹过程就是化学实验过程，记载炼丹的文献就是进行化学实验的原始资料。可以说，炼丹术是化学的先驱。火药也是在方士们炼丹时无意中发现的。"有意栽花花不开"，方士们没有炼出仙丹，无意中却发现了火药，并成为我国古代"四大发明"之一。五是环境学。在风水学中，阳宅术是研究人与环境的方术，它主要是研究和协调天、地、人之间的关系，其目的是促进身心健康，促进社会可持续性发展。像建筑房屋要坐北向南、傍山依水、宽敞明亮等，都是具有一定的科学道理，因为选择这样的地方最适宜人们居住和发展。

（三）方士是中华文化的海外传播者

春秋战国和秦汉时期，是中国与海外，特别是与东亚、东南亚等地区交往的一个高峰期，这与方士所起的引导、促进、推动作用有着直接的关系。秦汉方士是向朝鲜半岛和日本列岛乃至东南亚传播中华文明的友好使者，其中最著名的就是徐福。《史记·秦始皇本纪》记载，秦始皇二十八年（前219），秦始皇东巡至琅邪，"齐人徐市等上书，言海中有三神山，名曰蓬莱、方丈、瀛洲，仙人居之。请得斋戒，与童男、童女求之"。秦始皇听后大悦。据《汉书·伍被传》记载，秦始皇"又使徐福入海求仙药，多赍珍宝，童男童女三千人，五种百工而行"。秦始皇让徐福率童男、童女以及各种工匠出海寻找仙药，但是徐福却在"平原方泽，止王不来"，从此一去不返。而徐福带人去的"平原方泽"，据相关文献考证就是今天的日本或韩国。《三国志·吴书·吴主传》载："亶洲在海中，长老传言：秦始皇遣方士徐福将童男童女数千人入海，求蓬莱神山及仙药，止此洲不还。世相承有数万家"。这些记载，可信度非常高，并且还有相关遗址村落可以佐证。徐福东渡把中国古代文明传入到了日本、朝鲜，促进了当地社会发展。因此，徐福在日本被尊为农耕、蚕桑和医药神，并且日本纪念徐福的活动千年不衰。"徐福东渡"成为三国友好的象征和交流的见证。徐福等人不畏艰险，到他国传播中华文明的精神，也是值得肯定和后人学习的。在韩国、日本等地，民间把他作为祖先和神仙来供奉，这充分反映出当时方士在传播文化中所产生的深远影响。中国文明东传日本、韩国，如果没有徐福等方士作为使者是不可能完成的。据历史文献记载，秦汉时期曾是中国人移民到日本、韩国的一个高潮期。现在日本、韩国的许多人都是中国人的后代，实际上多是齐人、燕人的后代，徐福及众多方士在这方面做出了很多贡献。

（四）方士是中国海洋航行的探索者和先行者

《说文解字》中对"方"字的解释是："方，并船也"，意思是说"方士"是一些懂得航海技术的人士。《史记》是公认的信史，里面有确凿史料证明，春秋战国时期，中国已有较为发达的近海航行，齐国、吴国、越国、燕国等都是航海业的佼佼者。如果没有长期的海洋知识积累，《管子·禁藏》也绝不会写出下面这段话："渔人之入海，海深万仞，就彼逆流乘危百里，宿夜不出者，利在水也。"《荀子·王制》也不会提出"北海""南海""东海""西海"的概念。

秦汉的最高统治者为什么会重视海洋，原因是秦汉方士迎合最高统治者的心意，对海洋的鼓吹和介绍。《盐铁论·散不足》记载，秦始皇统一天下后，"甘心于神仙之道"，于是"燕、齐之士，释锄耒，争言神仙，方士于是趣咸阳者以千数"。齐燕之地的秦汉方士，他们到咸阳、长安后，纷纷向统治者全面介绍了海洋。从有关记载来看，他们介绍的内容：一是介绍海洋的神奇，而一望无际的广阔海洋最终打动了秦始皇、汉武帝；二是介绍海上有仙岛、神仙、仙药。《史记·秦始皇本纪》就记载方士卢生对秦始皇说："臣等求芝奇药仙者常弗遇"。可见，方士们的重要事情之一就是寻求海外药材。因此，方士们是一些积极勇敢的海洋探索者，也是可贵的原始科技的探寻者。他们的介绍首先引起了秦始皇的极大兴趣。秦始皇三次到胶东半岛，这不是偶然的。秦始皇也是在齐地返回咸阳的路上去世。可以说，秦汉时期的燕齐方士，他们是海洋文化的传播者，他们首先将海洋文化传到了咸阳、长安，引起了当时最高统治者的极大兴趣。秦始皇、汉武帝等人力支持他们海洋探险，鼓励他们到海洋中寻找神仙、仙药。由于长生不老没有实现，神仙没有见到，所以方士文化便衰落了。但是，我们认为，方士对海洋的探索精神，以及由此将海洋文化西传关中，影响了秦始皇、汉武帝等最高统治者；之后又到海上探索，将中国文化传播到朝鲜、日本和东南亚一带。他们开拓了"海上丝绸之路"，这比哥伦布发现新大陆要早1 700多年，在世界航海史上具有重要的意义。

先秦时期车战探究

先秦时期的战争史，从5 000年前原始社会晚期开始至战国时期结束，前后经历了3 000多年的漫长时间。由于受当时社会经济、政治、战争发展等因素影响，战争形式先后经历了原始步战、奴隶制车战和封建制步战3个阶段。其中，车战是这一时期最主要的作战方式。车战大约兴起在商朝晚期，繁兴在西周春秋时期，结束于战国到汉初①。在长达数百年的战争中，它曾成为战场的主宰，创造了那个时期的战争辉煌。

一、先秦时期车战的历史发展历程

车战历史可上溯至三皇五帝时代，在诸多的神话传说中，曾出现了冲车、马车、特殊战车的原型，但由于缺乏史料记载，很难判定它们是不是真正意义上的车战。有资料推断，夏代已开始使用战车进行小规模车战。有人从夏启伐有扈氏的甘之战前所作的《甘誓》中，军中有左、右、御之名，认为那是指战车上的车左、车右和车御②，故推测当时已使用战车。但在目前的考古发掘中，还没有在相当于夏代的遗址中发现有关战车的任何遗物。即使在商代早期的遗址内，也没有发掘到战车遗物。真正意义上的车战一般从商朝后期开始，考古发掘中得到的马车实物都属于商代晚期。河南安阳的殷墟遗址是商代晚期都城所在地，已出土的晚商战车，都是以马驾的木质车子，有的车上或车旁放置着兵器和箭镞，证明是可用于作战的战车。甲骨文中也不乏战车的记载，证明商代晚期已使用马驾的战车。周武王伐纣时，军

---

① 王辉强：《先秦军队发展探析》，军事科学院战略部、后勤学院学术部历史室编：《先秦军事研究》，北京：金盾出版社，1990年。

② 《尚书·夏书·甘誓》。

队主力是"戎车三百两，虎贲三百人"①。而诸侯兵会于牧野者，有战车4 000乘之多。这些都说明，商朝晚期已经开始使用战车。

随着生产力的发展和战争规模的不断扩大，到春秋时期车战发展到了鼎盛阶段。一个国家拥有的战车数量，往往被作为衡量军事力量的重要标准，成为在争霸战争中的一种震慑力量，主要表现在以下几点。第一，在当时的重大战争中，一般都是以战车来决定最终胜负的。一些代表性的战例，如绩葛之战、崤之战、城濮之战、艾陵之战等，最后都是通过车战取得最终胜利的。第二，当时各国扩军的重点，都是增加战车数量，加强车兵建设。如晋军由城濮之战时的700乘猛增到春秋后期的五六千乘，楚军在全盛时期发展到近万乘，齐国也由桓公时的千乘增加到春秋末期的二三千乘。由于各国把发展车兵作为军队建设的重点，因此到了春秋末年，连苦这样的小国都拥有千乘的部队。其他文献中也有"千乘之国，摄乎大国之间"②的记载。第三，当时各国对胜利战果或失败损失的统计，也以战车数量作为统计标准。如在崤之战中秦师全军覆没，史称其"匹马只轮无返"。晋军大败齐军，其所取得战果的标志就是"得车二千，得尸三万"③。再如齐伐冠氏，"丧车五百"④。在吴齐艾陵之战中，齐国丧失"革车八百乘，甲首三千"⑤。著名军事家孙武在总结当时战争情况时说："凡用兵之法，驰车千驷，革车千乘，带甲十万"⑥，把各种兵车放到军队兵种的首要位置。因此，一些军事强国常被称为"千乘之国"，国内强宗大卿被称为"百乘之国"。当两国之间出现军事对抗时，战车数量少的一方总是畏惧战车数量多的对手。如平丘之战，晋车4 000乘，就使齐人大惧，终于听命于晋国。

①《尚书·周书·牧誓》。
②《论语·先进》。
③《吕氏春秋·慎大览·不广》。
④《左传·哀公元年》。
⑤《左传·哀公十一年》。
⑥《孙子兵法·作战篇》。

二、先秦时期的战车构造和武器装备

先秦时期的战车，在形制结构上大同小异，基本构造都差不多。战车的形制构造不但在当时的《考工记》中有详细记载，而且也有出土战车实物可供考证。在河南安阳殷墟中已发掘出殷商战车18辆，山东淄博后李遗址也出土了战车。通过这些出土文物可知，当时战车都是木质的车子，其形制一般是独辕、两轮、长毂。车辕前有车衡，衡上缚两轭以供驾马，后端与车轴在车厢底相交，挖槽嵌含。车厢是横宽竖短的长方形，车厢门开在后方。车辕后端压在车厢和车轴之间，辕尾稍露在厢后。车厢内可容纳甲士3人和他们所携带的兵器、马鞭以及修车用的工具[①]。这种基本形制，西周和东周时期基本一样，只是在战车的个别部件上到东周时才略有改进。一是车辕的曲度加大，辕端抬高，以减少服马的压力，增加服马的拉力。二是车厢加宽，甲士可以在车上自由挥动兵器，有利于甲士在战车行进时灵活刺杀。三是为了使战车更加牢固，更耐冲撞，在战车的一些关键部位使用青铜饰件进行加固的情况有所增加。例如，大多数战车都用铜辖把车舌固定在车毂外侧的轴上，内侧用铜轴饰物保护车毂，减轻了车辆前进时的左右摆动。另外，为了提高战车的机动性能，后来战车的轨宽逐渐减小，车辕逐渐缩短，而车轮上的辐条则逐渐增多。此外，兵车的种类也有了增加，除了用于进攻的"轻车"外，还有供防御用的"广车"，有用皮革遮蔽矢石的"革车"，有指挥用的"戎车"，有攻城用的临车、冲车，有装器物用的辇等。[②]

车战的基本作战单位是"乘"。"乘"是指以战车为单位，配备一定数量的士兵，然后再加上相应的后勤保障车辆与徒役编组而组成。因此乘是车和兵组合的一个基本单元，也是古代军队作战的基本编制。一般是2匹马或4匹马驾1

[①] 参照张学海、罗勋章：《齐故城五号东周墓及大型殉马坑的发掘》，《文物》1984年第9期。

[②] 崔大庸：《初论两周时期车马埋葬制度》，张光明、姜永利主编：《夏商周文明研究：'97山东桓台中国殷商文明国际研讨会论文集》，北京：中国文联出版社，1999年。

辆战车。其中以4匹马为多，四马两轮式战车是中国车战的定型用车。车上装乘甲士3名，按照左、中、右进行排列。左边一方的甲士持弓负责射击，是一车的指挥，称"车左"，又叫"甲首"；右方甲士执长兵器如矛、戈等主格斗，并负责为战车运动排除障碍，称"车右"或"戎右"，又称"参乘"；战车居中的是控马驭车的御者，只随身佩戴刀、剑等短兵器。[①]但随着战争发展和作战需要，在实际作战中，武器的配备也不完全一样。如车左除配箭外，还配备长兵器和短兵器。车右除长兵器外，也还佩戴短兵器和弓箭，只是责任有所侧重。指挥车则将帅居左，卫士居右，车上配备有旗和鼓，以供指挥和联络。此外，每辆战车还附属一定数量的徒兵，在战斗中随车跟进。据记载，春秋时期每辆战车共25人，包括7名随车运动的甲士和15名步卒，连同3名车上甲士，共计25人配合战车作战。之后，随着战争规模不断扩大，各国纷纷增加装备简单而又易于作战的徒兵，兵卒由每乘战车25人增加到72人[②]。

战车上的进攻性武器一般有戈、酋矛、夷矛、戟、殳等5种长兵器和用于近距离肉搏、随身防卫的短兵器刀、剑等，还有用于远程攻击的兵器弓、矢。战车上甲士的护卫装备有盾、甲胄等。[③]车战时，比较近距离的格斗发生在两乘交错时，所以具有勾制功能的戈是一种比较有效的杀伤工具。戈装有长柄，主要适于在战车上抡动作战。矛是尖形的刺杀工具，也是西周、春秋战车上常见的兵器。从商周到春秋战国，矛的形状不断改进，矛身逐渐加长，两翼则变得窄小，这样能够刺得更深，增加了杀伤力。戟是矛和戈的复合体，兼有二者啄、刺、勾的三种功能。春秋时期，戟的形制也在不断变化，战国时期更是出现了钢铁制造的戟。殳是一种打击兵器，由菱形的金属头和竹竿、木杆构成。战国时期，殳的金属头往往带刺或棱。用于防卫的盾有木、竹、藤、金属等各种质地。甲形如衣服，披在身上。胄形如帽子，戴

---

① 杨升南：《略论商代的军队》，胡厚宣主编：《甲骨探史录》，北京：生活·读书·新知三联书店，1982年。

② 《司马法佚文》。

③ 贾振国：《西汉齐王墓随葬器物坑》，《考古学报》1985年第2期。

在头上，就是头盔。总之，随着战争史的发展，甲士的武器装备不断向锋利、坚硬、灵活等方面发展。^①

三、先秦时期的车战方式和战术发展

据史料记载，车战的作战原则是："舆（车厢）侧接敌，左右旋转"^②。战车在与敌人作战时，主要由车左用弓矢在车厢侧边射击敌人，接近敌人后必须与敌车近战。为了保护自己的战车不使敌车靠近，战车的轮毂设计得都很长，因此又叫"长毂"。所以要与敌人的战车接舆，就必须错毂才行。车毂相错是一个寻找战机、互相闪避的复杂运动，需要战车不间断地进行旋转。因此，车战时战车的前进后退都要保持在一条直线上，也就是《吕氏春秋·离俗览·适威》所载的"进退中绳，左右旋中规"。

军队作战时，甲士站在车上，地上的步卒要以两人为单位随战车行动。战车要以一定的方式排列成阵。"阵"式是战车和步卒的排列方式，大都排列成方阵，方阵是作战时的基本战斗队形，要求全部战车排列成一个巨大的整体实施攻击，因此，当时军队作战受地形等地理条件制约很大，作战时大都把战场定在便于战车活动的开阔平原地区而进行。^③《六韬·犬韬·战车》说："车贵知地形"。"贵知地形"是对车战特点的最好概括。在双方战车接近过程中，首先是用弓箭对射，力求以强大的杀伤力造成对方阵容的混乱，到战车逼近时，谁的队形排列严整，谁就能争得在战车错毂时的瞬间夹击对方战车，在格斗中就占有优势。由此可见，当时军队作战受地形条件制约甚大，队形整齐也是取得胜利的重要保证。屈原在《国殇》中生动地描写了当时车战的悲壮情景："操吴戈兮被犀甲，车错毂兮短兵接。旌蔽日兮敌若云，矢交坠兮士争先。凌余阵兮躐余行，左骖殪兮右刃伤。霾两轮兮絷四马，援玉枹兮击鸣鼓。天时坠兮威灵怒，严杀尽兮弃原野。"当时车战惨烈程度由此

---

① 杨升南：《略论商代的军队》。

② 《司马法佚文》。

③ 杨升南：《略论商代的军队》。

可见一斑。

到春秋时期，各国之间战争频仍，车战战术成为取胜的一个重要因素，除了战场平坦、列队齐整、进退一致外，作战战术也有了很大发展。一是车队阵形有所改进，比较普遍地采用了中军和左翼、右翼三部分相配合的宽正面横向阵型。并且随着车战规模扩大，参战车辆增加，战车编队也扩大了。二是出现了车战防御工具——营垒，能够阻碍战车的猛烈冲击。三是尤其在春秋时晚期的战争中，诈术也开始使用，信义在战争中已显得微不足道。如乘对方阵型尚未列好就发动攻击等诈术开始使用。例如，公元前627年，晋、楚军队隔河对峙，因为渡河一方在渡河时很容易被对方攻击而失败，所以双方相持不下。这时晋国内部发生动乱，晋军急切回撤，于是晋军将领写信给楚帅建议：或者晋军后退30里，让楚军过河，然后双方摆阵决战；或者楚军后退，让晋军过河决战的建议。楚帅接受了后一种方法。但等楚军撤退后，晋军乘机也撤退回国，楚军追之不及，失去了战机。

随着争霸战争的不断发展，车战战术进一步丰富改进，又创造了许多灵活机动的作战方法，比如迂回侧后、攻其不备，佯退侧击和设伏合围等。在城濮之战中，晋楚双方各自都有左、中、右三军。晋军首先击溃了薄弱的楚军右翼陈、蔡联军，接着上军和下军同时向后佯退，楚左师孤军追击晋上军，结果造成侧翼暴露，晋中军乘机从旁侧击，晋上军也回师夹攻，楚左师大败。[1]这是佯退侧击的著名战例。公元前684年齐鲁长勺之战，当齐军败退时，曹刿阻止鲁庄公匆忙追击。他观察齐军败退时的旗帜和车辙，确认齐军是真的溃败后才下令追击，就是因为害怕齐军佯败后退设伏。[2]

四、先秦时期车战衰落的原因

先秦时期车战称雄数百年，并一度在战场上发挥了独特的军事优势，但

---

① 《左传·僖公二十八年》。
② 《左传·庄公十年》。

车战本身却有许多不足和弱点。首先是战国的车体非常笨重，整辆战车是通过榫卯结合及皮条缚绑而成的，一旦皮条损坏，整辆战车就会散架。同时，战车驾驭非常困难，驾车者要用两手执掌六辔，需要配合协调。其次，战争只能选择在平坦地区，才能发挥车战的威力。遇到山岭河沟、沼泽森林地区等复杂地形，就没有了用武之地。甚至农民种植庄稼的田垄走向，对战车运动和作战都会有影响。因此，一场战争后，为了便于统治，战胜国一方通常要求战败国要改变田垄的走向，以方便再次出兵镇压。①事实上，在战斗中也常有因车马被林木绊阻而全军失败并且被敌方俘获的战例。公元前589年，在鞍之战中，逄丑父驾车载着齐侯逃跑时，也是由于"骖絓于木而止"，为韩厥追及。②适应于平原地区作战的车战，在日益复杂的军事纷争中，已不能完全适应战斗的需要。公元前541年，晋国与狄在太原之战中，为了适应山地步战，晋遂"毁车以为行"③，将车兵改成了步兵，为中原地区改变战争形式开创了历史先河。第三是战争需要大量的士兵是导致车战衰落的又一原因。到战国时期，战争规模进一步扩大，战争残酷性进一步增强，伤亡大量增多，必须征召大量人员补充军队。各国军队数量以十倍十几倍地增长，秦、齐、楚国军队动辄数十万，甚至上百万。像秦、楚这样的大国，都有"带甲百万"的步兵④。这些军队都来自农民，平时没有经过车战必需的长期系统训练，各国也根本没有能力将这样庞大的军队训练装备成车兵，以农民为主体的军队必然是步兵。此外，城市作为商品贸易和政治中心的战略地位不断上升，攻城灭国成为大国兼并的直接目标，城市的防御功能也显得更加突出。简单呆板、速战速决的车战已不适于攻打坚固的城市，其在战争中的地位必然下降。战国时期步兵战术有了很大突破。在野战方面，广泛采用了先进的密集阵型和更加坚固的布障设垒等防御方法，能够与战车抗衡并

---

① 蓝永蔚：《春秋时期的步兵》，北京：中华书局，1979年。
②《左传·成公二年》。
③《左传·隐公四年》。
④《史记·张仪列传》。

阻止其前进。并且随着生产力的发展，武器装备有了很大改进，特别是大量使用了威力巨大的远射兵器——弩，能够在宽大的正面上有效地遏制战车的冲击。

正是由于以上诸多因素，才导致车战风光不再。到秦国消灭六国之后，车战的方式已趋衰落。到了西汉时期，汉朝为了对付北方的匈奴骑兵，大规模地使用骑兵作战，风光一时的车战彻底失去了作战地位，随着新的作战方式的不断进步，最终退出了战争舞台。

（本文原刊载于《管子学刊》2014年第2期）

山东淄川刘德培起义

山东淄川刘德培抗漕起义是在19世纪60年代初期，在轰轰烈烈的太平天国运动和此起彼伏的捻军起义影响下，山东淄川以及周围地区的地方乡绅领导广大农民，为反抗欺压剥削而爆发在淄博近代史上规模最大的一次农民起义。这次以抗漕事件引发的起义，从1861—1863年历时3年，起义军两度占领淄川县城，迫使清政府五易其帅，沉重打击了清政府的封建统治，有力地支持了当时蜂起云涌的全国农民运动。

刘德培，字雪田，为淄川东关纸坊庄人，家有兄弟五人，因他在家排行第二，故群众中有"刘二哥"之称。此人自幼聪颖，中过秀才，教过私塾，出身于农村知识分子。他性格刚直，有大志，重义气，常为群众排忧解难，在当地民众中颇有威望。

咸丰十年（1860）秋，山东淄川地区连遭旱水灾害，淄川知县多仁不顾人民死活，横征暴敛，浮收漕粮（漕粮是清政府由东南地区漕运京师的税粮），任意盘剥百姓，以饱私囊。天灾已使广大百姓陷于水深火热之中，人祸更是让农民处于饥饿存亡的边缘，群众怨声沸腾，愤起闹漕。正在教书的刘德培激于义愤，积极为群众拟写抗漕呈文，张贴各村，并联络四乡百姓，谋划聚众去县衙与知县讲理，从而爆发了第一次抗漕运动，但因事情泄露被捕判处死刑。淄川民众联名保释，淄川知县多仁怕事情闹大，急忙将他解往济南，准备待秋后处决。但在押解途中，刘德培在同窗好友的帮助下乘机逃脱。避难期间，他开始走上反清道路，四处游说宣传，招贤纳士，积聚力量，伺机起义。

咸丰十一年（1861）二月，山东西北地区爆发了以张善继、孙全仁领导的白莲教起义，南方的一支捻军也打到了淄川附近。面对岌岌可危的局势，当地官府要求各地组织团练，维护地方治安和抵御捻军。刘德培借清政府倡导"防捻"之名，趁机成立了"信和团"组织，并与捻军取得联系，以福山作为根据地积极筹划起义。10月，他领导了第二次抗漕斗争。他率1 000余名群众拥至淄川县城，打死差粮官，逼迫县令多仁取消浮收漕粮的规定，并按照民意立碑作志，表示永不浮收漕粮。淄川县令多仁在惊吓中死去，抗漕取得全面胜利。之后，他们退出淄川县城返回福山驻扎。从此，"信和团"声望大振。

同治元年（1862）七月，在完成一系列起义准备工作后，"信和团"移至淄川县城西关。他们在此建造冶炼炉，锻造兵器，设兵布哨，受理诉讼，镇压土豪劣绅。此时适逢发生一民众向当铺索赔事件，"信和团"出面迫使当铺赔银800两。"信和团"威信大增，民众要求入团者达数千人。八月，"信和团"移驻城内，控制了县团总局的武器火药，处决了新任县令李凤韶，公开举起反清义旗。团众推举刘德培为"督招讨大元帅"，后改称"大汉德主"，建立政权，下设军师、太师、军机大臣、大将军等职务，提出了"灭清平满，重兴汉室"的起义纲领。废除清帝年号，改用干支纪年。要求官兵剪辫以示与清廷势不两立。刘德培亲自撰写对联悬于府前，表达其起义志向，其中一幅写道："只手挽乾坤，遣一旅直抵幽燕，伐暴除残，愿我民共登衽席，重睹尧天日月；同心辟宇宙，借宁土而安齐鲁，攀龙附凤，与多士际会风云，再见汉代衣冠"。并制订了作战计划：以淄川为基地，先取博山，次得青州，再图济南，进而进军北京，控制全国。

为把博山、淄川两座县城连成在一起，壮大起义军势力，十月，刘德培派兵进军博山县城，并一举攻入城内，火烧了博山县城东门。但因力量对比悬殊，起义军没能占领博山被迫退回。面对如火如荼的起义，清政府急令济南知府吴载勋、青州知府高镇派兵联合围攻起义军，西河地主翟在田等人也聚集数千人马配合清军围剿。但由于起义军准备充分，众志成城，清军几次进攻都以失败告终。清政府又急调青州、登州汉军及满洲兵、蒙古兵共3万余人联合攻打，也被打得落花流水。济南知府吴载勋、道台陈显彝等因围剿不利被革职，山东巡抚谭廷襄因据城失守被撤职，游击谢炳部被义军击溃，都司被击毙，青州知府高镇也差点被义军所擒。

面对连战连败的不利形势，同治二年（1863）春，清政府急调正在济宁地区围剿捻军的亲王僧格林沁统帅大军攻打淄川，但一连两个月三次攻城均告失败。僧格林沁急调2万余官军增援，并加强对城内炮击，城内军民死伤惨重。至六月下旬，义军粮食火药殆尽，难以据城抗敌。八月初六，刘德培率义军弃城突围，清军紧追不舍，至蓼坞（今属山东青州）太白山被清军包围。因寡不敌众，义军死伤惨重。刘德培先挥剑斩杀妻儿，后自刎未成，遭敌杀害，其他义军首领或在突围中牺牲或被俘遭到杀害。起义官兵大义凛然、英勇不屈。大将翟雷的母亲被杀时高呼："宁生强子叫人怕，不生懦子被人欺"，含笑就义。城破之日，僧格林沁下令屠城，淄川大街小巷，尸骸累累。淄川城1万多人口，只剩下孤贫院的男女6人，城内建筑几乎全遭破坏。

下面，就刘德培抗漕起义中的几个问题做进一步探讨。

一、关于起义爆发的历史背景和原因

清朝末年，清政府已经走上了衰败的道路，政治黑暗，国防空虚，财政拮据。西方资本主义列强乘机依靠船坚炮利，打开了清政府闭关锁国的大门，向中国大量倾销鸦片进行大肆掠夺，清政府陷入内外交困的境地。为了筹集战费和支付战争赔款，清政府借机对人民巧取豪夺，劳动人民的负担日益加重。面对清政府的黑暗统治，许多有识之士纷纷铤而走险，聚众起义。据统治，从1842—1950年鸦片战争后的9年间，全国各地先后爆发了100多次起义和抗租抗粮斗争。黑暗残暴的统治，亡国灭种的现实，轰轰烈烈的斗争执潮，敦促一部分地主士人开始觉醒。

地处京城畿辅之地的山东，因为"丰北黄河连岁溃决，饥民亦数万"①。据《淄川县志》记载，"咸丰七年（1857）秋，山东地区飞蝗蔽日，禾稼

---

① 张曜：《山东军兴纪略》卷一七《幅匪一》。

尽伤"，再加上"江南被兵，南漕改折或海运，纤夫、游民数千万无可抑食"①，为了支撑江南用兵，清政府训令地方督抚加索粮饷，山东情况更甚。"咸丰末年，各县收粮米，多半以意为之，无定规，银价不足二千余串制钱一两，各县收粮则四五千不等，无非巧立名目，剥削农民以饱私囊而已。"②人民无力承担，怨声载道。个别封疆大吏对此颇有异议："派捐抽厘，为一时补苴掇拾之计，近且抽无可抽，派无可派，公私交困，民不聊生"③。农民反抗情绪日益激化，对抗之火随时可燃。

二、关于淄川农民起义的组织者和领导者

封建社会，地主士绅应是制度和封建社会的维护者。但是，面对清政府的极端腐败和黑暗的社会现实，一部分地主士人开始觉悟。他们不再成为封建王朝的卫道士，而是反其道而行之，成为封建统治的掘墓人。由于他们的利益也受到损害，为此他们支持农民起义，并且其中一部分还加入了农民斗争行列，走上了反对清朝统治的道路，刘德培就是其中一个。

刘德培是道光三十年（1850）院试第一名，像洪秀全起义一样，刘德培真实追求的目标步入士林、读书做官，以实现自己的理想抱负。然而，清王朝腐败之风断绝了他的仕途，他对当时的社会现实严重不满。当时社会现实促使他走上了反抗的道路。并且他领导的抗漕运动，也得到了其他知识分子的支持和拥护。这足以说明清政府的黑暗统治不得人心。起义秘密组织"信和团"在发展过程中也得到地主士人的有力支持。"贡生魏孔军与副贡生赵塘、廪贡生焦桓，各竭力斋逆筹之粮"④，资助信和团解决粮饷困难。其后，信和团之所以能够顺利进驻战略要地淄川县城，也得力于淄川般阳书院

① 张曜：《山东军兴纪略》卷一七《幅匪一》。

② 中国史学会济南分会：《山东近代史资料》第一分册，济南：山东人民出版社，1958年。

③ 山东师范大学历史系中国近代史研究室：《清实录山东史料选（2）》，济南：齐鲁书社，1983年。

④ 淄川刘德培编写组：《刘德培》，济南：山东人民出版社，1959年。

院长刘申祚的鼎力相助。虽然这些地主士人还没以有发展到与清政府公开决裂的程度，但在感情上已经与之产生了深深的裂痕。

起义爆发后，许多地主士绅纷纷投入到农民起义的行列之中，他们帮助出谋划策，他们出钱出力帮助农民起义，有的还成为起义军领导的领导力量。如淄川县东乡监生蒲人芷、东坪监生司冠平、益都生员封法主、益都生员杨训、新城武生王芬，以及廪生翟重山、附生谭文英、生员蒲伦英、苏作云等。他们都纷纷背叛了自己的阶级队伍，反其道而行之，积极投身到了反对封建统治的行列之中，成为起义军中坚强有力的组织者和领导者。当起义失败，淄川"城破以后，没有一个人背叛刘德培投降敌人"①。这充分反映出这些地主士绅反清决心坚定不移，他们的血与农民军流在了一起。因此，在淄川抗漕起义斗争中，地主士人的历史作用和功绩是不可磨灭的。

三、关于起义的前期准备和发动工作

清朝末年，清军与朝政一样腐败，八旗军和绿营军在太平军和捻军的打击下，节节败退，力不能支。"朝廷岁靡千万之饷，而临事乃不得一兵之用，今虽汲汲调兵会剿，恐恃绿营，断难收效。"②为了保卫大清江山，咸丰三年（1853），咸丰帝命令地方督抚举团办练，组织地方武装，镇压农民起义。地方士绅惧怕农民起义军的强大声势，随即秉承皇帝旨意，纷纷举办团练以求自保。

同治元年（1862）春，刘德培趁机聚众办团，秘密建立反清武装。文生苏庆云"与（蒲）人芷、（司）冠平约孙作云，王廷扬、王在朝等二十余人，结刘逆死交，设团于东平寺，资捐觅勇，请练师"③。为举旗反清，刘德培等地主士人首先结成起义中坚力量，继而成立"信和团"。他们以办团练作掩护，秘密组织反清武装。为壮大革命力量，刘德培广泛联络团结民绅，

---

① 淄川刘德培编写组：《刘德培》。
② 山东师范大学历史系中国近代史研究室：《清实录山东史料选（2）》。
③ 中国史学会济南分会：《山东近代史资料》（第一分册）。

广集天下志同道合之士于信和团。"临淄抢金镇郭凤祥，兰山王四双刀，博山翟雷、张怀本等归焉。"[①]为了进一步扩大反清武装，刘德培还采取了"约富室入团者随意捐资，贫人入团为正丁者，按时给衣食，为余丁者策，策名候调，有隙者往诉，即为申理"[②]的策略。于是，地方士绅纷纷加入信和团，并主动以粮饷资助。贫苦农民见加入"信和团"生计有保障，也踊跃参加。以"信和团"为基础的秘密反清组织发展迅速，声势浩大，为淄川其他民团所仰慕，其规模居淄川各民团之首。

为扩大影响、壮大力量，也为了解决人数激增带来的粮食、武器不足等困难，刘德培贿赂知县左右官吏，并请当地有名望的士绅出面到县衙通融，主动请求进城抗捻。在农民起义声浪的震慑下，淄川县令害怕失地丢官，最后只好选调民团进驻淄川城助守，早已做好准备的"信和团"立即班师进城。"信和团"进城后，不但影响迅速扩大，而且很快控制了进城的其他民团组织，刘德培被公认为城内各民团的共同首领。他充分利用这一有利地位和影响，将淄川县局的优良武器装备给"信和团"，同时还开设冶炉打造兵器，为举旗反清打下了基础。"信和团"力量的迅速壮大，引起了地方官吏的惶惶不安。淄川县令李凤韶决意除之。他暗中给刘德培等人罗织罪名上报，同时秘密调兵遣将，要置信和团于死地。当刘德培得知这一消息后，当机立断，决意举旗反清，以武装起义来推翻清朝统治。他们迅速占领县城武器库，处死县令李凤韶和千总李鸿图，毅然宣布起义。

四、关于这次起义失败的主要原因

一是清军力量过于强大，起义力量很难与之抗衡。起义军虽然多次打破清军包围，也几次挫败清军进攻，但由于起义军人数较少，义军人数最多时也不足万人，力量对比悬殊，起义军根本不能与强大的清军相抗衡。刘德

① 中国史学会济南分会：《山东近代史资料》（第一分册）。
② 同①。

培也清楚起义军力量的薄弱，为此曾多次派人联系当时在山东活动的捻军、幅军，以壮大力量，力图遥相呼应，共同斗争。捻军虽然也竭力支援"信和团"，但由于捻军一直是流动作战，没有稳固的后方支持。并且，清军在捻军进军沿途层层设防，围追堵截，使捻军受到了很大损失，支持力量受到很大削弱，刘德培依靠捻军支持抗击清军的目的没能实现。

二是起义军领导人战略思想错误，农民起义军思想意识落后。起义军领导人缺乏战略眼光，他们前期虽派兵四处征讨，企图扩大占领区，但皆无功而返。他们过分迷信于淄川县城的坚固，只是一味据守坚城，致使他们的活动范围越来越小，军需不足，兵源有限，战斗力低。这次起义的领导者和组织者虽然是地主士绅，但他们还只是起义军中的少数，起义军中的主要力量还是贫苦农民。起义军思想觉悟不高，有着落后的农民意识，物资和兵源补充一直靠"裹挟"附近平民维持，并且还对拒绝参加起义的平民进行镇压。据《淄川县志》记载："乃被裹挟不愿入城者，悉被屠戮。城东一松林中，婴儿杀毙无算。"这种强迫性的威胁残忍手段，严重损害了起义军整体形象，致使民心大失、孤立无援，这也成为起义军失败的重要原因。

三是起义军严重缺粮和流行瘟疫也是不可忽视的原因。特别是僧格林沁来到淄川后，针对淄川城坚池深、守卫坚固的实际情况，他除了采取常规性进攻之外，还使用了挖掘深壕、蓄水围城的方法。这种方法具有很大的破坏性，并且造成了城内瘟疫流行，农民军又缺医少药，致使起义军大量减员，起义力量严重削弱。在这种情况下，淄城被围困达一年之久，城内军民粮草已尽，起义军战斗力迅速下降，难以继续坚守城池。为了保存力量，刘德培决定弃城突围。在突围途中，再次被清军包围，刘德培率众突围不成后自刎而死，轰轰烈烈的淄川农民起义就此失败。

考古与探索

齐地漆器发现与研究

用漆树自然分泌的漆液涂抹在各种器具上，一般称为漆器。在古代以漆涂物品称为"髹"，用漆绘制图案纹样称为"饰"。我国髹漆工艺有悠久而辉煌的历史，至今已有7 000余年历史。近年来，随着考古工作的日益深入，在齐地墓葬中发掘出土了漆器，虽然由于气候条件而效果保存不佳，只是一些残存物等，但这些发现对于研究齐地早期气候环境、漆器产地及制造工艺等，仍具有重要的基础性资料，并且对研究齐文化也是一个拓展和探索。

一、20世纪70年代后齐地发现漆器概况

齐地漆器生产起源较早，至迟发现在商代就出现了漆器。其中最为代表性的是在益都苏埠屯商代晚期一号墓，考古工作者从中发现了一块面积较大的漆皮，专家考证应为棺床的痕迹。[1]这是目前齐国发现的最早的漆。

到了春秋时期，漆器开始被大量发现。在目前已发掘的所有东周墓中，有6座随葬漆器。其中，一座位于齐故城东北部，虽然早期该墓被严重盗扰，但发现了殉马坑，并且在器物库中发现了残存的漆片。[2]2012年，考古工作者发掘沂水纪王城的东周大墓。在该墓葬的西部，发现了一批漆器，漆器皆已腐烂，器型难辨。[3]另外，在山东海阳嘴子村前发现了四座墓葬，也发现了大量漆器，能辨别器形的有箱、罐、俎、梳、盾、甲、勺、编钟架等

① 山东省博物馆：《山东益都苏埠屯第一号奴隶殉葬墓》，《文物》1972年第8期。

② 山东省文物考古研究所：《齐故城五号东周墓及大型殉马坑的发掘》，《文物》1984年第9期。

③ 王红军：《沂水：纪王崮惊现春秋大墓》《大众日报》2012年4月17日第1版。

器物①。此外，四座墓葬中的棺椁皆涂有黑漆或红漆，所饰纹样有勾连纹、云朵纹、变体龙纹、"S"形卷云纹、变体蟠虺纹等。

到了战国时期，齐墓中随葬漆器比春秋时期更多，目前发现的有临淄朗家庄一号东周殉人墓②、长清岗辛村战国墓③、章丘绣惠镇女郎山一号战国墓④、临淄商王墓地战国墓⑤、临淄东夏庄墓地战国墓⑥、临淄相家庄六号墓⑦等。

临淄郎家庄一号东周墓属于战国时期的早期墓葬，出土时随葬漆器都已腐朽，能够分辨的器形有雕花彩绘条形器1件、朱地黑彩羊形器1件、施红黄绿三彩镇墓兽1件、黑地红彩的漆豆4件。漆器装饰有竹节纹、浪花纹、波状勾连纹、环带纹、锯齿纹、兽纹、鸡、鸟、人物、花草等。特别是有一件中间绘有三兽，外部描有屋宇、人物、花鸟的圆形残片，很可能是一件漆盘。圆形残片图案设计规范，着笔严谨认真，线条刻画流畅，描绘活泼生动，充分体现出当时齐国制作漆器工艺先进、技艺精湛。

1976年，在长清岗辛战国墓中出土漆木箱1件。由于该墓被盗严重，随葬品大都被盗走，其他漆器多成碎片，原来器物图案已不可辨识。

1990年，在章丘绣惠镇女郎山一号战国中期墓中，出土了一副大型棺室木板，木板上面皆涂漆，其中能够辨识的有红、黑、白、黄等颜色。

1992年发掘的临淄商王墓地四座战国墓中都有随葬的漆器，但由于北方的气候条件，不易保存木质用品，致使腐朽较甚。依据漆器上面的金属附件和漆胎灰迹分析，漆器制作使用了木胎和夹纻。基本上是大型漆器使用木胎，小型漆器使用夹纻胎，器形有盘、樽、壶、瓶、盒、案、奁、耳杯等，

① 烟台市博物馆、海阳市博物馆编：《海阳嘴子前》，济南：齐鲁书社，2002年。

② 山东省博物馆：《临淄郎家庄一号东周殉人墓》，《考古学报》1977年第1期。

③ 山东省博物馆、长清县文化馆：《山东长清岗辛战国墓》，《考古》1980年第4期。

④ 山东省文物考古研究所编：《济青高级公路章丘工段考古发掘报告集》，济南：齐鲁书社，1993年。

⑤ 淄博市博物馆、齐古城博物馆编：《临淄商王墓地》，济南：齐鲁书社，1997。

⑥ 山东省考古研究所编：《临淄齐墓》（第一辑），北京：文物出版社，2007。

⑦ 同⑥。

四座墓葬中大约有漆器26件。装饰纹饰有龙纹、云纹、垂叶纹、带纹等。

在临淄东夏墓地的四号和六号两座战国墓中也发现了随葬漆器。四号战国墓随葬漆器是木胎，外涂黑漆，朱绘纹饰。纹饰为三角雷纹、卷云纹等，线条纯熟流畅，色泽光彩艳丽。器形有豆、盒、敦、舟、方盘、壶和耳杯等。六号战国墓中随葬品漆器也是木胎，器形有豆、耳杯、盾以及部分兵器手柄。漆器纹饰有黑底朱彩、红底黑彩、绿底朱彩等。

在临淄相家庄六号墓战国墓中，也出土了一批漆器，但随葬漆器都已腐朽，器形大致有豆、盖豆、簋、壶、罍、盘、卮、匜、剑等，有30余件。器物均为木质漆胎，器表多涂黑漆，有朱红色彩绘，纹样多为三角纹。

在1979年发掘的临淄西汉齐王墓的5个殉葬坑中，也发现了大量漆器，这次发掘的漆器是目前发现的齐地墓葬中数量最多的[①]。漆器基本上是木胎和夹纻胎，但都已腐朽，一部分漆器上装饰金属扣，以银扣最多，铜扣次之。器形有箱、盒、奁、耳杯、盾牌、弓等，数量大约有163件。此外，该器物坑中还出土了上千支红漆木箭杆。漆器色彩多为黑漆朱绘。

二、漆器制造工艺特点与装饰特色

（一）制作工艺

齐地漆器的制作首先要先制成器胎，然后经过多次涂漆才成漆器。漆器所用的涂料（漆）具有耐高温、耐潮湿、耐腐蚀等特点，又可以根据不同比例，配制出不同的色彩，从而使漆器美观大方、光彩照人。

齐地漆器主要使用木胎、夹纻胎，其中使用木胎的占绝大多数，也有少数漆器利用皮革作胎。木胎制作方法大致有斫制、卷制、旋制、雕刻4种。漆器制作是依器形的不同，使用不同的加工方法进行制作。其中，几案、耳杯等器物制作，是用斫制法斫削出器物形状；壶、盒等器物，是利用轮子旋制法进行制作；奁、樽类等器物，则使用卷制法进行制作；镇墓兽等动物造型的陪葬

---

① 淄博市博物馆：《西汉齐王墓随葬器物坑》，《考古学报》1985年第2期。

品，大多是使用木雕法进行制作。夹纻胎制法又称"脱胎法"，首先是用木头或泥土制作成器型，作为内衬或内模，然后将多层麻布或布帛附于内模上，之后进行逐层涂漆，晾干后去掉内模，便剩下夹纻胎器型。夹纻胎具有结实、轻巧、漆液渗透性能好、黏附力强等特点，这一发明和应用，标志着当地涂漆工艺的发展和进步。用皮革作胎制作的漆器，主要是士兵作战时使用的漆甲、漆盾等防护类兵器，这可能是我国最原始涂漆皮革制品。随着形势的发展和制作工艺的进步，春秋前齐国漆器多为厚木胎，战国初期多为薄木胎，中晚期普遍流行夹纻胎。从全国范围看，这种制作过程，与全国各地漆器制作进程一致，说明齐人与全国其他民族不断交流融合发展，符合历史发展规律。

（二）装饰特色

在这方面，齐地漆器均施用彩绘。其中，深色用漆称"漆绘"，浅色用油称"油彩"。漆绘工艺采用方法是：先将生漆制作成半透明的漆液，然后添加上不同颜料进行均匀搅拌，将相关图案描绘于涂漆器物上。这样制作的漆器色泽光亮，不易脱落。

齐地当时普遍使用的装饰技法，是在漆器上描绘花纹，所绘花纹种类多样，内容丰富多彩，其中普遍流行的有云纹、勾连纹、蟠螭纹、几何纹等。这样图案花纹，在已发现的在齐地漆器上均有体现。这种装饰技法与全国其他地区采用方法是基本一致的，充分体现出不同国家、不同地区的文化不断交融、交流的时代特征。但毕竟各国各地之间文化因素也有差异，因而齐地漆器上的纹饰也出现许多独特的地域特色。

在春秋时期，齐地漆器纹饰普遍流行兽形纹、三角勾线纹、变体龙纹、变体蟠虺纹、"S"形卷云纹、勾连纹等。到了战国时期，齐国漆器纹饰开始变化，并体现出浓厚的生产生活因素。如临淄郎家庄一号东周墓出土了1件圆形漆盘，残存直径大约19厘米，其中心部分绘有3只动物，具体是什么动物已辨别不清。3个动物相咬嬉戏，不断翻滚。在中心部分的外层，绘有四座房宇，其中一座建筑物的前面，有4人皆躬身相向而立，居右者双手举物过首，居左者伸出双手躬身接物。除送物者外，其余3人皆腰佩短剑，威风凛凛。另外2座房宇有2户分居两侧，中间各有2人，也躬身向前作捧物状。在房宇部分的外圆之间空隙，有4只鸟、12只鸡、4株花草，可能是用以填补空白地方。这一场面，可能是描绘齐国贵族的生活居住场景。

（三）漆器品类

春秋战国时期，齐国经济强盛、国力发达、社会进步，表现在漆器业上，也取得了辉煌成就。这从工艺制作、色彩装饰、器物种类都得到了充分体现。可以说，漆漆几乎渗透到人们生产生活等各个方面。根据目前考古发现，器物各类大致有：一是饮食类，有耳杯、豆、樽、盘、壶、卮、盂、鼎、勺、食具箱、酒具箱等；二是日用器皿及家具类，有奁、盒、匣、匜、鉴、枕、床、案、几、俎等；三是丧葬类，有棺、椁、笭床、木俑、镇墓兽等；四是乐器类，有编钟架、钟锤、编磬架、大鼓、小鼓、虎座双鸟鼓、瑟、琴、笙、竽、排箫、笛等；五是兵器类，有甲、弓、弩、矛柲、戈柲、箭、箭箙、剑鞘、盾等。此外，还有其他类型的漆器，在此不再论述。

三、漆器相关问题探讨

（一）产地问题

过去人们大都认为，漆器产在南方。从考古成果看，南方出土漆器较多。北方较少，而山东出土漆器更少。从自然植物生长分布概况看，漆树种植也多在南方，北方种植很少甚至没有。因此，有人对古代山东是不是漆器产地表示怀疑，认为山东出土的漆器应该是从南方输入的。但随着近年来齐地许多漆器的发现，很有必要对这一问题重新认识。漆树的生长环境是温暖、湿润的气候条件，古代山东地区的气温条件可能比今天要温暖得多。著名气象学家竺可桢先生认为："在近五千年中的最初二千年，即从仰韶文化到安阳殷墟，大部分时间的年平均温度高于现在2℃左右，一月温度大约比现代高3~5℃"[①]。那时，黄河流域特别是山东地区的气候跟长江流域的气候

---

① 竺可桢：《中国近五千年来气候的初步研究》，《考古学报》1972年第1期。

大致相同，春秋战国直至秦汉时期气候仍然比较温和，这种温暖潮湿的气候环境极适宜漆树的生长。今天，山东枣庄一带仍有漆树种植，当是古代大量种植漆树的遗留和延续①，也是山东地区在古代能够种植和生长漆树的实际印证。

《史记·货殖列传》记载：商周时期，"山东多渔、盐、漆、丝"。漆树种植为齐地生产漆器提供了必要的原料基础。此外，从历代齐墓出土的漆器分析，漆器的种类、造型与同墓出土的陶器、铜器造型基本相似，具有明显的地域特点，也为漆器是齐地生产提供了佐证。由此可以推断，历代齐墓中出土的漆器应为本地生产。2000年，在山东章丘洛庄汉墓中，发现了数百件北方地区的漆器。经专家考证，这些漆器应是当时齐都城临淄制造的。洛庄汉墓发掘表明，临淄是东周乃至西汉时期我国北方漆器生产和制造中心。

（二）使用群体

漆器制作工序复杂、造价昂贵，春秋战国时期使用群体主要流行于贵族阶层。在考古发掘中，发现漆器均出于较大型贵族墓葬。齐故城五号东周墓规模巨大、随葬品众多，并且有数量很多的殉马，专家疑为齐景公墓。海阳嘴子村前墓群则是远在胶东半岛的田氏封邑，其中四号墓的主人应是田氏家族中的重要人物。临淄郎家庄一号东墓的墓主人应为卿大夫级别的大贵族。长清岗辛村战国墓规模巨大，随葬品丰富，墓主人身份也是地位较高的贵族。章丘绣惠镇女郎山一号战国墓的规模较大，随葬品甚多，墓主应为齐国的高级将领。临淄商王墓地战国墓、临淄东夏庄战国墓、临淄相家庄六号墓、其墓主身份也应是卿大夫一级的贵族。由此可以看出，在当时漆器是贵重稀珍物品，漆器随葬品也属于珍贵的奢侈用品，只有上层贵族等齐国统治者才能享用。

（三）发展与地位

据目前考古资料所知，齐地漆器起源商代，历经西周和春秋长期发展，

---

① 逄振镐：《秦汉经济问题探讨》，北京：华龄出版社，1990年。

到战国时代，齐地漆器进入全面繁荣发展时期。这时期漆器数量不断增加，漆器种类日渐繁多，制作工艺趋于复杂，在胎骨做法、造型及装饰技法上均有创新，漆器成为齐国贵族墓随葬品的重要物品。

在战国晚期齐墓出土的漆器中，还出现了较多的复合工艺漆器，即在漆器的制作过程中，与金属细工工艺巧妙结合，创造出许多美观实用的漆器产品。如临淄商王墓地战国墓出土的漆案、樽、壶、瓶、盒、奁等共14件都属这类产品。这类漆器都附加了银、铜构件，既坚固耐磨，又美观实用。这种复合工艺的出现早于我国其他各地，由此说明齐国当时漆器手工业的发展发达和高度繁荣。

齐地漆器是齐文化的重要组成部分，在我国的漆器史上占有重要地位。根据已发现的考古资料，深入研究漆器文化，对于进一步拓宽齐文化的研究领域，甚至对于研究古代齐地的气候自然条件，无疑都具有较为重要的意义。

高青陈庄西周遗址的重要收获与认识

　　山东高青花沟镇陈庄村本是小清河北岸一个600余人的普通村庄，由于我国南水北调工程穿越此地，在工程施工前的考古勘探中，工作人员在此地发现了一处古代城址，由此引起了新闻媒体的极大关注，特别是随着考古发掘工作的不断发现，陈庄西周城址成了我国考古界关注的焦点。2009年初，陈庄西周城址入选中国社会科学院"2009年中国六大考古新发现"；同年年底，被国家文物局列为"2009年度全国考古十大新发现"。陈庄西周城址的考古发掘和发现，揭开了多个历史谜团，印证了许多历史传说，在诸多方面填补了山东地区西周时期考古空白。

　　陈庄遗址处于高青花沟镇陈庄村东面，位于陈庄村和唐口村之间小清河北岸，东北距高青县城12千米，北距黄河18千米。这一地区，地势平坦，土层较厚，属于黄河冲积平原。在遗址中部，是一条农民引水开挖的水渠南北贯穿，将该遗址分为东、西两个部分。小清河从遗址南部经过。整个遗址总面积大约9万平方米。我国南水北调工程由西向东从遗址南部穿越。由于是保护性发掘，再加发掘难度较大，因此这次发掘只限于南水北调工程经过的范围，也就是该遗址的东南面部分。发掘以横穿的水渠为界，分成东西两个发掘区域。经过勘探考证，专家认为这一地区应为古代西周的一座城址，城区面积为4万平方米，属于西周时期的早中期。在城内发掘中，发现了房基、窖穴、灰坑、道路、水井、陶窑等遗迹，发掘出了多座贵族墓葬、车马坑、马坑，还发现了可能与祭祀有关的夯土台基，即祭坛。在两座贵族墓中出土了50余件青铜器物。其中，6件上铸有铭文，铭文数量从十几个到数十个不等。另外还出土了少量的精美陶器、玉器以及蚌、贝串饰等珍贵文物。此外，还出土了骨器，主要是周代的卜甲、卜骨，其中一片上还残存着刻辞，这可能是在山东地区发现最早的首片西周刻辞卜甲。

一、陈庄西周城址应是齐国初都营丘

陈庄西周古城遗址位于整个遗址的东南部，该城址近似方形，每边长190余米，面积近4万平方米。目前已发掘9 000平方米，仅占古城址面积的1/4。城址东北西三面的城墙保存较好，顶部宽6~7米，底部宽9~10米，残存高度为0.4~1.2米。南城墙大部分已被水冲毁，仅残存部分基础。在南墙中部有一缺口，与城内宽为20~25米的主干道相连接，经考证该缺口应为城门。古城其他三面墙体未见缺口，说明当时此城只有一个城门。城墙外围四周有宽25~27米、最大深度3.5米的壕沟环绕。城址内发现了周代刻辞卜甲，出土了西周时期的灰坑和窖穴近千座、房基7座、灶4座、道路1条、水井1眼、墓葬14座等重要生活遗迹和遗物。经专家考证，初步断定该城址应是姜太公所建齐国初都"营丘城"，依据有以下几点。

一是陈庄西周古城存在的时间与齐国所处时代相吻合。根据发掘文物和所留遗址等推断，该城始建于西周早期，废弃于西周中期晚段，时间大致在公元前11世纪到公元前8世纪。而营丘作为齐国第一个都城，时间大致在公元前11世纪至公元前866年。古城存在时间和营丘作为初都的时间是一致的。二是在M18大墓中，出土了大量的青铜器，有一件青铜器上刻"丰启作厥祖甲齐公宝㝵彝"11字铭文，铭文中有"齐公"字样。这一发现，说明该墓主人是齐国人。而文中的"齐公"应该就是齐国开国之君姜太公，而姜太公建立的齐国都城就是营丘。三是陈庄古城所处地理位置与史书记载的位置相吻合。西周齐地原为夷人（莱夷）居地，为商朝薄姑国旧址。姜太公初封齐时，反周势力强盛，莱夷与其争国。《史记·齐太公世家》记载，姜太公初到齐："莱侯来伐，与之争营丘。营丘边莱"。因为距离莱国较近，莱国候屡次进犯营丘。这说明姜太公当时建立的国都营丘，与山东最东边的莱国相邻。据有关史料记载，齐国曾有营丘、薄姑、临淄3个都城，经历了2次迁都。司马迁据此提出了"二迁说"，即第一次齐国都城从营丘迁往薄姑（今山东博兴），第二次从薄姑迁到临淄。而齐国最早的都城营丘，其具体的地理位置就应在高青陈庄附近。四是经过考古发掘进一步佐证此地当为都城。根据周代葬制，有4条墓道的"甲"字形大墓是天子的身份的象征、天子的专利。两墓道和一条墓道的"甲"字形大墓，是诸侯国君等级的标志。在高青陈庄城址发现两座甲字形大墓，墓主人无疑是诸侯身份。在城内中部偏南，考古人员还发现了用于祭祀的"祭坛"。从解剖层面看，祭坛共有9层，层层环向套叠，可能蕴涵着九重天的意思。屈原在《天问》中曰："圜则九重，谁营度之？惟兹何功，孰初作之？"疑此9层筑台就是晏婴所说的"先君太公筑营之丘"。"国之大事，在祀与戎。"祭祀活动是权力的象征，是统治体系的一个重要组成部分，普通人民百姓是没有这种权力的。因此高青陈庄城址应是齐国都城，而不是齐国以外的其他小国的都城。五是在这里建都有着优越的地理条件。高青陈庄南临济河和小清河，地势较高，有丰富的水源，符合当时建城的自然条件。并且，为了防止莱国、薄姑国等东夷诸国再次发生叛乱，姜太公在这里建立了一个具有军事性质、面积不大的城邑，震慑曾参与西周初年武庚叛周的蒲姑遗民，这是有可能的。所以姜太公就将都城营丘定在了今天的高青一带。

从以上分析推断，陈庄西周古城应是姜太公始封之地，这里曾是齐国早期的政治军事经济文化中心，也就是初都营丘，只是到了西周中后期，随着齐国国力的不断强大和国内形势渐趋平稳，这里已经失去了作为国都的条件，逐渐失去了其政治文化和军事地位而被废弃，由此变成了姜氏齐国诸侯的一处墓葬陵区。已发现的14座西周早期的大墓和祭坛也证明了这一点。这样看来，齐国西周前期二三百年的时间里，齐国第一个都城营丘就在这里或这一带。

二、青铜器上的"文祖甲齐公"铭文证实了姜太公此人的确实存在

几千年来，齐国第一代国君姜太公一直是位历史传说人物。传说中的

姜太公，32岁学艺，80岁出山，胯下瑞兽，鹤发童颜，文韬武略，是一位能够呼风唤雨、执掌封神、无所不能的神仙。由于他辅助周文王修德理政，协助周武王讨伐商纣，为周王朝的建立发展和昌盛繁荣奠定了坚实基础，因而被周王朝尊为尚父、相国，是周代齐国的第一代国君。然而长久以来，这位响当当的历史人物却只出现在历史传说和少数文献记载中，从未有实质性的物证，并曾让历史学家们一度怀疑历史上是否真有此人。虽说《史记》中有列《齐太公世家》，但有不少传说成分，疑点很多。特别是与姜太公同时代的周文王、武王、周公、召公等许多著名人物都见于金文、周原甲骨文等，但却唯独不见姜太公的任何踪影。姜太公是否实有其人，已成为史学界的不解之谜。陈庄西周城址的实际发掘和发现，进一步证明了在历史上姜太公确有此人。

目前，该城址共发现西周时期的墓葬14座、已发掘9座。9座墓葬中共出土青铜器50多件。在的一座西周早期的"甲"字形大墓中，考古人员在发掘中发现了1件带有"丰启作厥祖甲齐公宝除彝"字样的铜簋。"丰"是人名，是这件铜簋的主人的名字；"启"金文中有时也写作"肇"，都是开始、首次的意思；"厥"是指示代名词，是"其"的意思；"祖甲"是丰的祖父的日名；"齐公"是丰对已故祖父的尊称。这篇铭文的意思是，器主丰为他已故的祖父，庙号是祖甲的齐公铸造宝贵的祭器。这是考古界第一次发现有关姜太公的准确记载，也是这位神秘人物最早的实物文字记载。因为领据青铜金文惯例，只要是在"公"的前面加国名的，都应是这个国家的第一任国君。例如1927年地方军阀党玉琨在陕西宝鸡戴家湾盗掘出土的鲁侯熙鬲铜器，是鲁炀公（鲁侯熙）为祭亡父伯禽铸造的祭器。祭器上有"鲁侯狄（熙）乍（作）彝，用享鼐毕（厥）文孝鲁公"的铭文。鲁国第一代国君是伯禽，鲁侯熙是伯禽的儿子鲁炀公熙，"炀公"是在鲁侯熙死后其后人对他的谥称，"文孝"是对已去世父亲的尊称。那么，"鲁公"只能是炀公的父亲，即伯禽。同样道理，铜簋铭文上的"齐公"，也就是齐国第一代国君姜太公。《毛诗笺》曰："周武王伐纣，封太师吕望于齐，是谓齐太公。"因此，陈庄遗址出土青铜器上"文祖甲齐公"的"齐公"，应该就是齐国第一代国君姜太公。此外，在该城址的发掘中，考古工作者发现了大量的西周前期的贵族墓葬、祭坛、车马坑、带有"齐公"字样的铜器、刻辞卜甲等重要遗存遗物，都从某个方面佐证了姜太公这位历史人物的真实性。

三、铜簋铭文佐证了"周王烹杀齐哀公"的历史事实

在城址东南部的M35、M36两座"甲"字形贵族大墓中，各出土了1件带有铭文的铜簋。据考证，两件青铜器所铸铭文共有70多个字，其中一件铜簋上的铭文已被著名学者李学勤先生初步解读。铭文大致意思为："正月壬申日，周王召见引，引到周太室，周王这样说：'引，过去我已任命你继承你先祖的官职，命令你领导掌握齐国军队。现在我再任命你，赐你彤弓（红色的弓）一件，彤矢（红色箭杆的箭）百枚，马四匹，望恪尽职守，不要打败仗。'引叩谢王恩，用同□追击敌军缴获的兵器，铸造了这件宝簋，子子孙孙永宝用之。"根据以上解读，那么"引"这个人具体是谁呢？经相关专家研究考证，他们认为"引"字应该是"申"字。再经过时间和具体情况推断，"引"这个人可能就是姜齐第七代国君，也就是齐献公山。

在考古发掘中，人们发现城内有祭坛。有的专家认为，这段铭文可能传递出一个重要的历史谜案，也就是"周王烹杀齐哀公"。因为根据周代礼制规定，祭天是天子的特权，诸侯只能祭社稷土地，无权祭天。如果说城内发现的祭坛是天坛的话，那么齐国祭天就是僭越行为。但是，齐国初封之时，因姜太公的特殊身份和对周王朝的特殊贡献，他是可以举行祭天活动的。只是他的后世如果再继续举行祭天活动，那就是僭越行为。由于齐哀公当政后与邻邦纪国的关系一直搞得非常紧张，齐国的祭天行为被纪侯发现并被纪侯向周天子告发，于是齐哀公被周王召到镐京被烹而死。《史记·齐太公世家》中记载："哀公时，纪侯谮之周，周烹哀公"。在周朝800多年的历史中，周王处死诸侯国国君的情况只发生过两次，齐哀公被烹，除周王对其执政不满外，也应与齐国后世诸侯搞祭天活动有关。据有关考证推断，祭坛应为姜太公时

期建立，用于祭天活动。但其后人继续违规祭天，结果被与之有仇的纪侯发现。纪侯以"齐侯祭天，有违王制，图谋不轨"，在周王面前进献谗言。由于当时周王室日渐衰微，当时在任的周厉王本身就是一个暴君昏君，他也担心齐国强大会危及周王朝的统治安全，于是他便相信了纪侯谗言，借机对齐哀公实施了"烹杀"之刑，以震慑其他诸侯。从此，齐、纪两国结仇成为宿敌。公元前690年，齐襄公出兵伐纪，攻破纪国都城。纪侯半夜出逃，从此失去了踪迹，存世300余年的纪国也就此亡国。《左传·庄公四年》记载，"纪侯大去其国，违齐难也"。

由此可以推断，齐哀公祭天招来了杀身之祸。齐哀公被烹后，周王朝便任命其弟弟吕静继承王位，是为齐胡公。胡公吕静被立为国君后，为防止纪国继续暗算，便将都城从营丘迁到薄姑。胡公迁都这一举动对齐人震动很大，纷纷反对，胡公因得不到宫室贵族的支持拥护，导致齐国内乱。周王便命令在周朝做官的齐胡公的弟弟"申"追捕齐胡公。"申"也就是后来的齐献公，这个青铜簋正是齐献公追捕齐胡公获胜后，用俘获的兵器为其父齐幽公所做的祭器。

四、M35、M36两座"甲"字形大墓的主人应为齐献公山和齐胡公静

在城址的东南部，考古人员发现了一批贵族墓葬和殉车马坑，这在古代齐国的腹地属首次发现。在目前已发掘的9座西周墓中，有2座是带墓道的"甲"字形大墓，分别编号为M35和M36。在"甲"字形大墓与圆形夯土台基之间，发现了5座殉马坑和1座长方形的殉车马坑。这座长方形的殉车马坑位于祭坛的西北部，坑南北长14米，东西宽3.4米，深4.6米。从暴露的情况看，坑内放置殉车3辆，分南北排列。其中，南边放了2辆，北边放了1辆。清理后发现，南边的2辆车皆由4马驾车，马头佩戴精美的青铜和串贝马饰；北边的1辆车由2马驾车。令人奇怪的是，这10匹马全部呈直立跪伏状态，马头竖立高昂或略偏，马匹躯干部分均放置于长方形的槽内，腿骨弯曲，成直

立跪伏形状。殉马呈现"直立跪伏"状态，这在全国殉车马坑中是首次被发现。这些殉马在埋葬时没有挣扎，排列非常齐整，专家推断应是被人们处死后卡在槽中，才能保留今天所见的直立跪伏姿势。在周朝，"有天子驾六、诸侯驾四"的葬俗制度，由此推断这两座"甲"字形大墓应是诸侯墓，也就是齐国的国君墓。根据相关资料和考古发掘推测，M35"甲"字形大墓应是姜氏齐国第七代国君齐献公墓，M36"甲"字形大墓应是姜氏齐国第六代国君齐胡公墓。依据有以下三点。

首先，从发现的墓葬的规模规制来看，这两座大墓是诸侯墓。被发掘的9座墓葬均较深，墓圹一般长2.8～5米、宽1.8～3.5米、深6～7.5米，这在当地属于中小型墓。只有这两座带墓道的"甲"字形大墓规模较大。M35大墓长6.2米、宽5米，墓道长15.7米。M36大墓长5.2米、宽4.2米，墓道长10.5米。两座大墓均出土了一批精美的铜制随葬品。其中，M35大墓随葬的铜器有鼎、簋、壶各2件，盘、匜各1件，还有戈3件和部分车马器。M36大墓位于M35东侧偏南，两墓间距10米，其墓中随葬的铜器有盨、方壶各2件，盘1件，戈1件，年代均为西周中晚期。M35和M36大墓中分别出土了两件铜簋上面均有长达70余字的铭文。其中1件已经解读，知墓主人是"引"，即姜齐第七代君主齐献公山，而M36"甲"字形大墓应是姜齐第六代国君齐胡公静。

其次，从有关史料记载来看，齐献公山和齐胡公静两代君主最有可能葬在营丘。《史记·齐太公世家》记载，太公建都营丘治齐，共历经一世太公、二世丁公、三世乙公、四世癸公、五世哀公至六世胡公。齐哀公时，周王为厉王。周厉王暴虐，听信纪侯谗言，烹齐哀公，立其弟姜静为胡公。胡公因得不到宫室贵族的拥护，难以立足，只好将都城由营丘徙移到薄姑。这就是说，营丘作为齐国第一个都城共经历了五代齐王，而这些齐王都没有葬在营丘城，而是葬在周王室附近。《礼记·檀弓上》记载："太公封于营丘，比及五世皆返葬于周"。从记载中可以看出，只是从胡公静开始，齐国国君才开始葬于齐地。根据中国历史上都城和王陵都不会相距太远的情况分析，最有可能葬在营丘的，只能是齐献公山和齐胡公静。而从齐献公山开始，齐国国都已迁往临淄，齐国的王陵也会随之迁往临淄。薄姑虽也曾作为齐国都城，但仅有短短3年时间，国君葬在薄姑的可能性不大。齐献公在位9年，当时新都临淄可能还没有来得及设立王陵。因此，胡公静及献公山葬在营丘，是比较符合当时实际情况的。

第三，从胡公静当时的死亡背景形势来看，M36大墓作为他的墓葬比较客观实际。齐哀公被烹后，胡公静虽被周王室立为国君，但他得不到齐国宫室贵族的拥护。为了远离齐国的前政治中心，为了躲避齐哀公更合法的继承人，防止自己国君地位的丧失，胡公静才将都城从营丘迁到薄姑城。但是，在薄姑城仅仅3年的时间，国内还是发生了叛乱，胡公静被其同父同母弟吕山"攻杀"。由于他死亡仓促，其死后地位不被后来的国君所尊崇。所以，在那样的形势下，胡公静的葬礼不会很隆重，其墓葬规制也不会很高，这与陈庄遗址发掘的M36墓葬比M35规制略小、随葬品较少相符合的。

综合上述三方面的原因，在西周陈庄城址中发现的M35和M36两座"甲"字形大墓的主人，可能是献公山和齐胡公静。

临淄大武西汉齐王墓墓主身份探究

自1983年山东临淄大武西汉齐王墓发掘以来，这座在地下沉睡了2 000多年的古墓以其宏伟壮观的规模和大量精美的出土文物引起了世人们的惊叹。特别是仅从5个陪葬器物坑中就出土了1.21万余件文物，更是引起了学术界的广泛关注。由于目前我国发掘技术还不先进，如果主墓打开后保护措施不利，就会使出土文物遭到毁坏。因此，主墓室不具备发掘条件，对此也不知墓主人到底是谁。多年来，围绕着墓主人是谁这个问题，学界一直争论不休。笔者根据多年来对西汉齐王墓的跟踪研究，认为以第二代西汉齐王刘襄作为此墓的主人的说法更为合理。

一、临淄大武齐王墓基本情况

西汉齐王墓位于齐故城西南约13千米处的大武镇南侧，墓地南面是丘陵地带，墓地北面是平原地区。整个地势由南向北倾斜延展。在所有临淄墓群中，该墓葬属于大型葬墓，封土高大巍峨壮观，虽然经过了2 000多年的风雨剥蚀和自然风化，但封土仍有24米多高。目前该墓东西长250米，南北宽200米，占地面积62 500平方米。

1978年，胶济铁路东风站因为规模太小，需要扩建。在施工单位建设过程中，由于民工取土使用，无意中发现了这一大墓。当地主管部门立即将这一重大发现上报国家文物主管部门。经过批准，同年秋天，当地文物考古部门组织力量，对主墓室外围的5个陪葬器物坑进行了全面发掘，到1979年11月现场发掘工作基本完成。1983年秋，又对墓室之上的大型封土进行了系统勘探，基本摸清了该墓的大致情况。

经勘探得知，此墓底部略呈圆形，直径250米左右，原来的封土比现在要大得多。墓室位于封土中部,墓圹大致呈"中"字形,中间是方形的宽大主墓室。经探测可知,主墓室南北长42米、东西宽41米、深度约20米。主墓室南面和北面各有一条墓道,南面一条长63米,北边一条长39米。墓道成梯形,墓道口宽约15米。已发现发掘的5个陪葬器物坑,其中一个位于北墓道西侧,其余4个分布在南墓道的东西两侧,分别是器物坑、殉狗坑、兵器仪仗坑、车马坑和兵器器物坑,依次编号为一、二、三、四、五号墓。由于墓地规模宏大,结构复杂,保存完整,不具备发掘条件,当地文物考古部门只是对主墓室周围的5个殉葬器物坑进行了发掘。

一号随葬坑位于北墓道西侧,是一处器物坑。坑长19.9米,宽4.1米,深3米,随葬品主要是礼器和生活用具,共有铜器、陶器、银器、铁器、漆器等200件。二号坑位于墓室西南方向的墓道西侧,是一处殉狗坑。坑长7.7米,宽4.1米,深3.36米。此坑虽是陪葬坑中面积最小的一个,但椁室内有殉狗30只,并且每条狗的颈部都系有用贝壳串成的项圈,有28条狗的颈部还套有铜环。这样大规模的殉狗,在中国甚至在世界考古史上都是极其罕见的。三号坑位于墓室西南方向的墓道西侧,是一处兵器仪仗坑。坑长13.4米,宽4米,深3米。椁室内有铜镞、木弓、箭杆、弩机、弹丸、漆器、乐器、仪仗器5 000余件,其中铜镞和弹丸数量最多。四号坑位于墓室东南方向的南墓道东侧,是一个车马坑。坑长30.2米,宽4.6米,深3.8米,是5个坑中面积最大的一个。坑西部自西而东放置着3辆朱轮华毂车,坑中部有殉马13匹,坑东部还有通长2.84米、高约1.14米的轻便辎车一辆。五号坑位于南墓道东侧,是一处兵器器物坑。随葬品以兵器为主,其次是生活用具。坑中部有戟、矛、铍、殳等四种铁制兵器,戈、矛、戟等3种铜制兵器。坑西部置漆盾12件、圆铜镜4件、矩形铜镜1件。坑东部的一处夯土台上,发现铜剑2把、鎏金铜熏炉2件、铜骰子2件。其中,属于国家一级文物的矩形铜镜、鎏金龙凤纹银盘、鎏金熏炉、铜骰子等稀世珍品,就是在这个坑中被发现的。

临淄大武西汉齐王墓的发现发掘,是我国汉代考古的重要成果。在5个陪葬器物坑中,就出土各类文物1.21万余件,按照器形分类,有礼器、兵器、乐器、车马器、仪仗器和大量日常生活用品。其中，出土铭刻铜器和银器50余件，特别是出土了矩形大铜镜、鎏金花纹银盘、金樽铜戈、铁甲、鎏金熏炉、银盒等珍贵文物，这为研究秦末汉初历史和文化提供了极为丰富的实物佐证。这5个陪葬器物坑保存之完整、出土文物数量之多、类型之丰富、制作之精美，都完全超过了人们的预测和想象，为研究汉初齐国历史提供了极为丰富的实物资料。

二、当地民间传说中的墓主人身份考证

临淄大武西汉齐王墓的主人到底是谁，由于主墓室没被打开，缺少有力直接的证据，一直没有定论，目前仍有淳于髡墓和西汉齐王墓的争论。特别是淳于髡墓，在当地社会仍被广泛认可，当地普遍称其为"驸马坟"，许多地方性史书中也是这样记载的。明嘉靖《青州府志》认为此墓是"齐国赘婿"淳于髡墓。民国《临淄县志》也认为此墓的主人叫淳于髡，因传说他是齐威王的女婿，故当地又叫"驸马坟"。

淳于髡（约前386年—前310），齐国黄县（今山东龙口）人。在历史上，他以博学多才和善于辩论著称，是著名的稷下先生。他在齐国长期为官，对田氏政权的维护和巩固，对齐威王、齐宣王时期稷下学宫的建设与发展，都做出了重要贡献。淳于髡在历史上最为人们熟知和传颂的，还是他的"滑稽多辩"。传说他善于与人辩论，在辩论时善于运用"隐语"，来启发和劝谏人们。他的言辞诙谐、通俗易懂、寓意深刻，他说出来的道理往往令人心悦诚服。因此，司马迁在撰写《史记》时，就把他的事迹和传说一并写入了《滑稽列传》之中。

据《史记·滑稽列传》载，齐威王初继位时，不理国政，爱好荒淫享乐彻夜饮酒，沉沦不改，把政务委托给卿大夫。文武百官荒淫散乱，各诸侯国同时侵犯，国家存亡危在旦夕，齐威王左右的人都不敢进谏。对此，淳于髡不畏强权，几次进宫进谏。淳于髡的苦心劝说，让齐威王猛然警醒。从此，齐威王勤于正事，厉行改革，齐国社会由是大治。他也由此被齐威王立为上

卿，多次代表齐王出使诸侯，都顺利地完成了出使任务，留下了许多美丽的传说和故事。正是因为他对齐国的发展强大做出了杰出贡献，因此当地人们始终怀念他、传颂他，并将西汉齐王墓误传为淳于髡墓或"驸马坟"。对于民间的这种传说，史学界的不少专家学者都不苟同，认为此墓应该是西汉初期某一位齐王的。依据有三。一是"驸马"一词在西汉武帝时才出现，当时全称叫"驸马都尉"，是专管皇帝外出时副车马的人。从魏晋开始，皇帝的女婿才叫"驸马"。生活在公元前3世纪的淳于髡不可能做公元后4世纪的女婿。因此，此墓不可能是淳于髡的。二是陪葬坑出土文物的形制、花纹、组合、铭文等都具有明显的汉初特点。在铜器上，战国时期普遍流行的蟠螭纹饰已经不见，而代之以流云纹、几何纹等。特别是出土的矩形铜镜，形体巨大，制作工艺先进，纹饰较为简化，具有铜镜后期特别是汉代的明显特征。在出土的陶器中，陶鼎、陶壶的形制与西汉时期同类器物非常相近，也具有明显的汉初特点。三是在墓葬规划建设上，在主墓室之外再建设随葬器物坑，这种的做法与西汉流行的"外藏椁"葬制也相吻合。此墓葬在主墓室之外，建有五个随葬器物坑，这种建设在两汉时期普遍流行，体现了两汉时期的厚葬特点。而此墓设置又与西汉中期和以后流行的石室墓、洞室墓又有着明显差异。四是在出土的文物中，有一件雕刻有明确纪年的银盘，刻有"三十三年"的字样。经考证，汉初无论是皇帝还是齐王，均没有在位33年者。而银盘的龙凤纹图案，又具有战国时代的特点。据此，专家推断"三十三年"可能是秦始皇三十三年（前214）。该银盘原为秦器，可能是在秦国灭亡后流散到了齐国。从这件有纪年的出土银盘推断，此墓也不可能是战国时期淳于髡墓。

三、临淄大武西汉齐王墓是齐哀王刘襄的相关依据

与当地民间的传说不同，经过30多年的研究探索，当地许多考古工作者普遍认为，临淄大武西汉齐王墓的评价应该是西汉初期齐国第二代齐王刘襄，主要有以下证据。

一是从出土的文物记载来看，此墓应是西汉初期的墓葬。该墓出土的铜器多刻有"齐大官""齐食官"等铭文。"大官"即"太官"，是汉代的少府属官，主管宫廷膳食；而"食官"则是掌管皇后、太子等事务的。西汉初年，各地诸侯国在官吏制度上均仿效皇室，"宫室百官同制京师"。满城中山靖王刘胜和广州南越王赵眜墓出土铜器铭文中均见"大官""食官"，说明诸侯国中也设置"大官""食官"。而历史上，又没有西汉皇帝在齐国安葬的记载。由此判断，这座古墓只能是西汉初期齐王之墓。

二是从浩大的工程规模来看，此墓只能是西汉初期前三代齐王中的某一个人的。该墓规模巨大，营建工程浩繁，仅封土一项计用土40万平方米以上。在当时的生产条件下，营建这样一座大墓，耗费的人力和物力是极为惊人的，对一个诸侯国来说，是一项沉重的负担，如果没有稳定的政治、繁荣的经济作为基础，是不可能完成的。西汉初年，汉朝皇帝对同姓齐王分封的共有六代，分别是齐悼王刘肥、齐哀王刘襄、齐文王刘则、齐孝王刘将闾、齐懿王刘寿和齐厉王刘次昌。据专家分析，此墓建于齐孝王之后基本不可能，只有汉初前三代齐王才有这种可能。这是因为，汉初前三代齐王在位期间，齐国政治比较稳定，并有较大的独立性，制度仿皇室，具备营造如此规模的大墓的条件和可能。齐悼惠王刘肥、哀王刘襄、文王刘则时期，在各诸侯国中具有举足轻重的地位，据《史记·齐悼惠王世家》记载："诸侯大国无过齐悼惠王。"第四代齐王孝王刘将闾以后，汉文帝为了巩固和加强中央集权，采用"众建诸侯而少期力"的主张，将齐国一分为七，齐国版图缩小，国势衰微。"吴楚七国之乱"以后，汉王朝为了进一步削弱诸侯王的势力，又"令诸侯不得复治国，天子为置吏"，此时的诸侯王"惟得衣食税租，不与政事"，只不过徒具虚名而已，他们建造这么大的工程是不可能的。由此推断，此墓只能是前三代齐王中的某一个人的。

三是从前三代齐王死后的陵墓位置和当时的形势条件来看，此墓应是齐哀王刘襄墓。据《史记·齐悼惠王世家》记载，武帝时，"齐悼惠王（刘肥）后尚有二国，城阳及菑川。菑川地比齐。天子怜齐，为悼惠王家园在郡，割临菑东环悼惠王冢园邑尽以予菑川，以奉悼惠王祭祀。"这说明，第一代齐王刘肥的墓地应在临淄古城以东，不在临淄齐故城西南。而第三代齐王刘则，是齐哀王刘襄之子。其嗣位元年，汉以齐之城阳郡封朱虚侯刘章为城阳王，以齐之济北郡东牟侯刘兴居为济北王。次年，济北王叛乱被诛，其地入于汉。此后汉文帝尽封齐悼惠王刘肥的儿子刘罢军等7人为列侯，齐地日小。刘则在位14年卒，无子，国除，封地入于汉。这说明第三代齐王刘则死后，由于国力弱小，没有大规模的建陵条件。因此，该墓也不是齐文王刘则的，那只能是齐哀王刘襄的。因为他在位10年，死于汉文帝元年（前179），距离齐国衰落尚有10多年，此时齐地强盛，有条件进行大规模的建陵。据《史记·齐悼惠王世家》载，吕后死后，诸吕专权，"聚兵以威大臣，欲为乱"。齐哀王刘襄（齐悼惠王刘肥的儿子）曾率兵屯于济南为外援，在平息诸吕之乱中，凸显了齐国强大的威慑作用。陪葬坑中出土的大量车辆、兵器，也反映出他在位时齐国力量的强大。因此，综上分析判断，临淄大武西汉齐王墓的主人是齐哀王刘襄较为合理。

　　虽然经过30多年考古研究，我们初步判断临淄大武西汉齐王墓是齐哀王刘襄墓，但由于缺乏直接的证据加以证明，因此对于墓主的身份只能在推测阶段。只有待发掘条件成熟，此墓被打开发掘后，我们才能真正知道此墓的主人到底是谁。那将是一个漫长的过程，我们拭目以待。

山东高青西汉墓出土画像石

　　2012年春，在南水北调工程山东段的施工过程中，于山东高青花沟镇宋套村发现一座画像石墓，出土了一套较为完整的画像石墓门。通过对墓葬形制、画像石刻划技法和内容的考证，墓葬应属于西汉时期。画像石图案完整清晰，内容丰富，主题鲜明，形象简朴生动，充满浓郁的生活情趣，是西汉时期在山东乃至全国都极为少见的石刻精品。

　　该墓为长方形竖穴土坑墓，南北走向。墓口距地表1.2米，距墓底深8.5米，南北长3.2米，东西宽1.5米。墓坑四壁经过加工，形制规整，底部内收。距墓底1米处有一周14～16厘米宽的生土二层台，形似凹穴。凹穴长2.2米，宽约1米。在墓坑东南角有两排各16个三角形脚窝。墓坑底部填充有含沙的鹅卵石。棺椁已腐朽，仅存板灰痕迹，可分辨为一棺一椁。棺长约1.8米，宽约0.7米。墓主为仰身直肢葬，头向北。该墓早期被盗，随葬品仅出土了一套完整的墓门，分别为门楣石1块，门框石2块，门扉石2块，现介绍如下。

　　门楣长180厘米，宽41厘米，四边有装饰边框。顶边分为两层，外面一层是斜线纹带，里面一层是环线钱纹带；左右两边是斜线纹带；底边是内向连弧纹带。中心部分的主体图案为车马出行图，表现官吏出行的盛大场面。车队由5辆轺车组成，每辆车上2人。前面一人为御者，手握2辔，驱马前行；后面为墓主人和跟随他的官吏，均头戴冠帽，端坐车内。在车队前面，有一人骑马作为前导。第三辆轺车上坐着的应是墓主人，其车后有2人策马前行，应是护卫。车队的最前面，有2位官吏站在路边恭身迎候，一人手持笏板，弯腰俯首，迎接墓主人到来，另一人则双手捧物，恭敬地站在后面。

　　右门框长110厘米，宽17厘米，顶边、底边和外边均刻有斜线内向连弧纹边框。图案从上到下分为5层：第一层是人首蛇身的伏羲面左而立；第二层是昂头翘尾、周身刻有花纹的白虎，体魄雄健，躯体修长，扬眉立目，张口大吼；中间一层刻一只口衔仙草的仙鹤，仙鹤曲颈昂首，双目凝神，注视远方；第四层是执戟侧立的门吏一人；最下面刻一只狗蹲踞在地上。

左门框长110厘米，宽17厘米。顶边、底边和外边均刻有斜线内向的连弧纹边框。图案分为3层：上面是伏羲；中间刻一条曲颈摆尾的青龙，身体细长，张牙舞爪，极呈凛然凶猛之态；下面是面右而立的一名门吏，左手持弓，双腿呈蹭立式。

右门扉高110厘米，宽44厘米。顶边、底边刻斜形纹边框，外边刻内向连弧斜线纹。图案从上到下分为5层：第一层刻两只相向凝望、展翅欲飞的朱雀；第二层是一个硕大的人面猫头；第三层正中刻一个人面蛙身、四肢张开的蛙人，其右上方和左下方各刻一只立鹤；第四层为一幅纺织图：一位织女坐在织机前，一老妇人站在其身后，为她递上丝线，织机上的摇纬、络线清晰可见；最下面是一幅乐舞图，画面中共有3人，一名乐师坐着演奏，另一人击鼓，一人舞蹈。舞者手持长巾，身段优美，姿态生动，表现出极强的韵律感。

左门扉高110厘米，宽44厘米。边饰同右门扉。图案由上往下分为5层：第一、二层与右门扉上的图案相似；第三层正中刻有一幅圆形双鱼图案，其右边是一只静立的仙鹤，左上有一只正在觅食的狼，左下刻一只展翅高飞的大鸟；第四层是饮宴图，画面上有4个人，中间为墓主人夫妻宴饮情景，左右两边各有一个仆人在服侍；第五层正中刻画了一位渔民手持鱼叉，鱼叉上穿一条大鱼，其右边是饿狼逐人图，几只龇牙咧嘴的饿狼正在追赶着一位农夫，农夫则满脸恐惧回头看着追过来的饿狼。

这套画像石内容丰富，刻画生动，是西汉时期鲁西北地区人们现实生活的真实写照。同时，画像石以浪漫主义手法，创造出当时人们幻念中的祥禽瑞兽，表现出人们对现实世界理想生活的追求和对未知神灵世界的想象。通过对这些画像石内容和相关资料分析，我们可以得到以下几点认识。

（1）该墓由于早期被盗，没有发现有纪年或断代的陪葬物品，但从墓穴结构和墓葬方式来看，墓室南北方向，葬式为仰身直肢葬，底部填充鹅卵石，类似于山东临淄商王墓地西汉时期的墓葬形式。画像石雕刻技法符合西汉时期流行的线条简练、阴线雕刻的特点，人物服饰和西汉时期"深衣制"的服饰特征相吻合，所反映的内容与临淄商王墓地出土的画像石中的车马出行、狩猎、拜谒、宴饮和祥瑞升仙等内容基本一致。据此推断，此墓应属于西汉时期。

（2）此墓处于黄河冲积平原，土层较厚，地势平坦，这里自古以来就无山石可采。经考证，这座墓葬所用石块皆属青石，石质坚硬，块体较大，似为距离高青近100千米的今淄博市的淄川、博山一带所产。在当时极为简陋的交通运输条件下，如果没有一定的社会地位和雄厚的财力，是很难将这些石块从外地长途搬运到这里来的。此外，门楣刻画的车马出行场面，有轺车5乘之多，前呼后拥，规模宏大。在汉代，官吏出行乘坐的马车有严格的等级制度。"贵者乘车，贱者徒行"。当时的市民百姓是严禁乘车出行的。西汉时期，齐国在此地设置千乘郡，故城就在今山东高青高城镇北25千米处，并置千乘县。今山东高青唐坊镇孙集村东南1.5千米处有其遗址。《齐记》记载："千乘城，在齐城西北百五十里，有南北二城，相去二十余里，其一城县治，一城太守治。"此二城即千乘县及千乘郡治。据以上推测，该墓主人应是郡县一级的官吏，有可能是千乘县县令或是千乘郡郡守。

（3）渔猎图表现了当时齐地传统的渔猎情景，乐舞图是齐地人们娱乐生活的真实反映，以上内容在齐地画像石刻中均为首次发现，对研究齐国的渔猎习俗和乐舞形式提供了宝贵的资料。纺织图则直接反映了西汉时期齐国发达的纺织业情况：由于齐国一直采取工商立国和"劝其女功，极技巧"等鼓励政策，齐国很早就成为以男耕女织为特征的大规模纺织生产基地，王充在《论衡·程材》记载："齐都世刺绣，恒女无不能"。西汉政府在齐地设立"三服官"，负责督造宫廷需要的高级丝织品。民间纺织业也非常发达，杜甫诗"齐纨鲁缟车班班，男耕女织不相失"就是当时民间纺织情景的充分写照。

（4）门框上的青龙、白虎和门扉上的朱雀、人面猫头等祥瑞图案，在当时被认为是具有降服鬼怪、驱邪避邪的作用，古代有"云中龙，风中虎"的说法，反映了当时在科学技术并不发达的情况下，这一地区的人们对某些自然现象的敬畏和对某些动物的盲目崇拜，以及对平安、吉祥美好生活的向往。而右门扉上蛙人图形的出现，可能是生活在黄河流域的人们对黄河水害的极端畏惧和无奈，因此对水中动物保持着独有的神秘感和敬畏心理。

（本文原刊载于《文物春秋》2015年第4期）

淄博张庄东汉墓画像石研究

1984年10月，在山东淄博张店区湖田镇张庄村东1千米处的高坡地上，人们在工程施工建设中发现了一座东汉时期的画像石墓葬。此墓早年被严重盗扰破坏，随葬品虽然出土数量不多，且全部破碎残缺，但却出土了一套完整的画像石墓门。墓门上的画像图案清晰完整，主题集中统一，内容丰富多彩，线条刻画简练，形象生动活泼，是两汉时期山东乃至全国都极为少见的画像石精品。

画像石墓门为大青石质，由门楣、门框、门扉、门槛组成。在门楣、门框的正面和门扉的正面、背面均有石刻画像，下面分别介绍如下。

门楣长方形，长1.92米，高0.5米，厚0.3米，为剔地浅浮雕。画面长1.56米，高0.45米。四边均刻有装饰边框，其中画面的上边在双线边框内分别刻有垂帐纹、三角纹和圆圈纹，每层边纹之间用一条宽线相隔，正中浮雕一巨大的羊头。左、右两侧边在双线边框内刻有宽线相隔的垂帐纹和三角纹，下边刻一条装饰边框。画面的中心部分为主体图案"车马出行图"。最前面是一名导卒，头戴圆形高冠，身着长袍，肩背褡裢。导卒后面是一辆轺车。轺车由一马驾车，马身肥腿细，昂头前行。轺车上坐有二人，前面为御者，头戴圆形矮冠，手握缰绳；后面为墓主人，头戴方形高冠，正襟危坐。轺车后面跟着一名步卒，身着长袍，双手捧笏，亦步亦趋。轺车后面是一名骑吏，马昂头翘尾，扬蹄前奔。最后是一辆辎车，辎车上装载着墓主人的辎重行囊，由一马驾车，御者坐于辎车之上。

左门框高1.16米，宽0.37米，厚0.3米。图案为"白虎逐鹿图"，画面长1.2米，宽0.24米，为剔地浅浮雕。白虎体魄雄健，身躯修长，尾巴上翘，头大目圆，张嘴露舌，四足腾空，表现出腾跃追逐状，虎口已接近鹿的后臀。鹿身躯细长，嘴巴微张，圆目双角，回首后望。

右门框右门框的尺寸和雕刻技法与左门框相同，内容为"二龙嬉戏图"。画面中的两条龙分一上一下，均长嘴圆目，头上双长角，细长颈，肋下双翼四足、细长尾。下面一龙作追逐状，嘴中衔着上面一龙的尾巴。上面的龙回首后望，身躯似腾飞状。

左门扉高1.16米，宽0.5米，厚0.12米。正面图案为"朱雀铺首衔环图"，边饰为三面重帐纹，一面直线纹。中心画面高0.9米，宽0.4米，为剔地浅浮雕。画面分上下两层。上层刻一只朱雀，尖嘴仰首，圆目合翅，3根长尾向上卷曲，呈奔走状。下层刻一铺首衔环图。铺首为人面形象，面宽而圆，头上长有三角，鼻直而细，眼角上吊，口下衔环，环间刻双鱼巧合纹，中间双鱼呈对吻状。背面图案为"迎送图"，高1.1米，宽0.5米，线刻。阴线边廓内刻两个人物。前者为主，另一人立于前者身后侧。二人均头戴圆形矮冠，面部未经细刻，仅刻出轮廓，身着长袍。前面人物双手托一方奁，在其身侧刻一长柄彗，扫柄朝下。此二人应为门吏。

右门扉：正面图案的尺寸、雕刻技法及内容与左门扉正面相同，唯朱雀方向相反，为双扇门扉的对称画面。背面图案为"迎送图"，高1.12米，宽0.4米，为剔地线刻。图中一人侧身站立，戴圆形平冠，高鼻大眼，身着长袍，双手在前，手托方形奁。线条流畅，服饰清晰。此人应为一门吏。

门槛：长方形，长1.92米、高0.5米，厚0.19米。无画像。

汉画像石在鲁北地区，特别是淄博地区出土数量不多，只是在临淄区、高青县等淄博东部和北部地区曾零散地出土过几块。此墓葬是鲁北地区正式发掘的第一座较完整的东汉画像石墓，出土的这套画像石墓门内容丰富，刻画生动。通过对墓葬结构、墓门上图案内容和雕刻技法的分析，我们从中可以得出以下几点认识。

一、关于墓葬的时代

该墓早年被盗，破坏严重，没有发现有明确纪年或可用于断代的陪葬物品。但从墓穴结构看，该墓为砖建墓，墓室由前、中、后3个主室和3个侧室（也叫耳室）组成。墓葬结构复杂，规模较大。秦汉时期厚葬、合葬之风盛行，并且流行多墓室的合葬墓。特别是东汉时期，更流行多室墓或双室墓葬。此墓与洛阳烧沟汉墓五期"V"形墓葬的形制基本相同。从出土画像石看，也非常符合东汉后期普遍使用的剔地浅浮雕、平面阴线雕刻的技法，以及用线婉转流畅、画面布局严谨、带有边框等特点。另外，画像中人物面部及服饰采用平面阴线雕刻，线条精壮，风格凝重，且四周带有边框，这种刻法与东汉晚期山东嘉祥武梁祠画像石的人物面部刻法相同。综合上述特点分析，该墓应属于东汉晚期。

二、关于墓主人的身份

此墓由墓道、墓门、前室、中室、后室和右侧室、左前侧室、左后侧室8个部分组成，全长13.4米，最宽处5.42米，这在当地属于东汉时期的中型墓。古代人们信仰灵魂不灭，讲究"视死如生"，总是希望能把生前享受到的生活也带到地下去，因此画像石上总有墓主人现实生活中的印痕，认为死者在阴间仍能继续享受人世间的幸福生活。西汉晚期至东汉末期盛行以石刻画像为装饰的砖结构或砖石混合结构的墓葬，墓主多为强宗豪右和高官显贵。该墓长13.4米，宽5.42米，结构与山东安丘董家庄东汉青州刺史孙嵩第大致相当，只是规模略小。证明此葬主人应是东汉时期的下层官吏。

该墓门楣所刻车马出行图，应是墓主人生前出行时的真实写照。因为在汉代，官员出行有着非常严格的等级规定。《续汉书·舆服志上》记载，汉代对于车马与官员品级之间的关系，有着"尊卑上下，各有等级"和"贾人不得乘马车"的规定。官秩二百石以下官吏主车四维，驾一马，车前伍伯二人，无其他导从。"公卿以下至县三百石长导从······三车导；主簿、主记两车为从。"在该图案中，主车有一马驾轺车，车有四维，车前、车后各有一名伍伯，有一名骑吏和一辆轺车跟随。在汉代，轺车是专供官吏贵族乘坐的马车，是当时官吏出行的重要标志。所谓轺车，《释名·释车》载："轺车，载辒重卧息其中之车也。辒，厕也，所以载衣物杂厕其中也。"据此推测该墓主人的官秩应在二百石到三百石之间，大致应为官秩三百石左右的下层官吏。

三、关于东汉时期人们的精神世界和宗教信仰

视死如生、趋吉避凶是东汉时期人们的普遍心理，这种心态在当时的墓葬中也得到了充分反映。东汉时期，人们有在春节时悬挂羊头的习俗。墓室门楣上雕刻上一只硕大羊头，是民间美好愿望的企盼，来自现实生活中，又有着辟邪迎吉、象征吉祥的含义。东汉许慎在《说文解字》中说："羊，祥也。"在墓门的门楣正中雕刻羊头的现象，在汉画像石墓中屡有发现，如河南洛阳烧沟汉墓M61、山东济阳太平镇杨兰口汉墓，均雕刻有羊头，表达了人们祈求吉祥的意愿。门框上的青龙、白虎和门扉上的朱雀等祥瑞图案，被认为具有降服鬼怪、驱邪避害的作用。铺首衔环是汉代画像石中的常见图像，在墓门上雕刻铺首的用意是驱邪御凶、镇墓和保卫门户。铺首衔环中又饰以双鱼巧合纹、环中吊双鱼，是对生殖的崇拜和敬重，因为鱼具有很强的繁殖能力，表达着祈望家族繁衍传承、生生不息的含义。古人认为扫帚具有辟邪驱鬼的功效，常把扫帚当作驱鬼辟邪的工具放置在门口，用以保护门户。右门扉背面画像中直立的长柄彗也有这方面的寓意。所有这些，都反映了东汉时期人们的精神世界和宗教信仰。

此外，车骑出行图中的导卒肩背袋囊，两端搭于胸前背后，这种装束在山东地区以前发现的画像石中从未出现过，这在一定程度上反映了汉代人们的生产、生活方式。门扉背面所刻人物，线条古朴简练，但所刻服饰清晰，这种白描式的雕刻技法在山东画像石中也不多见。因此，这套画像石墓门的出土，为研究东汉时期的生活特点、服饰特征以及雕刻技法均提供了新的资料。

山东淄川发掘清代壁画墓

　　2008年春，山东淄博淄川区在城南镇公孙村村西一工程施工建设中，发现了一座壁画墓（编号M85）。经上级文物主管部门批准，淄博市文物局、淄博市博物馆会同淄博市淄川区文物局，组成联合考古工作队，对该墓葬进行了抢救性发掘。该墓墓室壁画保存完整，壁画内容题材广泛，绘画精美，栩栩如生。此类墓葬在鲁北地区尚属首次发现，其壁画内容具有较高的研究价值。通过对墓葬形制、壁画内容、壁画人物服饰以及出土文物等方面综合分析，我们初步断定该墓葬为清代早期康熙时期。现将发掘情况报道如下。

一、墓葬形制及随葬器物

　　该墓位于发掘区的西南部，坐北朝南，方向为215°，为台阶式砖墓道、三合土墓室。墓室为方形穹隆顶。整个墓葬由墓道、墓门、墓室3部分构成。墓道位于墓室南部，为斜坡台阶式，长4.8米、宽1.6米，共9级台阶。墓门由门洞和门楼两部分组成。门洞为砖拱，位于墓室南壁正中，高1.27米，宽0.94米，进深0.52米。门洞外侧用四块长方形石板上下相互叠压封堵门洞。门楼为砖砌结构，高2.2米，宽1.7米，屋脊由筒瓦和条砖平砌垒成，屋脊下有一排10行板瓦，板瓦底部是滴水檐，上用筒瓦覆压，筒瓦头饰虎头形瓦当。墓室位于墓道北边，砌筑在一个东西长4.2米、南北宽4米、深2.6米的长方形土圹内。墓室大致呈方形，长和宽各3米，深2.14米。墓室的四壁及拱顶均用三合土分层夯实而成，每层厚度在10~22厘米。墓室北壁下部有一长方形砖砌壁龛，高36厘米，宽26厘米，进深41厘米，是放长明灯的地方。

　　墓葬填土为灰褐色花土，地面铺砖，有二棺，但棺木已腐朽。墓室内发现骨架两具，一具头向西、面向上，葬式为仰身直肢，为男性。另一具头向北、面向上，葬式为仰身直肢，为女性。此墓应是一座夫妻合葬墓。墓室内出土了随葬器物计7件。其中，瓷器5件、铜镜1件、铜钱84枚，这些随葬品分别位于墓室东部、壁龛内、两具骨架胸部和拱顶底面。出土的铜钱锈蚀较甚，但可分辨出是顺治通宝17枚、康熙通宝67枚，分别介绍如下。

瓷罐2件。一件敛口，鼓腹，平底，器高14.9厘米，口径12.2厘米，腹径14.5厘米，底径9厘米。器内口及外上腹施黑釉，内施酱色化妆土，外下腹及底无釉，外腹部施三道弦纹。褐红胎粗而硬。另一件敛口，鼓腹，矮圈足底，器高13厘米，口径12厘米，腹径15.6厘米，足径8.9厘米。器内口及外上腹施酱釉，内口下及外下腹部至圈足无釉。灰白胎粗而硬。

瓷缸一件。敞口，圆唇，鼓腹，内凹底。器高29.4厘米，口径27.2厘米、腹径28.8厘米、底径16.4厘米。器内外施酱釉，釉施不均，口处无釉，施白色化妆土。褐红胎粗而硬。

瓷灯一件，由盏和座两部分组成。盏，敞口，圆唇，器物一端突起舌形沿外撇，用以搁置灯芯。圆唇上两侧各有一乳钉状钮突起，弧壁圜底。器高4.6厘米，口径11.4厘米。舌形沿处内外无釉，施白化妆土，其他部分均施酱釉，釉施不均。褐红胎粗而硬；座，由托盘、长柄、圆盘、底座构成，盘、柄、座连在一起，灯盏另制。喇叭座连一圆盘，圆盘中立一灯柱，柱上一托盘，盘托灯盏。器通高24.6厘米，灯径15.6厘米，底座径12.8厘米，柄长12.2厘米。通体施黄绿釉，底座根部及座内无釉。

铜镜一件。圆形，圆形钮，钮顶较平，镜体较薄，素面。窄缘，里斜外直。直径12厘米，厚0.1~0.4厘米。

铜钱84枚。顺治通宝17枚，楷书，直读，面文挤廓，外宽缘，背有阳文，有"同""东"等字。直径2.7厘米，穿径0.6厘米，缘宽0.3厘米，厚0.11厘米。康熙通宝67枚，楷书，直读，面文挤廓，外宽缘，背有阳文，有"浙""苏""东"等字。直径2.8厘米，穿径0.6厘米，缘宽0.4厘米，厚0.12厘米。

二、壁画内容

　　该墓葬最为珍贵的是在墓室四壁、墓室拱顶四面，以及墓室拱顶的最顶端均绘有壁画。其中，墓室四壁均呈正方形，每个壁画长3米，高1.5米。墓室拱顶四面均呈梯形，每个壁面下底边长3米，上底边长1米，高0.9米。墓室拱顶的最顶端呈正方形，长和宽各1米。整个壁画总面积约25平方米。壁画的绘制方法是先在墓壁上涂上一层薄薄的草拌白灰泥，然后再在上面施墨赋彩，用不同颜料绘制图案。

　　墓室的北壁面是一幅供奉图（图1）。画中共有5人，正中是一老年男子，他的两边各坐一妇人。老年男子头戴礼帽，身穿黑衣，足登黑履，身坐背椅，双手拱抄，身材魁梧，双眼注视前方，此人应是墓主人。在他的下面两边各站着一名童男和童女。左边童男头梳两个抓髻，身穿青衣长袍，外套红袖红领的马褂，双手托盘，盘内盛着碗、勺等饮食用具。右边童女身穿红衣长裙，双手托盘，盘内盛着寿桃。寿桃个大体圆，色泽鲜艳，上面还有新鲜的绿叶。童男、童女虽显年少天真，但在主人面前都是低眉顺眼，小心翼翼。墓主左边坐着一位老妇人。她身着红衣长裙，端庄稳重，文静贤淑，气质高贵，此人应为墓主的夫人。墓主右边坐着一位年轻妇人。她身着青衣长裙，面庞清秀，柳眉杏眼，面带愁容，显现出无比衷怨的神态，此人应是墓主的妾。供奉图的最左边配一幅石榴图，最右边配一幅梅花图。

图1　墓室北壁供奉图

　　墓室的东壁面是一幅四男供奉图（图2）。由北向南依次顺编。最前面的一人头戴黑檐红帽，身穿素袍，外套黑色马褂，双手托黑盘，内盛红色官衣。第二人头戴黑檐红帽，身穿红袍，外套素色马褂，双手托红盘，内盛官帽。第三人头戴黑檐红帽，身穿青袍，外套青色马褂，双手托红盘，内盛黑色足靴。第四人头戴黑檐红帽，身穿素袍，外套青色马褂，双手托红盘，内盛服饰。四人均面向墓主依次站立，表情肃穆，面容谦恭，小心伺候。

图2　墓室东壁供俸图

　　墓室的西壁面是一幅四女供奉图（图3、图4）。由北向南依次顺编。最前面的一女身着青衣，橘黄色袖领，双手托黑盘，内盛茶碗。第二女身着红衣，黑色衣袖，双手托黑盘，内盛馒头。第三女身着素衣，红色袖领，双手托黑盘，内盛米饭。第四女身着红衣，素色袖领，下身穿青裙，双手提茶壶。四人依次前行，步履轻柔，婀娜多姿，飘飘欲仙。画面左边是槐树，右边是马尾松。

图3　墓室西壁供俸图

图4　墓室西壁供棒图

　　墓室的南壁正中是门洞，门洞两侧绘着八仙祝寿图。东侧四仙分别为
韩湘子、吕洞宾、曹国舅、铁拐李（图5），西侧四仙分别为张果老、汉钟
离、蓝采和、何仙姑（图6）。八仙分立左右，手捧寿桃，双目仰视，面向
墓主拱手祝贺。

图5　墓室南壁八仙祝寿图

图6　墓室南壁八仙祝寿图

　　墓室的上面是斗字形拱顶，四面也绘有图案。拱顶北壁面是一幅墓主用
餐图（图7）。墓主和他的夫人坐在饭桌前，墓主坐中间，妻妾分坐两边，

桌子上摆着3只酒杯和12只盘碗，在桌子两侧共有14人在服侍。其中，左边有4个男仆人和2名童男正在向上进献茶壶、果品，右边有4个女仆和4名童女恭身站立，听候传唤。

图7　墓室拱顶北壁宴饮图

在拱顶东壁是一幅太阳初升图（图8）。画面中绘着一轮大大的红日，红日下边红云烘托，周围天空中飘浮着淡淡的白云。

图8　墓室拱顶东壁太阳图

拱顶西壁是一幅月落图（图9）。画面中绘着一轮大大的弯月，弯月下边祥云烘托，周边祥云飘浮，时隐时现。

图9　墓室拱顶西壁月亮图

拱顶南壁面是一幅仙翁驾鹤图（图10）。一只仙鹤展翅高飞。一位胡须飘飘、慈眉善目的仙翁，身着素衣，黑色袖领，手拿羽扇，端坐其上。天空中也是飘浮着淡淡的祥云。

图10　墓室拱顶南壁仙翁驾鹤图

最上边是一正方形拱顶，拱顶壁面绘一幅盛开的牡丹图，四角祥云烘托（图11）。

图11　墓室拱顶牡丹图

在拱顶的最顶端，也就是牡丹花蕾的中心位置，一面铜镜镶嵌在上面。虽然由于年代久远，铜镜已经脱落，但从莲花中心伸出来的铁棒和铜镜中心的圆孔，证明当时下葬时这面铜镜就镶嵌在上面。

三、结语

该墓壁画技法高超，内容丰富，保存完整，这在鲁北地区尚属首见。该墓的发掘对研究我国清代早期北方贵族的生活习俗、宗教信仰、衣着服饰等提供了重要的实物资料，具有较高的学术研究价值。

该墓虽然没有出土明确的纪年资料，但在出土的84枚清代铜钱中，时代最早的是清代的顺治通宝，最晚的是清代的康熙通宝，从而可断定该墓的年代应为清代康熙年间。此外，该墓中还出土了5件瓷器，分别是罐2件、缸1件、瓷灯1件（分盏和座两个部分）。它们的共同特点是造型古拙、浑厚、笨重，胎体体重，质地坚硬，外施黑釉、酱色釉或黄绿釉，而在口部或底部不施釉。这种器物造型和制作工艺，明显属于清代淄博窑同类瓷器的特点。从出土墓画人物服饰来看，画面中的男人身着长袍，外套马褂，是典型的清代早期满洲男子的装束。

该墓没有出土有关墓主人的身份资料，淄川方志中对此也无载述，但从墓葬形制、陪葬品数量和壁画所反映的内容推断，此墓主人应是一位地方的豪绅或富商。据史料记载，汉代淄川设般阳县，此后为县、为郡、为路、为州。到明洪武十年（1377），又改为淄川县，属济南府。清沿明制，在此设淄川县，是清政府在山东设立的16个县之一，县府驻地就在淄川城。淄川交通发达，自古就是进出济南府的必经之路，历史上的官道亦经此地。淄川商业繁荣，历来是富贾云集之地，明清时期就已成为鲁中商业重地。政治、商业、交通等优越的区位优势，吸引着许多豪绅富商在此居住活动，世代居住此地的韩氏、毕氏、张氏、王氏、高氏、孙氏等大族也纷纷崛起。曾为清代刑部侍郎的山东淄川人高珩在《后隐园藏稿序》中记载："余邑自明嘉隆以来，士大夫彬彬起，多致身公若卿间。"此外，墓属中小型墓葬，出土的陪葬品数量不多，不属于地方官吏，但更不像是普通百姓。从出土的壁画内容分析，墓主人有一妻一妾，且有男仆、女仆服侍，证明墓主人应具有一定的经济实力。从墓主人头戴礼帽、脚蹬皂靴等服饰来分析，他应是地方上的豪绅富商。据此，我们推断此墓主人应是当地一名豪绅富商或世家大族。

壁画内容反映了我国清代北方人们的精神追求和理想信仰。在墓主人和他两位夫人的供奉图中，其最左边画了一幅石榴图，最右边画了一幅梅花图，其寓意应是多子多福、五福临门之意。因为石榴色彩鲜艳、子多饱满，象征着多子多福、子孙满堂。而梅花是花开五瓣，寓意福、禄、寿、喜、财。同时，梅花颜色火红，寓意着墓主人生活蒸蒸日上、红红火火。在墓室的南壁面是八仙祝寿图，寓意着墓主人寿比南山，福如北海（因传说八仙会定期赴西王母蟠桃大会祝寿，所以"八仙祝寿"也成为民间常见的祝寿题材）。而拱顶南壁面的仙翁驾鹤图，可能也是表达这个意思。而壁画中的太阳和弯月，可能寓意着墓主人的人生和家族将与天地同在、与日月同辉，也可能寓意墓主人死后的生活和人间一样。这反映出当时人们向往人间生活和对幸福生活的企盼。

　　该墓室壁画技艺纯熟，绘画手法高超，是我国清代民间的壁画珍品。墓室壁画题材虽然广泛，但主题突出，色调一致，各画面之间既相对独立又相互联系，全面生动地描述着墓主人生前生活的各种场景，幻想着墓主人在阴间生活的幸福美满。各个画面布局科学，稀疏搭配合理，景色错落有致，特别是画中人物形体比例结构精准，人物神态活灵活现，画中人物个性鲜明，生动传神，充分展示了淄博民间绘画大师们的高超技艺，给我们留下了一笔丰富的清代民间绘画资料，对当今绘画研究具有一定的借鉴和启迪价值。

（本文原刊载于《中国国家博物馆馆刊》2016年第10期）

临淄为世界足球起源地考

2015年10月23日，国家主席习近平在参观曼彻斯特城市足球学院时，向英国国家足球博物馆赠送了一只中国古代蹴鞠。蹴鞠，又称"踏鞠"，是现代足球的前身。习主席赠送的那只蹴鞠来自山东临淄，临淄是世界足球的起源地，并于2004年被国际足联正式确认。足球之所以起源于2 500多年前的临淄，是有着雄厚的经济基础、宽广的文化背景和相当的历史必然性的。

一、社会背景探析

（一）繁荣的经济为蹴鞠产生提供了坚实的基础

齐国是重工商的国家，渔盐、纺织是齐国独有的贸易资源，齐国统治者利用"地舄卤"的地势地利，开辟水路通道，广开贸易，繁荣经济，富国强民。纵观有齐一代，通商和发展经济是其立国强国之本，故而齐国至战国前期已称雄称霸。文化的发展繁荣，需要有坚强的经济作为保证。一个连衣食温饱问题都还没有解决的地方，是不可能产生蹴鞠游戏活动的。蹴鞠的产生需要以雄厚的经济实力作为基础。

（二）城市的大量出现和建设为蹴鞠产生创造了良好的场所

齐国以商业立国，在建国之初就提出了"通商工之业，便鱼盐之利"[①]的基本国策。商业的发展，促进了城市的出现和城市经济的繁荣。至战国时期，齐国境内已有70多城，最著名的有临淄、即墨、莒城、昌城、皇城、纪城等。特别是当时的都城临淄，大城里面套小城，整个都城总面积超过15平方千米，有13个城门，城内有完整的地下排水设施和宽阔纵横的道路，在先

---

① 《史记·齐太公世家》。

秦时期是最具特色的商业城市，有"东方商业大都会"的称誉。城市的建设和城市经济的繁荣，为蹴鞠的产生和活动开展提供了良好的场所。

（三）文化的繁荣为蹴鞠产生提供了良好的社会氛围

一个国家经济发达后，必然带来文化的繁荣。春秋战国时期的齐国亦是如此，突出表现在以下几点。一是齐国在都城临淄设立稷下学宫，广集诸子，著书点说，参政议政，开"百家争鸣"之先河。稷下学宫是我国历史上最早的集政治、学术功能于一体的"高等教育"大学堂，也是我国最早设立的社科院性质的咨政问政机构。稷下学官的创立，足以证明齐国当时政治的昌明和文化的繁荣。二是齐王宫中建立了数百人的大型演奏乐队。史料记载，在齐宣王时期，王宫中选宫廷乐手300人组成乐队，演奏《韶》乐。著名的"滥竽充数"的故事就出于此时。《韶》乐为齐国官乐，即宫廷音乐。能组织如此庞大的乐队演奏，足见当时文化的繁荣。三是统治阶级的喜爱和参与助推了蹴鞠活动推广普及。史载，齐景公"治宫室，聚狗马"。齐国墓葬多见殉人和殉车马，也证明了当时齐国奢侈的社会风气。著名的"田忌赛马"故事说明齐君喜爱并直接参与赌博、赛马、蹴鞠等娱乐活动。君王的喜爱为蹴鞠等娱乐活动在齐国得以提倡和广泛开展创造了条件。

（四）齐国发达的手工业为蹴鞠制作提供了技术保证

至春秋战国时期，随着工商经济的发展，齐国的手工业也有很大的发展。我国第一部记录当时手工业技术与门类的官书《考工记》就诞生在齐国。它是记述当时齐国官营手工业各工种规范和制造工艺的文献。《考工记》所列技术部门有"三十工"，其中就有"攻皮之工五"，在其中介绍了皮革制作等工艺。这说明，在当时的临淄，制作一个皮球没有任何技术障碍，这也为蹴鞠诞生创造了技术条件。由此证明春秋战国时期齐国已经具备了制作蹴鞠所用皮革和缝制技术。

（五）齐地传统的尚武习俗是蹴鞠起源临淄的前提

在姜太公建立齐国之前，当时在齐地生活的人是古代东方夷人，俗称东夷人。当时的齐地史前夷人就有尚武传统，据考证，"齐"字是由三支箭组成。姜太公建国后，承其传统，以武强国。传统的尚武习俗、长生的哲念，为练武强身的娱乐活动——蹴鞠的产生和普及创造了广泛的社会基础。

综上所述，证明齐国春秋战国时期已具备了足球——蹴鞠产生的社会基础和手工技术制作条件，这在当时其他诸侯国，就其经济文化发展情况分析，还远不及齐国。所以，春秋战国时期蹴鞠起源于齐都临淄是完全可能的。

二、史料文献记载

蹴鞠起源于齐都临淄。《战国策·齐策一》载，苏秦为合纵劝说齐宣王时，他在谈到齐地是四塞之国，地广兵精、民众殷富后，又言："临淄甚富而实，其民无不吹竽、鼓瑟、击筑、弹琴、斗鸡、走犬、六博、蹋鞠者。临淄之途，车毂击，人肩摩，连衽成帷，举袂成幕，挥汗成雨，家殷人足，志高气扬。"

关于蹴鞠，亦作"踏鞠"，是古代一种用于习武、健身和娱乐的踢球运动。1972年长沙马王堆三号墓出土的帛书《经法》中记载：黄帝擒蚩尤，"充其胃以为鞠，使人执之，多中者赏。"当时的蹴鞠为石球。汉代刘向在《别录》中称："蹴鞠，黄帝所造，或云其于战国，以练武士，知有材也，皆因嬉戏而讲练之。"

除《战国策·齐策》中有对蹴鞠的记载外，《史记·苏秦列传》也有记载："临淄之中七万户，臣窃度之，下户三男子，三七二十一万，不待发于远县，而临淄之卒，固以二十一万矣。临淄甚富而实，其民无不吹竽、鼓瑟、击筑、弹琴、斗鸡、走犬、六博、蹴鞠者；临淄之途，车毂击，人肩摩，连衽袧成帷，举袂成幕，挥汗成雨；家敦而富，志高而扬。夫以大王之贤是与齐之强，天下不能当。今乃西面事秦，窃为大王羞之。"

以上文献记载了齐宣王时期齐国都城临淄的繁华情形。其最有价值的是记载了当时的8项体育娱乐活动，即吹竽、鼓瑟、击筑、弹琴、斗鸡、走犬、六博、蹴鞠，是我国古代文献中最早记载蹴鞠游戏的史料，对研究我国古代体育活动有着重要价值。高诱在注中释曰："蹴鞠，黄帝作，是因以练武士。"由此证明蹴鞠的出现要比战国时期还应早些，到战国时期已经发展成为广泛普及并带有竞技性质的娱乐活动了。

三、考古发掘发现

蹴鞠活动起源于春秋战国时期齐国都城临淄，除有古代文献资料记载外，近年来的考古发现也给予了充分证明。特别是《战国策》《史记》等历史文献中记载的当时的主要娱乐活动，如吹竽、鼓瑟、击筑、弹琴、斗鸡、走犬、六博、蹴鞠等，近年来在考古发掘中陆续发现了开展这些项目所使用的器具器械。

一是蹴鞠活动。中国奥林匹克委员会编《中国体育文化五千年》收录迄今所见最早的蹴鞠画面是河南登封考古发现的汉代"启母画像石"。该石有一女子正在蹴鞠的图案。①另外在山东曲阜也发现了带有蹴鞠图案的画像出土。近年来在壁画岩石、画像石以及陶塑、陶器彩绘图案上也时有出现。

二是六博活动。六博活动的用具是骰子。据考，骰子在战国时期已经出现。1978年，山东临淄大武西汉齐王墓发掘了5个陪葬坑，曾在五号坑中出土了两件青铜骰子。两个骰子均为空心，内有小铜板，共18个面，其中16个面依次错有一至十六的编号，其余两个面错为文字，一面为"骄"字，另一面为"酒来"二字。骰子大小为5.5～5.6厘米，球面锉银，甚为精致，其时代为西汉初年，是证《战国策》《史记》记载六博娱乐活动应为事实。

三是走犬活动。齐国社会狗马相类，赛马赛狗同举，同为带有竞技性质的游戏活动。史载齐景公好"聚狗马"②是为证。在临淄大武西汉齐王墓陪葬坑的发掘中，二号坑为殉狗坑，在木椁室长6.7米，宽3.1米，高0.95米的棺内，殉有青壮年狗30只。狗颈部均有用贝壳串成的项圈，共有28只狗项部各

---

① 中国奥林匹克委员会编：《中国体育文化五千年》，北京：北京体育大学出版社，1996年。

②《史记·齐太公世家》。

系一圆形铜环，发现有铜扣和皮条遗物，，均为狗颈饰物。推测此狗可能是墓主人生前玩乐或狩猎的玩犬、即走犬。

以上列举了《战国策》《史记》记载娱乐活动蹴鞠、六博、走犬3类的考古发现的实物证据，说明《战国策》《史记》记载战国中期的齐宣王时期，临淄已广泛流行蹴鞠等娱乐活动均为事实，这也从另一个侧面证明了史料记载的可靠性。因此，可以说春秋战国时期齐国都城临淄已具备了产生古代足球（蹴鞠）的社会背景和技术条件，临淄是世界足球的发源地应是符合历史史实的。

馆藏文物研究

商王墓地战国墓出土铜汲酒器及相关问题考探

1992年12月，山东淄博临淄区商王村一战国墓中，出土了一件荷蕾形青铜器。青铜器上端为竹节形长柄，中空，顶端封闭并且饰有一龙首衔环，下端是一个形如荷蕾的球形器，长柄与球形器上下贯通。在第一节竹节处有一方孔，球形器底部正中有一圆孔。长柄外表为四段青铜竹节，竹节上、下两端各饰一圈箍状纹。球形器外表饰有含苞待放的荷纹，荷瓣突出，故称为荷蕾形青铜器（图1）。该器物长65.2厘米，长柄外直径1.4厘米、内直径0.8厘米，下端球形器腹部直径7.2厘米、底部直径3.6厘米，长方孔长0.7厘米、宽0.4厘米，圆孔直径0.4厘米。该器物造型之独特，制作之精美，为历史文献和出土文物资料所不见，其确切用途和创作原理，更无从考证。现就该青铜器的实际用途、工作原理（图2）、装饰艺术等加以探讨。

图1　青铜吸酒器

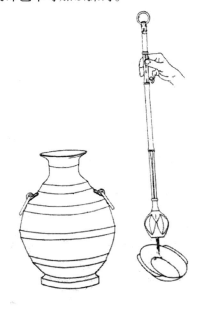

图2　铜吸酒器使用演示图

一、关于荷蕾形青铜器的实际用途

对于出土的这件荷蕾形青铜器，人们曾做过实验。首先将这件荷蕾形青铜器竖直放在盛水的器物中，长柄在上，球形器在下。这时就会发现，器物中的水会由底端的圆孔处进入荷蕾内。当水进入荷蕾形青铜器后，用拇指压住上面的方孔提起，汲进去的水却没有滴漏。然后松开拇指后，汲取之水则从底孔缓缓流出。经专家反复考证断定，此物可能是提取酒浆用的汲酒器，依据有以下几点。

一是从当时器物摆放的位置推断，它应是一件用于饮食的器物。发掘时，这件荷蕾形青铜器位于墓葬东北部的棺椁之间，与它同置一处的还有银盘、银勺、银耳杯和铜钵、铜匕、滑石耳杯等饮食器，并无其他用途的器物，因此推断此物应与饮食有关。从竹节长柄上部的龙首衔环和荷蕾底部的平底分析，应是柄部在上、荷蕾在下竖直使用，不用时还可悬挂放置。

二是从当时人们的生活习俗和社会制度来看，这件器物应与饮酒有关。因为在商周时期，是我国酒文化最为复杂也是酒与政治结合最为紧密的时期。所谓"无酒不成席"，酒渗透到社会生活的方方面面。正因为商周时期酒礼最受重视，因此酒器发展也最为迅速，青铜酒器也就成为商周时期青铜文明中最为辉煌的亮点。临淄商王墓地出土的罍、壶、耳杯、勺等众多酒器，也是对墓主人长歌醉舞、钟鸣鼎食的上层社会奢侈生活的真实反映。在一号墓中还发现了两件带有密封盖的铜罍和铜壶，出土时分别盛有青绿色液体和黑色液体，虽然当时因条件所限没有及时鉴定，但据《诗经·大雅·韩奕》"清酒百壶"、夨良父壶铭"用盛旨酒"和《诗经·周南卷耳》"我姑酌彼金罍，维以不永怀"等记载推测，当时铜罍和铜壶所盛的液体应为古代的酒。这与山东沂源西鱼台姑子坪西周时期的墓葬铜壶中还盛有酒的浆液相同[1]。而与它们同时出土的荷蕾形青铜器自然应是取酒用的相配套的器物。

① 山东大学考古系、淄博市文物局、沂源县文管所：《山东沂源县姑子坪周代墓葬》，《考古》2003年第1期。

三是从这件器物的使用方式判断，它应是一件用于取酒的汲酒器。考古发现商周时期的取酒器多为枓、勺等，在文献记载中二者也多混为一谈。如《说文解字》解释："勺，枓也，所以挹取也。"《周礼·冬官考工记》曰："梓人为饮器，勺一斗"。《仪礼·士冠礼》云："有篚实勺、觯、角柶。"郑玄注："勺，尊斗，所以斟酒也。"但考古发现二者形制也有区别。商周时期的枓，为曲柄小杯，柄与杯口近平，形如北斗之形，如《诗经·小雅·大东》所言"维北有斗，不可以，挹酒浆也"。勺为直柄小杯，一种形制与枓相似，另一种柄与杯口垂直。枓和第一种勺适应于在大口、浅腹的盛器中舀取酒浆。第二种勺则可在小口、深腹的盛器中提取酒浆。虽然后者受盛器限制较小，具有一定的优越性，但二者都有提取不完、不彻底的缺点，最后都不免有倾倒之劳的尴尬。而汲酒器则完全克服了枓、勺等取酒器的缺陷，可以从口径较小的深腹盛器中将酒液完全取出，操作非常简便。

此外，从器物容量来推测，这件器物也应是一件汲酒器。经过实际测验，该器物最大容量（水位达到方孔处）为240毫升，水位在荷蕾上方箍状纹处时容量为200毫升。而从该墓中出土的银耳杯和铜耳杯等饮酒器的容量大多为230毫升或500毫升左右。这些器具的容量正好是汲酒器容量的一倍或者两倍。这说明，这件汲酒器是与墓中出土的盛酒器和饮酒器配套使用的。

二、关于汲酒器的制作原理

实验表明，这件汲酒器的汲取功能是充分利用了大气压强的原理，通过器内水压和器外大气压的共同作用，使水被汲起或放出。当水被汲起时，器内水压小于器外大气压。当放开拇指后，器内和器外的大气压力相互抵消，水则以自身的压力缓缓流出（如图2所示）。这是古代劳动人民聪明才智和非凡创造力的集中体现，是古人对大气压原理和虹吸原理科学认识的有力佐证。

在我国的古代文献中，不乏对大气压强原理的记载。最为明晰系统和最早的文献是南北朝时期的《关尹子·九药篇》。书中记载："瓶存二窍，以水实之，倒泻；闭一则水不下，盖（气）不升则（水）不降。井虽千仞，汲之水上，盖（气）不降则水不升。"值得注意的是，这里所记载的瓶，不但工作原理与汲酒器相同，而且也有上下两孔，可能其形制与汲酒器相差不多，这是目前我们所能查到的最早的与汲酒器相类的器物。唐代王冰在《素问》注中云："虚管溉满，捻上悬之，水固不泄，为无升气而不能降也；空瓶小口，顿溉不入，为气不出而不能入也。"宋代俞琰在《席上腐谈》中解释拔火罐的原因是"火气使然也"。由于纸火把罐中一部分空气赶出，罐外的空气压力就把它紧紧地挤压在人的身上。明代庄元臣在《叔苴子·内篇》中也指出："覆匏而水不得入，气拒之也"。虽然这些记载大多仅限于对自然现象的解释，但是说明人们已经认识到了造成这种现象的原因是"气使然"，也就是大气压的作用。

对虹吸现象的发现与观察是古人认识大气压的例证。我们知道，虹吸现象也是由于大气压的作用而产生的。早在商代的甲骨文中，就有"有虹自饮于河"的记载。《汉书·燕王刘旦传》也云："是时天雨，虹下属宫中，饮井水，井水竭。"虹本来是大雨过后常见的自然现象，但在古代，人们往往将它与吸饮联系在一起。现在看来，这并非纯属牵强附会之言，而是基于一定的科学认识，甚至可能是现实生活中虹吸管的具体反映。据目前所知，至迟在东汉末年，当时就出现了用虹吸管进行灌溉的"渴乌"。在此之后，虹吸管常常被用于生产和生活之中，名称有"注子""偏提""过山龙"等等。

而战国时期的这件青铜汲酒器，不仅是目前我们所见到的将大气压强原理和虹吸原理巧妙地用于器物制造的最早例子，而且也是较早的具有虹吸寓意的器物。特别是在它的柄端饰有的龙首衔环（如图2，竹节长柄上的龙首衔环），即是对虹吸现象的最好说明。因为古人认为虹吸现象是我们俗称的"龙吸水"。在甲骨文中，"虹"也刻作龙的形状。《山海经·海外东经》云："虹虹在其北，各有两首"，认为虹虹（虹霓）是一身双首之物。关于龙的记载，在古代神话传说和文献记载中有很多，并且种类也很多。《广雅》载：

"有鳞曰蛟龙，有翼曰应龙，有角曰虬龙，无角曰螭龙。"所谓应龙，即"有翼之龙也"。在《山海经》中对应龙的记载很多，传说应龙是助黄帝打败蚩尤和助大禹治理洪水的功臣。后来应龙居住南方，给当地带去丰沛的雨水。而遇到天气干旱，应龙会及时降雨。《山海经·大荒东经》曰："旱而为应龙之状，乃得大雨。"可见，应龙有司水之职，可以解除大旱。想必这一身双首的龙即为应龙，而雨后彩虹，当是应龙的化身，虹吸也是应龙蓄水之状。所以吸酒器所表现的正是"应龙吸水"的神话载体，而不同的只是弯曲的虹变成了直的竹节柄而已。

三、关于汲酒器的装饰艺术

作为最早的具有吸虹寓意的器物，工匠们在吸酒器的造型和装饰上，可以说是匠心独运，不拘一格，超凡脱俗。特别是他们以写实的手法，在这件器物上刻画出生动逼真的竹节和含苞待放的荷蕾，将装饰和实用有机地结合在一起，使这件汲酒器充分体现出高雅俊挺的品格，寓意着其主人的高雅情趣和高贵品性。因为竹子节坚竿挺、虚中洁外，筠色润贞、四季常青，自古以来被视作祥瑞之物，为人们所喜爱。从《诗经》《离骚》，到绘画中的"四君子"之一、"岁寒三友"之一，竹子都是气质高雅的象征。而荷花作为花中君子，"出淤泥而不染"，更是文人墨客歌咏和描绘的对象。竹节中空，正直挺拔；荷生水际，雍容华贵。二者常常被用于器物造型和装饰之中，有的甚至直接用竹、荷作酒具。据唐人段成式《酉阳杂俎前集·酒食》记载魏宣帝正始年间（504—508）郑公悫三伏之际避暑历城，取荷叶盛酒，以簪刺叶与茎相通。屈茎如象鼻传吸之，称之"碧筒杯"。"酒味杂莲气，香冷胜于水。"又如《佩文韵府》曰："蜀郫县截大竹为筒盛酒，闭以藕丝，包以蕉叶，信宿香达于外，曰郫筒。"可见，竹、荷、酒三者自古就有不解之缘。吸酒器巧妙自然地将三者集于一体，达到了很高的思想境界和艺术效果。

这件战国时期的汲酒器，集科学、艺术、实用和神话为一体，反映了当时人们对自然现象的认识水平，体现我国古代劳动人民的聪明才智，是古代酒器中的非凡之作。即使在2 000多年后的今天，仍能感到它的构思独特、大方得体、美妙绝伦。尤其使我们感到自豪的是，我国古代劳动人民对大气压的认识和利用，较之欧洲要早近2 000年！

（本文原刊载于《收藏家》2015年第9期）

商王墓地战国墓出土陶瓦应为陶熨具考

　　1993年，山东临淄商王墓地一号墓中，出土了4件陶瓦，分别是两件筒瓦和两件板瓦。它们的四周和底部边棱均经过精心磨制，形状规整，表面光滑。它们均由原夹砂灰陶瓦磨制而成。其中，两件筒瓦被磨成椭圆形，两件板瓦被磨成长方形。两件筒瓦形状相同，大小不一。一件长13.4厘米、宽9.1厘米，另一件长17厘米、宽11厘米（图1、图2）。两件板瓦形状相同，大小相近，均为长23.7厘米、宽9.9厘米（图3、图4）。4件陶瓦表面均饰纵列粗绳纹，局部呈砖红色，烧烤痕迹明显，上面有液体斑迹。通过对4件陶瓦的材质、形制、存放位置、共存器物、残存斑迹等综合分析，我们认为，这4件陶瓦是一套医疗器具，应是我国古代熨帖术中的陶质熨具。现就相关理由探讨如下。

图1　筒瓦1

图2　筒瓦2

图3　板瓦1

图4　板瓦2

一、关于我国古代熨帖术的概念和起源

在探讨4件陶瓦是不是陶熨具之前，有必要对我国古代熨帖术的概念进行探讨，也有必要对我国熨帖术的起源进行研究。

所谓熨帖术，就是利用瓦石、本草等器物的热量给人治病。这种办法运用的是以热去寒、以熨除病的原理。在具体的治疗过程中，首先要将瓦石等混上中草药烤热，然后用布匹等丝织物包裹，放在病人的患处。目的是借助草木的药性及温度等作用，祛风除湿，驱寒止痛，使血脉流通，达到预期的治疗效果。

在我国古典医学文献中，《黄帝内经》是最早有熨帖术记载。《黄帝内经》记载："风寒客于人，使人毫无毕直，皮闭而为热，当是之时，可汗而发也。或痹不仁肿痛，当是之时，可汤熨及火灸刺而去之"。《黄帝内经》是成书于秦汉之际或者稍早点的医书，这说明秦汉时期我国就已经使用熨帖术。

我国最早的熨帖术医方收录在《五十二病方》中。1973年，长沙马王堆汉墓中出土了《五十二病方》。这是一部完整的医方专书，也是我国发现最早的医方，它成方年代要比《黄帝内经》稍早。它记载的内容是秦汉以前人们治病施药的方法。全书共52题、现存283个医方，每题都是治疗一类疾病的方法，包括药物、砭法、灸法、按摩、药浴、熏法、角法和熨法，其中熨法就占12方之多。

我国最早使用熨帖术的人是扁鹊。扁鹊是春秋战国之际齐国名医，他使虢国太子死复生的故事家喻户晓，而他使用的医术其中就有熨帖术。据《史记·扁鹊仓公列传》记载，在抢救虢国太子时，"扁鹊乃使弟子子阳厉针砥石，以取外三阳五会。有间，太子苏。乃使子豹为五分之熨，以八减之齐和煮之，以更熨两胁下。太子起坐。更适阴阳，但服汤二旬而复故。故天下尽以扁鹊为能生死人"。

扁鹊见齐桓公的故事更是妇孺皆知。他曾三次指出齐桓公疾病之所在，而齐桓公固执不听。当第四次见到齐桓公时，扁鹊拔腿就走。齐桓公使人问

其故，扁鹊曰："疾之居腠理也，汤熨之所及也；在血脉，针石之所及也；其在肠胃，酒醪之所及也；其在骨髓，虽司命无奈之何。今在骨髓，臣是以无请也。"结果，桓公病入膏肓不治而死。如果最初听了扁鹊的劝告，汤熨一下即可保住性命。由此看来，熨帖术应是当时齐地常用的一种医术。

《史记·扁鹊仓公列传》还记载："上古之时，医有俞跗，治病不以汤液醴洒，镵石挢引，案扤毒熨，一拨见病之应"。应劭注释说："俞跗，黄帝时将也。"《史记索隐》云："毒熨谓毒病之外以药物熨帖也。"这里更是把熨帖术推到了上古黄帝之时。

由此看来，至少在我国新石器的中晚期，也就是文献记载的上古黄帝时代，熨帖术在我国就已经存在了，这可能是我国熨帖术的原始起源。这时的治疗工具可能是石熨具，也就是古代的砭石（砭石是我国古代一种最原始的医疗用具，当时用于熨帖、按摩、针刺、切割所用的石质工具一起统称为砭石），之后又出现了陶熨。从出土文物看，商周和战国时期的石熨具和陶熨具比较丰富。从文献记载看，至春秋战国时期，石熨、陶熨更是常用的一种医疗手段。至《五十二病方》和《黄帝内经》成书的秦汉时期，熨帖类型已比较丰富。到汉代，由于金属工具的广泛应用，且金属熨帖具具有传热快等特点，治疗效果更好。因此，砭石之法逐渐消失，石熨和陶熨工具逐渐减少，以至绝迹。然而，熨帖术却发展起来，并且形式不断增加，内容不断丰富，门类不断完善。概括地讲，可以分为水熨和火熨两大类。《汉书·艺文志》记载："经方者，本草石之寒温，量疾病之浅深，假药味之滋，因气感之宜，辨五苦之辛，致水火之齐，以通闭解结，反之于平。"《砭经》云："水者，温石于水，以保其热也。""火者，煨于灰，以传其热也。"唐宋以后熨帖术更加成熟完善。

二、关于商王战国墓出土陶瓦是熨帖具的考证

截至目前，对于4件陶瓦的实际用途，专家们的认识不尽一致。有的认为它们是古代工匠制陶用的"陶拍"，有的认为是女孩子的标志用品，有的认

为是烧烤食物用的陶具。但比较集中的观点倾向它们是用于熨帖的医具，主要依据有以下几点。

首先，认为是"陶拍"的观点与墓主人的身份明显不符。据考证，商王墓地一号墓属于战国晚期，墓主人是一位名叫"音子"的女性，具有"夫人"之称，社会地位较高。从墓葬形制和随葬器物推测应，她应是齐王或齐国某一重臣的公主或夫人。因此，当时地位低下的陶工制陶使用的"陶拍"，不可能放在地位高贵的、具有"夫人"之称的墓中。

第二，认为是古代女孩子标志用品的观点与出土器物不符。在我国古代，生男为"弄璋"，生女称"弄瓦"，"弄瓦"成为生女的代名词。《诗经·小雅·斯干》云："乃生女子，载寝之地。载衣之裼，载弄之瓦"。《毛传》曰："瓦，纺砖也。"据考证，这种纺砖即是古代的陶纺轮，并且只有生女或者女子幼童时弄玩佩戴的标志性物品，寓意是希望女孩子将来能任女工之意。一号墓中出土的四片陶瓦面大量重，它与古时女孩子佩带玩耍的纺砖显然不是同一类物品。

第三，认为是用于烧烤器具的观点与4件陶瓦的面积大小不符。有的专家从陶瓦上的烧烤痕迹和留有的液体斑迹分析，认为可能是当时人们用来烧烤食物的陶瓷用具。但出土陶瓦的受热面积太小，如果用来烧烤食物，就不如用面积大一些或者整块陶瓦，更不必劳神费力地将其磨小。所以，4件陶瓦作为烧烤食物用具的可能性也很小。

第四，认为4件陶瓦是古代熨帖具的观点比较符合实际。一是在墓葬发掘时，4片陶瓦集中放置于一号墓葬死者头部以北的棺椁之间，属于死者的随身物品。二是当时与4片陶瓦放置在一起的，还有1盒植物的花茎。这盒花茎当时虽然未经化验鉴定，但据当时考古人员证实，它肯定是草药之类的东西，这从另一个方面也证实了4件陶瓦作为医具的可能性。在科学还不发达的远古时代，人们相信死者的灵魂是不灭的。因此在人死之后，人们往往将死者生前使用过的物品一起随葬。因为在现实生活中，人们时常面临着生与死的较量，如何战胜疾病成为人们生存的最大愿望。当某人因为疾病死亡以后，亲人们往往会把死者生前所用的药物、医具等一起埋葬，祈求死者在阴间能够利用它战胜病魔，长命百岁。由此推断，这4件陶瓦应是墓主人生前使用过的熨帖具。

三、关于熨帖术的起源地和传播地区

在我们今天能够见到的资料文献中，没有明确记载熨帖术产生的地区。但从相关出土文物和史料记载分析，我们认为古代熨帖术应是首先起源于我国东部沿海地区。据《黄帝内经》记载："东方之域，天地之所始生也。鱼盐之地，海滨傍水，其民食鱼而嗜咸，皆安其处，美其食。鱼者使人热中，盐者胜血，故其民皆黑色足疏理，其病皆为痈疡，其治宜砭石。故砭石者，亦从东方来"。如果《黄帝内经》记载正确，那么石熨术就应诞生兴起在我国东方地区。但截至目前，我们还没有发现真正意义上的石熨具。但作为陶熨具，目前在我国不少地方时有发现。目前发现的陶熨具最早出现在新石器时代，出土地主要江苏淮安青莲岗遗址、河南永城造律台文化遗址、安徽肥东大城头遗址等。综合《黄帝内经》和近年来我国出土文物分析，我国的熨帖术应当是诞生于东部沿海地区，之后又从东方向西传播，直至传播到全国各地。

在商代墓葬中，目前已经发现了大量的陶熨具，但多数都集中于河南殷墟附近。后来到战国时期，除以上地区之外，在山东、河北、山西、江西、湖南等地都普遍发现了陶熨具。在这一时期，虽然熨帖术使用区域比新石器时期范围更加广阔，但仍然是以北方以及中原地区较为集中。比较有说服力的是，陶熨具出土区域，与扁鹊活动的区域大致相吻合。扁鹊是传说中的神医，传说他是齐国人。他主要活动于齐、赵、秦等北方地区，熨术又是他常用的医术。因此，战国时期我们北方地区盛行熨术，可能与扁鹊有着重要关系。陆贾《新语·术事》就说："书不必起仲尼之门，药不必出扁鹊之方。"可见扁鹊医术的影响之深广。秦汉之后，随着全国统一和各种交流的日益广泛，熨帖术在全国已经比较普遍。

四、结语

从时间上看，我国熨帖术大致产生于上古黄帝时代，发展于春秋战国乃至西汉时期，到唐宋时期开始成熟。临淄商王墓地一号墓属于战国晚期，此时正是熨帖术发展流行时期，官府和民间使用熨帖术且收藏熨帖用具已不算稀奇。

从地域分布看，齐国地处东方，滨海傍水，正是渔盐之地，也是砭石和熨帖术的重要区域。齐地也是扁鹊活动的重要地区，在临淄商王一号墓中出土的战国时期的陶熨具和古代文献记载应是一个很好的互证。因此，临淄商王墓地一号墓出土的4件陶瓦应是我国古代的陶熨具。

淄博市博物馆藏两件鎏金银盘

　　1978年，在胶济铁路山东淄博段东风货运站扩建工程中，工作人员在施工建设中发现了一座沉睡了2 000多年的古墓。经考证，它可能是西汉初年第二代齐王刘襄的墓葬。1978年秋至1979年11月，淄博市博物馆对该墓外围的5个陪葬器物坑进行了考古发掘，共出土文物1.21万余件，包括金银器131件。其中，一号随葬器物坑中出土了3件制作精美、装饰考究、刻有铭文的鎏金银盘。这在国内属首次发现，被定为国家一级文物，在当时国内外史学界和考古学界引起了极大轰动和高度关注。

　　在出土的3件鎏金银盘中，1件较大，2件略小。为了便于区别，我们按其重量分别将其编为1号、2号和3号银盘。其中，1号银盘最大最重，也最为精美，现由中国国家博物馆收藏，并被在该馆"古代中国"基本陈列的秦汉时期部分展览。2号和3号银盘被淄博市博物馆收藏。现将2号银盘和3号银盘介绍如下。

　　2号银盘和3号银盘的形状、大小和重量、容量基本相同。两件银盘都是侈口，平折沿，折腹，平足。2号银盘口径23.5厘米，高5.0厘米，实测重340克，水测容量900毫升（图1~图5）；3号银盘口径23.5厘米，高5.0厘米，实测重271克，水测容量900毫升（图6~图9）。两件银盘的修饰花纹完全相同，口沿都饰有波折纹和花叶纹，内外腹部都饰有几何云纹，内底都饰有三条匀称的云龙纹和两周弦带纹，弦带纹之间用平行线条连接（图2、图7、图9）。两件银盘造型规整、制作精巧，装饰线条流畅，构图疏密适度，是早期金银器中难得的文物瑰宝和艺术珍品（图11）。

　　两件银盘上都刻有铭文，铭文内容主要涉及当时的职官、宫室、量衡等方面。铭文刻工比较简略，所刻字体既不同于秦代规范的小篆，也不同于结构方整、有明显特征的汉代隶书过渡的字体，这对于研究我国古代文字的演变规律提供了非常重要的实物资料。银盘上所刻铭文分别属于不同字体，明显不是一次刻成。经专家考证，两件银盘上的铭文都是分两次刻成。2号银盘共刻有18个字，在其外腹部刻有铭文"左工一斤六两"，在其外底部刻有铭文"容五升大官右般南木大官木"（图3、图4、图5）。3号银盘共刻有12个字，在其外腹部刻有"左工一斤一两"，在其外底部刻有"南木般容五升"（图8、图10）。"左工"即左工师，指负责制造皇室所用器物的左工考官司，当时属于少府（专门管理皇室财政以及衣食居行、医药供奉、器物制作等的机构，在西汉诸侯王国的属官中也设有少府）所管。考工室是考工师的工作部门，在汉初分为左考工室和右考工室。"容五升"应是银盘的装载容量。"大官"即太官，是少府的属官，在齐国主管宫廷膳食。《汉书·张汤传》："大官、私官并供具第。"《汉书新证》载："大官属少府，私官属詹事，大官供膳食，私官供用具。"银盘上的"木"字，应为银盘管理者的省称，因为在器物上铭刻管理者或者工匠名字，为战国中期以来普遍流行的做法，即所谓"物勒工名，以考其诚"。"右般"可能是齐国宫室中所用器物的管理部门。"左工一斤六两"和"左工一斤一两"，是齐左工师对该银盘校测后所刻的银盘重量。"容五升大官右般南木大官木"和"南木般容五升"，是指该银盘原放置在齐王室南宫，属右般管理，装载容量为五升，并且注明该段铭文是一位木姓太官所刻。从2号和3号银盘所刻铭文的字体、官制、衡制等推断，这两件银盘上的铭文应是西汉齐国少府左考工室所校刻。这些铭文对于今天我们了解齐国乃至西汉王朝初期的宫室设置、官吏制度、量衡制度等提供了参考资料。

从两件银盘的制作装饰工艺、所刻铭文内容，特别是从现存于国家博物馆1号银盘铭文中反映出的传世情况分析，这两件银盘应为三晋中的某一国铸造，秦灭晋后银盘被作为战利品归秦，汉灭秦后又归汉朝。汉高祖刘邦定国后封其庶长子刘肥为齐王，他将银盘赐给齐国。刘肥死后银盘又归其子齐哀王刘襄所有。刘襄可能对三件银盘喜爱有加，因此在公元前179年他死后，其后人将银盘作为随葬品埋入了随葬器物坑中，直到2 000多年后的今天才又重见天日。

图1　2号银盘

图2　2号银盘

图3　2号银盘

图4　2号银盘

图5　2号银盘所刻铭文

图6　3号银盘

图7 3号银盘

图8 3号银盘

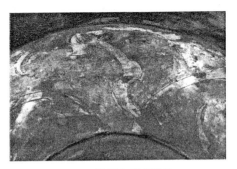

图9 3号银盘局部纹饰

图10 3号银盘所刻铭文

图11 2号、3号银盘纹饰复原图

（本文原刊载于《文物》2016年第2期）

西汉矩形龙纹大铜镜

在淄博市博物馆，收藏着一件西汉时期的矩形龙纹大铜镜（图1）。它是1978年在胶济铁路淄博段复线工程施工建设中，从西汉初期第二代齐王刘襄墓的陪葬器物坑中出土的重要文物。铜镜形体硕大，造型独特，曾在国内考古界引起高度关注。

图1　铜镜背面

这件铜镜长115.1厘米，宽57.5厘米，厚1.2厘米，重56.5千克，出土时正面和背面均带有少许绿色铜锈，并且已经断为三截。铜镜正面光滑平整，虽经2 000多年，局部仍光亮可鉴。铜镜背面饰龙纹图案，浅浮雕，花纹凸起1毫米。在铜镜背面的四角和中间有5个环形弦纹钮。钮长5厘米，宽3.5厘米，高3.2厘米，每一环钮四周饰柿蒂形纹。铜镜背面主体饰龙纹图案，四周边缘饰半圆形连弧纹。由于铜镜体大、沉重，在使用时，可能是用柱子和座子支撑进行固定，铜镜背面的4个铜钮可能就是在固定时使用的。

通过对铜镜形体、纹饰、制作工艺等特点分析，结合战国秦汉时期齐地发达的铜镜制造业，我们推断这面铜镜是西汉初期齐国制造并由齐王室使用。目前，这面铜镜被淄博市博物馆收藏。

这面铜镜具有以下几个特点。

一是形体巨大。从目前见到的历史著述和出土资料来看，这是迄今为止我国出土发现的面积最大、质量最大的铜镜。据《西京杂记》记载，汉高祖刘邦初入咸阳时，巡视府库，"有方镜，广四尺，高五尺九寸"。战国秦汉时期方形铜镜十分少见，秦镜是否有如此之大更令人怀疑。西汉早期离秦未远，此面龙纹矩形镜，为秦方镜的传说增添了一条很有趣的注脚。这件精美的铜镜，被誉为迄今世界上最大的铜镜，极为珍贵。

二是铜镜器型独特。在我国的出土铜镜中，圆形铜镜出土数量最多；方形铜镜也有，但数量较少；而矩形铜镜更是少之又少。特别是面积近7平方米的大型铜镜十分罕见，实属铜镜中的珍品。

三是纹饰精美。铜镜背面的龙纹图案，特别是两条变体长龙，刻画得栩栩如生。龙纹是我国早期普遍使用的纹饰，战国中晚期到西汉早期最为流行。此镜对龙形纹饰进行了创新，并将刻画的龙纹进一步拉长，与这面长方形镜体融为一体，相得益彰，反映了当时高超的绘画艺术。

四是制作工艺精湛。这面铜镜面积近7平方米，而厚度仅1厘米多，在没有现代制作工具的帮助下，制作这样一面铜镜非常困难和复杂。而且常见的圆形铜镜因为经常铸造，制作工艺规律性较强。但异形铸件的铸造工艺要求更高，难度更大。在当时没有先进机器操作下，需要依赖工匠高超的制作技术和丰富的铸造经验。这面矩形铜镜的发现，充分证明了秦汉时期我国铜镜制造技术已达到了相当高的水平，也是汉初齐国手工业高度发达的实物见证。

这面矩形铜镜在我国铜镜制造史上具有特殊重要的地位，是我国铜镜中的艺术精品和文物瑰宝，自1978年出土以来，备受世界各国历史和考古学界的高度关注，曾先后到中国台湾、日本、德国等国家和地区展出。2002年，国家文物局印发《首批禁止出国（境）展览文物目录》，规定64件（组）一级文物为首批禁止出国（境）展览文物。齐王墓出土的龙纹矩形铜镜位列其中。

北朝狮子灯考探

2009年8月，淄博市文物考古部门在对淄博汽车制造厂旧址进行保护性考古勘探中，出土了一件体形硕大、保存完整的红绿釉瓷狮子灯。该件瓷灯的出土，对研究南北朝时期山东地区的经济发展、陶瓷生产状况、宗教信仰、社会风俗等具有一定的意义，并具有补史、证史的作用。相关情况介绍如下。

该灯的整体造型是一只背驮着莲花灯盏的硕大威猛的狮子，昂首站立在一长方形的底座之上（图1）。该灯通高0.74米，最顶端的莲花灯盘直径0.28米，最下面长方形底座长0.3、宽0.17米。灯重8.5千克，自下而上可分为三个部分，分别是施黄釉的莲花灯盘、施绿釉的圆形灯柱和施黄釉的大狮子。最顶端的莲花灯盘由两层上仰的16片莲瓣围绕而成，莲瓣上有背光的菩萨纹样。中间的圆形灯柱分为上下两部分，每一部分的四面分别塑有4只小狮子。此灯的精妙之处在于对大狮子和小狮子形态的逼真刻画上。大狮子张嘴龇牙、双眼怒瞪，表现出一种威猛凛然之气。它脖子上系有铃铛，背上披着锦带，又体现出富丽豪华的气派（图2）。而8只小狮子伸头探身、活泼灵敏、聪明可爱，表现出小狮子们对外面世界的好奇神态（图3、图4）。该灯构思奇妙、造型奇特、形神兼备，达到了艺术性和实用性的统一。该灯分成两部分，这样既便于拆卸、搬运、组装，又便于清洗烟垢和灰尘，充分体现了古代工匠非凡的创造才能和高超的制作工艺。

结合南北朝时期山东地区经济发展、陶瓷业生产状况，以及当时的社会风俗、宗教信仰等情况，我们推断这件瓷灯应是北朝时期是由当地窑口生产、在寺庙中使用的装饰性灯具。其主要依据如下。

图1

图2

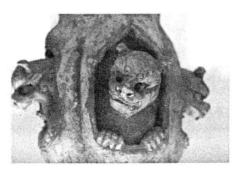

图3

图4

一、狮子、莲花是佛教文化的重要元素

　　狮子原产于亚洲西部和非洲，在东汉时期传入中国。狮子的形象威猛果敢，象征着高贵和权威。为此，佛教创立伊始就把狮子作为本教文化的重要元素。佛教传入中国后，文殊菩萨的坐骑就是狮子。佛教典籍中多处用"狮子吼"来比喻佛祖讲经，象征声震天下，警醒愚昧。佛教借助狮子的威猛形象来彰显佛法的威力，增强人们对佛教的敬畏和信仰，以达到护卫佛法的目的。由此，狮子的形象就被充分反映到佛教艺术的各种造像和使用的相关器物之中。该狮子灯就是其中的具体体现。

莲花有"花中君子"的美誉，它超凡脱俗、出淤泥而不染的品格，经常被佛教比作佛性。在佛教教义中，莲花代表"净土"，象征"自性清净"。《四十二章经》曰："我为沙门，处于浊世，当如莲花，不为污染。"佛教以莲花做比喻更是不胜枚举。如佛座称之为"莲花座"或"莲台"，教徒打坐称为"莲花坐姿"，西方的极乐世界称之为"莲花境界"等。因此，莲花也有"佛门圣花"的美誉，是佛教器物的重要装饰题材。特别是莲瓣纹，更是南北朝时期瓷器最重要、最具时代特征的标志。

二、狮子灯应是佛教寺院中使用的装饰性供灯

灯具是佛教中的重要文化符号，是佛教文化中的六种供品之一，经常被置于佛像之前。佛教自东汉传入中国，到两晋时期成为统治者统治人们思想的重要工具。特别是到了南北朝时期，统治阶级信奉并提倡佛教，在统治阶级的倡导下，全国各地到处都建佛教寺庙。北魏时期有寺院3万余座，僧尼200多万人。仅洛阳一城就有1 376座寺院[①]，其状况是"寺夺民居，三分且一"。当时，山东地区也是寺庙林立，除淄川外，相邻的青州、颜神镇、临淄等地都建有寺院。在发掘出土这座狮子灯的原址，还出土过东魏和北齐时期的两片莲花佛座的残片，其落款分别为"大魏武定二年（544年）"和"大齐天统二年（567）"。佛座残片有明确纪年，并且详细记载了比丘和施主们为寺院捐建佛像的事情，这就进一步印证了淄博汽车制造厂原址就是南北朝时期的龙兴院旧址。此外，该灯形体高大、十分沉重，且周身塑有狮子形象，不可能是家庭、旅店中使用的灯具。

在后来淄川的相关县志中也有淄川龙兴寺的记载。嘉靖《淄川县志》卷二《寺观》记载："龙兴寺，在县西南隅。今祝寿持教，率于此寺。"万历《淄川县志》卷三十六《寺观》载："龙兴寺，在县西南隅。岁祝贺常于此。为邑诸寺长。"宣统《淄川县志》卷一《古迹石刻》中，载有两座唐代陀罗尼

---

① 镰田茂雄：《简明中国佛教史》，郑彭年译，上海：上海译文出版社，1986年。

经幢和一座礼佛会经幢，具体内容为："唐陀罗尼经幢，八分书，八面。开元九年六月二十六日。此幢在城内西南隅，龙兴寺外之西南。"因此可以推断，狮子灯和莲花瓷片的出土地，应该是佛教寺院龙兴寺的遗址。

三、狮子灯应是当地寨里窑的产品

淄博地区陶瓷业历史悠久，早在大汶口文化时期，陶器就已经出现。到南北朝时期，淄博地区已经成为我国北方最早烧制青瓷的重要发源地之一。当时淄博地区最为著名的窑口就是寨里窑。寨里窑生产的青瓷产品除了莲花尊、莲花罐等有特殊用途的高档产品外，还生产碗、盆、灯具等日用青瓷。[①]1982年，在淄川区龙泉镇和庄村一座北朝墓葬中出土了一件青釉莲花瓷尊。此尊形体硕大，高0.59米，通体饰有莲花瓣，造型优美，装饰典雅，达到了极高的艺术境界，是国家一级文物。据专家考证，这件莲花瓷尊当属寨里窑生产其用途可能与佛教寺院有关，具有一定的宗教意义。[②]淄博汽车制造厂旧址就在淄川城的西南部，与寨里窑相距仅5千米。这件狮子灯的胎体厚重，制作较为粗糙，胎地呈现出灰白偏红颜色，其制造风格和装饰特征与淄川和庄北朝墓出土的青釉莲花尊基本一致。此外，狮子灯上的莲花灯盘、莲瓣上的背光菩萨纹样，其创作风格与和庄北朝墓出土的青釉莲花尊也基本一致，它们可能出自同一窑口——寨里窑。

四、对狮子灯的几点认识

（1）狮子灯的出土填补了地方历史记录的空白。淄川龙兴寺过去只在相关文献中有所记载，但始终不见相关遗址与文物出现。该件狮子灯的出土佐证了历史上淄川龙兴寺的真实存在，这对当地古代文献的记载是一个补充。

---

① 张光明：《寨里窑址的发现与研究》，氏著《淄博窑研究》，长春：吉林文史出版社，2021年。

② 淄博市博物馆、淄川文化局：《淄博和庄北朝墓葬出土青釉莲花瓷尊》，《文物》1984年第12期。

（2）狮子灯的出土充分反映出淄博地区古代陶瓷的辉煌历史。该灯器型高大、设计复杂、装饰华丽，要烧制这样一件大型器物，要求炉窑湿度与烧成气氛必须高度一致，才能避免变形、开裂、脱釉等问题发生，没有高超的技术是不能完成的。该狮子灯的成功烧成，反映出当时淄博地区制瓷工艺已达到相当高的水准。

（3）狮子灯的出土代表了我国古代灯具制作艺术发展的杰出成果。此灯不仅具有实用性，还具有观赏性，是实用性和艺术性的完美结合。从器物的多用性来看，这件狮子灯既具有照明的用途，又具有营造氛围、震慑心灵的作用，是寺院中驱魔避邪的镇寺之物。

总之，这座狮子灯集造型、装饰和信仰于一体，承载着古人对器物审美、精神寄托等多种智慧，包含着佛教文化内涵，在淄博乃至山东都是一件不可多得的文物精品。

集成石印局印刷石板

淄博市博物馆收藏着一块长29厘米、宽24厘米、厚8厘米的印刷石板（图1），这是中国共产党早期用来印刷党的秘密文件和宣传材料的印刷工具，也是目前所知集成石印局开展早期革命活动的唯一物证。1984年，这块印刷石板由蒋则君同志捐献给淄博市博物馆。

图1　印刷石板

在国民大革命和全国工农运动日益高涨的形势下，为了培养革命骨干，从1924年7月—1926年9月，中国共产党连续在广州举办了六届农民运动讲习所。1926年3月，根据中共中央指示，中共山东地委选派了淄博矿区工人、1923年入党的蒋西鲁同志，去广州参加由毛泽东同志主办的第六届农民运动讲习所。同年9月，蒋西鲁同志结业返鲁后，中共山东地委派他以国民政府博山县农民特派员的身份，返回家乡博山宣传革命真理、组织农民协会、组建地下党组织。在此期间，他与已在博山担任小学教员的共产党员王元昌取得联系，先后发展蒋敦鲁、张学五、刘康侯、吕景屿4名同志为共产员，并开展革命活动。他们选择革命基础比较好的博山报恩寺小学为秘密活动地点，经常深入到山头、西河、八陡一带，向农民群众宣传革命真理，组织发动群众，做建立农民协会的准备工作。

1926年11月，他们在报恩寺小学成立了中共博山县第一个党小组，蒋西鲁担任组长，直属山东区委领导。为了加强党的宣传工作、扩大革命影响，同年12月，他们筹集资金在博山大街成立了集成石印局。蒋西鲁担任经理，负责管理和日常工作。在白色恐怖的年代，集成石印局以对外承担印刷业务为掩护，秘密为山东省委印刷文件和宣传材料，并负责传送到中共山东区委。为了不断发展党的力量、加强革命工作，蒋西鲁介绍石印局内部潘聘卿、王玉华、李可修、李瑞九四名印刷工人入党。1927年3月，集成石印局党小组成立，直属山东区委机关印刷部领导。

1927年1月，中共山东区委派王复元等人到博山，安排集成石印局为山东区委印刷党的刊物《红星》，并先后印刷了第1～8期。除印刷《红星》外，他们配合当时斗争形势的需要，印刷了《无产政党之建设》《党的组织问题与训练问题》《宣传大纲》，以及农民协会证件和其他文件。这些文件的印刷，有力地配合了党的中心工作，为介绍党的主张，宣传发动群众，推动博山地区乃至山东的工人运动、农民运动健康发展做出了积极贡献。

1927年4月，国民党在全国发动了反革命政变，疯狂迫害共产党人，革命处于低潮，党内许多意志不坚定分子和投机取巧者离开了革命队伍，有的甚至变节投降。1928年4月，曾经担任中共山东区委委员的王复元腐化堕落，把由中央拨给山东党组织的1 000元活动经费挥霍掉后，又以去上海与党组织取得联系为由，从集成石印局拿走2 000元供自己享乐，给集成石印局造成了极大的经济困难，致使资金无法周转，加之当时白色恐怖日趋严重，集成石印局被迫关门停业。

集成石印局是中共山东区委直接领导下的秘密印刷机构，自1926年12月开业到1928年5月被迫停业，虽然前后历时不满两年，但在国共两党第一次合作失败的恶劣形势下，集成石印局秘密印刷、传送党的文件和宣传品，撒播革命火种，宣传党的主张，鼓舞革命士气，为山东党组织建设和中国革命都做出了重要贡献。

胶东人民抗日救国少年先锋队第一面队旗

在淄博市博物馆，收藏着一面纯棉材质、手工缝制的红旗（图1）。红旗由旗裤和旗面两部分组成。旗裤为白色，长65厘米，宽5厘米；旗面为红色，长75厘米，宽50厘米。在旗面左边、靠近旗裤的位置，绣着"胶东人民抗日救国少年先锋队"13个白色大字。在旗面中间偏右位置绣着一枚蓝天白日的国民党党徽。党徽制作分3次完成。首先是在红色旗面上缝一块圆形蓝布，其次再在蓝布上缝一块剪成12个角的白布，最后再在白布上画一个黑色圆圈。整面红旗朴素典雅，庄重大方，虽然由于历经风雨旗面略有褪色，但仍色泽鲜艳，即使数十年后的今天，我们见了也感到激情澎湃，热血沸腾。这是80多年前我胶东人民抗日救国少年先锋队成立时缝制的第一面旗帜，是抗日战争时期我胶东地区，乃至整个山东千千万万个少年儿童为抵御外侮、救亡图存而前仆后继、浴血奋战的历史见证。

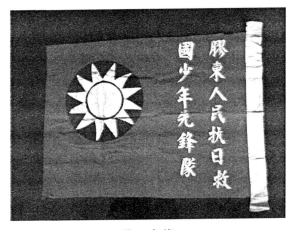

图1 红旗

1937年，抗日战争全面爆发。中共胶东特委遵照中共中央和北方局关于

"全中国人民、军队和政府团结起来，筑成民族统一战线的坚固长城，抵抗日寇的侵略"和"行动起来，自己救自己，武装保家乡"的指示号召，于同年12月24日在文登天福山，举行了抗日武装起义，建立了由中国共产党领导的山东人民抗日救国军第三军（以下简称第三军）第一路军。在其影响下，此后不久，蓬莱、黄县、掖县、荣成、牟平、威海等地也相继举行武装起义，组建了第三军第二路军、第三路军、第四路军等武装部队。从此，各地反日斗争风起云涌，抗日烽火燃遍了胶东大地，部队规模迅速扩大。在这期间，有许多怀着满腔热血的少年儿童跟随父兄或自己纷纷投入到了浩浩荡荡的抗日队伍之中。

为了加强领导、便于组织，中共胶东特委和第三军司令部决定仿照当年红军在苏区的做法，单独把这些孩子编成一支武装部队，成立胶东人民抗日救国少年先锋队，简称少先队，主要执行识字学习、站岗放哨、宣传募捐等任务。中共胶东特委决定胶东人民抗日救国少年先锋队由中共胶东区委青委书记、胶东区民族解放先锋队总队长林江同志直接领导，并指派1937年入党、先后参加过天福山起义和威海起义、当时年仅16岁的马镜同志担任总队长，具体负责组织和筹备少先队成立等相关事宜。

马镜，又名马竞、马兢、马恩第，出生于1921年，山东烟台人。他于1936年考入烟台私立志孚中学（今烟台一中）初九级，在校期间，积极参加爱国学生会、中华民族解放先锋队等进步组织。后又秘密加入中国共产党，成为一名少年党员。1937年12月，他来到了中共胶东特委所在地——文登县沟于家村，参加了天福山抗日武装起义。1938年1月16日，他又参加了威海起义，成为一名光荣的第三军战士。由于他年龄较小，个头不高，走到哪里都爱结交少年朋友当"孩子头"，所以第三军上下都叫他小马、小孩子。

接受任务后，马镜和王妍、荣模等小伙伴们，在胶东特委书记理琪的亲自指导帮助下，设计了少先队队旗图案，缝制了少先队队旗（即收藏在淄博市博物馆的这面），确定了少先队队歌，歌词的内容如下：

月儿弯弯，星光闪闪，我们都是抗少先；

站岗放哨，又当侦探，盘查行人捉汉奸；

鬼子来了，我们就跑，跑向三军（八路）去报告；

领着三军（八路），拿着枪刀，赶走鬼子把家乡保……胶东人民抗日救国少年先锋队的筹备工作基本就绪。

1938年1月底的一天，在山东省文登县大水泊村举行了胶东抗日救国少年先锋队建队大会。中共特委书记理琪、第三军政委宋澄等中共胶东特委主要领导均参加成立大会。理琪亲手把少先队队旗授给马镜，庄严宣布胶东人民抗日救国少年先锋队成立，并把当时已有100多人的少年儿童编成了三个中队。从此，抗日少年先锋队的队员们在中共胶东特委的直接领导下，满怀着抗日救国的一腔热血，高唱着抗日救亡的革命歌曲，积极投身到反抗日寇侵略、争取民族独立解放的伟大斗争之中。

根据当时斗争形势的需要，也为了便于青少年们的生活和成长，1938年2月，抗日少年先锋队分成了前方、后方两个部分。其中，16岁以下的孩子被编为后方少先队，归八路军五支队后方司令部和中共胶东区党委青委双重领导，负责人为王顾明、夏戎。他们留在农村，就地宣传群众、站岗放哨、发展组织、坚持斗争。而16岁以上的孩子被编为前方少年队，组成胶东抗日少年先锋队总部，归八路军五支队前方司令部领导，队长先后为马镜、崔敏。他们的主要任务是进行抗日宣传，并担任八路军五支队后方司令部的后勤、警卫等工作。胶东抗日少年先锋队总部的孩子们跟随前方部队边战斗、边宣传、边募捐、边发展少先队组织，并指导各地少先队积极开展活动。经过广泛深入扎实地工作，抗日少年先锋队迅速发展壮大，成为胶东抗战的一支重要力量。

为了加强对各方面抗日武装力量的统一领导，1938年9月18日，根据党中央的指示要求，胶东各支抗日力量在山东掖县沙河镇进行统一整编并改称"八路军"，胶东人民抗日救国少年先锋队随之改称胶东儿童团，马镜担任胶东儿童团总团长。这时候的胶东儿童团总部，实际上领导着3种组织形式的儿童团体。

一是以崔敏为队长的前方少先队，其人员主要是各连队少年战士、首长勤务员、报社电报员、医院小护士、兵工厂工人等。

二是以抗日先锋队后方少先队为基础，又吸收一部分儿童干部和文登县抗战话剧社、牟平县青年话剧团的女孩子，组成胶东孩子剧团，以歌咏、舞蹈、戏剧为武器宣传抗战。胶东青联少年儿童部部长王顾明担任胶东孩子剧团的团长。

三是由儿童团总部派遣到胶东各个县、市担任儿童团长或少先队长的优秀少先队员。如派宋刚夫同志到蓬莱县担任少先队长，派沈西牧同志到平度县担任少先队长，派肖玉同志到牟海县担任儿童团长。"星星之火，可以燎原。"通过他们不懈努力和艰苦工作，胶东地区儿童团建设形成了燎原之势，到1939年初，共有30多万儿童团员活跃在胶东大地的乡村城镇、山山水水。胶东人民抗日救国少年先锋队这支革命队伍，这个特殊的战斗群体，在中国共产党的关心培养教育下，迅速成长壮大，随着年龄的增长，他们之中许多人奔上了烽火连天、硝烟弥漫的抗日战场。战斗中他们充分发挥生力军的作用，冲锋在前，浴血奋战，不怕牺牲，涌现了无数可歌可泣的战斗英雄。曾经担任胶东抗日救国少先队小队长的宋刚夫，1939年冬被中共胶东区委派回家乡蓬莱县担任县儿童团团长。回到家乡后，他在中共蓬莱县委的领导下，建立儿童团组织，发动组织儿童站岗放哨、抢救护送伤员、传递情报、拥军优属、支援前线。1941年8月，他到蓬莱县第六区筹集公粮，完成任务返回县里路经小白家村时，遭到驻大辛店日伪军的埋伏而被捕。第二天夜间，被敌人枪杀在大辛店西河，牺牲时年仅16岁。担任前方少先队队长的崔敏同志，1938年10月，当第三军前方司令部遭到伪军赵宝原部的突然袭击时，他率领少先队员们顽强抵抗，打退敌人多次进攻，终于掩护司令部安全脱险，他却在战斗中壮烈殉国，牺牲时年仅20岁。少先队总队长马镜因在冷仙海战役中伤了左脚，于1943年8月在平度县战地医院治疗期间被日军包围，照顾他的战友和医护人员要抬他突围，他突然掏出短枪指向战友，大声吼道"谁靠近我，我就枪毙谁！不准抬我！抬着我，咱们谁也冲不出去。医护人员都是抗战的宝贝，我命令你们，保卫医护人员，突出重围！"说完，他举枪向自己头部开了一枪，壮烈牺牲。此外，中共山东青联常委、胶东区委青委书记林江，少先队员崔柳、于森、王广汉等同志，都为中华民族抗日战争献出了自己宝贵而年轻的生命。

这面胶东人民抗日救国少年先锋队队旗，见证了中华民族14年艰苦卓绝的抗日战争，指引着无数少年儿童用青春热血和宝贵生命捍卫了民族解放和国家独立。今天，它静静地陈列在淄博市博物馆的展橱内，作为一级革命文物、重要国宝向后人讲述着80多年前在中国大地上曾经发生的故事，成为今天我们开展爱国主义教育、加强未成年人思想道德建设的重要实物资料。2005年11月，在中国少年先锋队山东省第五届代表大会上，这面队旗曾在会上作为重要革命文物应邀展出。

（本文原刊载于《胶东文博》2015年第2期）

"一门忠烈"门匾背后的故事

在淄博市博物馆，收藏着一块长197厘米、宽85厘米、木质黑底金字的门匾。门匾上首写着一行小字："烈士旭臣冯老先生暨子女媳孙殉国纪念"，中央刻着"一门忠烈"4个苍劲有力的金色大字，下方落款是"鲁中参议会、行政公署敬赠，中华民国三十五年四月"（图1）。这块门匾是1984年8月由山东艺术学院原院长冯毅之同志捐赠的。

图1 "一门忠烈"门匾

冯毅之，山东益都（今山东青州）长秋村人，1908年出生于一个农民家庭。13岁入益都高等小学读书，高小毕业后考入省立第十中学。1929年，冯毅之到济南就读高中。在这里，他逐步得到了一些进步老师如胡也频、楚图南等人的影响和教导，接受了马克思主义，并在他们的介绍下加入了"左翼作家联盟"。由于他积极参加革命活动，因此遭到山东省国民党反动政府的缉捕，被迫逃亡上海。在上海，他又与冯雪峰、鲁迅、茅盾、潘汉年等人建立了联系，继续参加革命工作。1929年10月，他经山东来到北平，参与创办了北平的"左联"，并加入中国共产党。这一时期，他担任了北平"左联"组织部部长。在此期间，他拉过洋车，并以自己的亲身感受创作了《洋车夫日记》。

1937年抗日战争全面爆发后，全国各地掀起了轰轰烈烈的抗日斗争。冯毅之积极响应中共中央北方局"脱下长衫，到游击队去""有人出人，有钱出钱，有力出力，有枪出枪"的号召，毅然投笔从戎。受党组织派遣，他回到家乡——益都西南山区开展抗日武装工作，并在益都及淄河流域建立起了一支抗日武装。在艰苦的革命斗争中，他先后担任过八路军山东纵队第四支队营长，益都县县长兼县大队长，益都、临朐、淄川、博山四县联合办事处主任。在他的影响带动下，他们全家人都参加了革命。父亲冯旭臣、长兄冯登奎、小妹冯文秀、弟弟冯登恺等，也先后参加了革命工作。此外，其妻子孙玉兰、大妹夫孙同山等也参加了革命。在他的努力工作下，他的家乡益都县长秋村成了抗战时期的"小延安"，他的家成了抗战"堡垒户"，是我党政军各级领导人的经常落脚之地。当时，中共山东省委代理书记郭洪涛，八路军山东纵队司令员张经武、副司令员王建安，三支队政委司令员霍士廉、杨国夫，四支队政委司令姚仲明、廖容标等我党我军的重要领导人，也都在此驻扎和工作过。这里成了名副其实的革命中心和摇篮。

1942年，在中国抗战历史上是最为艰苦的时期，由于日军的疯狂进攻，许多革命者为保家卫国，都献出了自己的生命。同年8月，冯毅之的大哥冯登奎同志，在反"扫荡"中遇敌包围、英勇牺牲。同年10月，侵华日军纠集5万多日伪军，对山东沂蒙山抗日根据地进行残酷的大扫荡，抗日形势日益严峻。驻扎在马鞍山地区的我主力部队，为粉碎敌人的"铁壁合围"，暂时撤离了这一地区，马鞍山暂时成了暴露在敌人占领区腹地的前沿阵地。

马鞍山，位于今天山东淄博淄川区淄河镇，主峰海拔618米。其山势峻峭、峰顶突兀，只有山前一条石凿的132级的石阶小道能通往峰顶，易守难攻，实有"一夫当关，万人莫开"之险，是历来兵家必争之地，当时也是沂蒙山抗日根据地通往渤海区、胶东区的交通要道，地理位置十分重要。由于这里山势险要、易守难攻，成为我军的"小后方"。我军中许多重伤员、干部家属等都被安置在山上。冯旭臣老先生也带着儿媳孙玉兰，女儿冯文秀，孙女孙新年、孙芦桥、孙平洋一家6口，转移居住在马鞍山上。

按常理，马鞍山不应成为敌人进攻的地方。因为一方面山上并无我军主力，另一方面马鞍山地势险要、易守难攻，敌人是不会不惜代价发动大规模的进攻。但令人意想不到的是，1942年11月9日，日伪军突然兴师动众前来进攻，小小马鞍山下竟密布敌军2 000多人。原来，在日伪的扫荡中，一个急于立功的汉奸向敌人透露了一个不确实的情报，说山上不仅有我军的指挥部，而且还有兵工厂等军事设施。正因找不到我军主力而心急如焚的敌人，才做出了这样疯狂的举动，向马鞍山发起了疯狂的进攻。当时，马鞍山上只驻有我军一个班的正规部队，其余都是伤病员和部分避难的干部家属等共计30余人。他们武器装备简陋，力量相差悬殊。

面对敌人飞机扫射、大炮轰击和疯狂进攻，驻守马鞍山的英雄们毫不畏惧，他们在山纵一旅二团副团长王凤麟的指挥下，凭借险要地形，同数百倍于自己的敌人展开了一场殊死血战。这场战斗持续了整整两天一夜，并取得了极其辉煌的战果。共消灭敌人100多人，敌师团参谋长山田大佐也在战斗中一命呜呼。因此，当敌人发现以如此代价夺得一座空山后，恼怒地将提供错误情报的汉奸当即处死。

在此次战斗中，我军守山武装也付出了极大牺牲。王凤麟同志在全身负伤的情况下举枪自杀。冯旭臣老先生在用石头砸向敌人的同时，不幸中弹牺牲。受伤的冯文秀面对涌向山顶的日寇，毅然跳崖自尽。冯毅之的大女儿冯新年被日军炮弹炸死。妻子孙玉兰怀抱着冯平洋、背负着冯芦桥拽绳下山时不幸坠崖身亡。其他守山的指战员、伤病员和家属都从容跳下悬崖，除了3人因树枝托挂幸免于难外，冯毅之一家6口和其他27名守山勇士壮烈殉国。

马鞍山保卫战充分显示了中华民族不畏强敌的英雄气概，谱写了抗战史上的悲壮一页。《大众日报》1943年1月5日头版以《壮烈的马鞍山保卫战》为题，大篇幅地报道了这次战斗经过，极大地激发了全省及全国人民的抗日热情。

为了表彰冯毅之一家在抗战中英勇牺牲的革命烈士：冯毅之的父亲冯旭臣、哥哥冯登奎、妹夫孙桐山、妹妹冯文秀、妻子孙玉兰及其3个女儿。

1946年5月，鲁中区行政公署和鲁中参议会向冯家敬赠了这块"一门忠烈"牌匾。

这块牌匾具有极其重要的历史价值和教育意义，是极其珍贵的革命文物。今天，它静静地陈列在淄博市博物馆的展橱内，作为一级文物、重要国宝，向后人讲述着80多年前在山东大地上曾经发生的故事，成为今天我们开展爱国主义教育的重要实物资料。2006年拍摄的电影《空山》，就是以这段惨烈恢宏的抗日历史为背景，重新展示了以冯毅之一家为代表的中华民族英勇抗日、保家卫国的英雄事迹，展现了中华民族英勇不屈的伟大精神。

（本文原刊载于《中国文物报》2015年1月2日第3版）

马耀南烈士的日记本

在山东省淄博市博物馆，收藏着一本马耀南烈士中学时代的日记本（图1）。这是由烈士后代珍藏下来的国家一级文物，是马耀南烈士忧国忧民、立志保家卫国的实物见证。

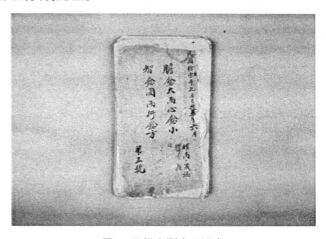

图1　马耀南烈士日记本

1902年，马耀南出生在山东长山（今山东邹平市区东部和淄博市区西北部）北旺村。1924年，他考入天津北洋大学（今天津大学）学习。这时正值第一次大革命风起云涌时期，他积极拥护孙中山先生，支持国共合作，怀着迎接北伐战争胜利的喜悦之情，参加了国民党。1930年，马耀南在大学毕业前夕，去南京参加国民党第三次全国代表大会。他目睹了国民党的黑暗腐败，愤然退席，以示抗议。因此他被国民党开除党籍，并以"亲共反蒋"罪名被通缉。1933年，他应长山百姓之邀，回本县担任了长山中学校长。

卢沟桥事变后，他毅然抵制了国民党政府命长山中学南迁的指令，决心组织学生，投笔从戎，共赴国难。他利用自己在当地声望，同共产党员廖容标、姚仲明、赵明新等一起领导了著名的黑铁山抗日武装起义，并担任起义部队领导人。在他的带动影响下，二弟马晓云、三弟马天民也参加了起义，并成为部队骨干。"一马三司令，得了抗日病，专打日本鬼，保护老百姓"的歌谣在当时广为流传。在他们的号召带动下，鲁北地区抗日烽火熊熊燃起。1938年6月，山东地区抗日部队整编后，既有军人气魄、又有学者风度的马耀南担任了八路军山东人民抗日游击第三支队司令员。他和支队其他领导同志一起，编印教材，整训部队，日夜操劳，呕心沥血，极大地提高了这支新生抗日武装的战斗力，取得了对日作战的一次次胜利，他也光荣地加入了中国共产党。1939年7月22日，部队在桓台县牛王庄与敌激战，杰出的抗日英雄、黑铁山起义的领导者、山东人民的好儿子马耀南司令壮烈牺牲，年仅37岁。后来，其三弟马天民、二弟马晓云也相继牺牲在抗日战场上。

马耀南牺牲后，全军上下无不悲痛，山东八路军总指挥张经武在《山东八路军怎样反对敌人扫荡》一文中高度赞扬道："威震鲁北之马司令，以一个书生出身的战士，终于为中华民族流尽了最后一滴血"。朱德总司令在《解放日报》上发表《胜利在望，团结向前》的文章中也表彰了马耀南同志。中共清河地委将三支队的抗战剧团改名为耀南剧团，并创办了耀南中学，将长山县改名为"耀南"。

这本《耀南日记》共1册，长23厘米，宽13.5厘米，共33页。日记封面正中写着："胆愈大而心愈小，智愈圆而行愈方"，右上角是日记写作时间："民国拾壹年九月至拾贰年六月"，下面是"耀南晟志"四个字，左下角定有"第三号"字样。日记全用毛笔正楷写成。是马耀南烈士在济南念中学时写的第三本日记，记述的是1922年9月—1923年6月这段时间内他的学习、生活情况。从日记中我们就可看出，青年时代的马耀南就是一个忧国忧民，具有强烈爱国热情的学生。

第一次世界大战后，帝国主义列强加紧侵略中国，中华民族到了亡国灭种的紧要关头。面对这种形势，马耀南忧心如焚，无时不在思考国家的前途和民族的命运。他对日本灭亡中国的野心和中国政府的腐败无比愤慨，并在日记中写道："我们要把帝国主义赶出去！我们要做真正的主人！"1923年6月

14日，身体有病、刚刚复原的马耀南又和同学们谈起这个问题，他在当天的日记中写道："晚上谈到中国时事上，日人待中国何等难忍。真使人难过，国人气象如此，中国异常危险。"作为一个现代青年，应该如何报效国家？这是日记中最精华的部分，他在4月6日的日记中写道："时而想及六七年之学校何日可成？心不仅惕然而忧，时而思及日本如是逼我，不以岳飞痛恨金朝之心以雪此莫大之辱，何足以作现在之中国青年乎？思至此，则他样苦衷悠然而逝。"可以看出，耀南同志的日记充满了忧国忧民的爱国激情，身为青年学生的他立志要以岳飞为榜样，报效国家，抵御外侮。这种认识正是他后来能够成为优秀的共产党员、杰出抗日英雄的思想基础。

《耀南日记》真实地记录了烈士学生时代的情况，对研究其思想发展历程具有重要的史料价值，对今天开展爱国主义教育具有积极的现实意义。《耀南日记》是一件非常珍贵的爱国主义文物。

2015年9月3日，淄博市抗日英烈、黑铁山起义主要负责人之一、八路军山东纵队第三支队司令员马耀南之子马立修，作为英烈子女代表受邀参加了纪念中国人民抗日战争暨世界反法西斯战争胜利70周年阅兵观礼。

地域文化研究

齐国稷下学宫

在田齐桓公田午在位期间（前374—前357），田午在齐国都城临淄设立学宫，建立起"高门大屋"，设大夫之号，广招天下贤士，在此著书立说，参政议政，为其巩固政权、实现霸业而出谋划策。学宫因设在都城临淄的稷门附近，因此叫稷下学宫。稷下学宫既是一个政策咨询机构也是世界上第一所由官方创办、私人主持的特殊形式的高等学府，还是战国时期诸子百家思想争鸣的"平台"和学术交流的"摇篮"。稷下学宫的创立在我国文化发展史上具有划时代的意义，它继承了先秦时期的文化成就，创造了"百家争鸣"的学术新风，为中华优秀传统文化的发展，为后世中华文明的灿烂辉煌，奠定了深厚悠久的思想文化基础。

一、"稷下学宫"产生的历史背景

毛泽东主席在《新民主主义论》中指出："一定的文化（当作观念形态的文化）是一定社会的政治和经济的反映"。稷下学宫之所以诞生于齐国而不是在其他诸侯国，并在齐国发展延续了150多年，有着特殊的历史条件和时代背景的，是与齐国当时政治、经济以及文化传统等特殊条件分不开的。

一是繁荣的经济是稷下学宫产生的物质基础。战国时期，齐国的生产力比西周有了提高，经济有所发展，人丁兴旺，商业繁荣，城市开始兴起，这些都为文化繁荣、思想活跃提供了前提和基础。经济繁荣是立国之本，也是稷下学宫出现的基本条件。

从第一代国君姜太公开始，齐国历代统治者就一直注重经济发展，始终奉行"富民强国"思想。史书对齐国统治者注重发展经济以及取得的成绩多有记载。《史记·齐太公世家》说："太公至国，修政，因其俗，简其礼，通商工之业，便鱼盐之利，而人民多归齐，齐为大国。"《史记·货殖列传》又说："……于是太公劝其女功，极技巧，通鱼盐……故齐冠带衣履天下，海岱之间敛袂而往朝焉。"与此同时，姜齐统治者为发展经济，还积极发展工商业。正是在姜太公等统治者不懈努力下，齐国开始走上富强道路，也为之后经济的繁荣创造了条件，奠定了良好基础。

到齐桓公时，在管仲等人的积极辅佐下，齐桓公雄才大略、治国有方，在政治上采取一系列清明宽松政策，在经济上鼓励发展农业、工业、商业，由此齐国变得富强，齐桓公成为"春秋五霸"之首。到了战国时期，齐国统治者继续发展经济，齐国成为"战国七雄"之一。

到了战国时期，齐国已经成为东方经济大国，都城临淄更是一片繁荣昌盛的景象。苏秦曾这样描绘说："齐南有泰山，东有琅邪，西有清河，北有勃海，此所谓四塞之国也。齐地方二千余里，带甲数十万，粟如丘山。三军之良，五家之兵，进入锋矢，战如雷霆，解如风雨。即有军役，未尝倍泰山，绝清河，涉勃海也。临菑之中七万户，臣窃度之，不下户三男子，三七二十一万，不待发于远县，而临菑之卒固已二十一万矣。临菑甚富而实，其民无不吹竽鼓瑟，弹琴击筑，斗鸡走狗，六博蹋鞠者。临菑之途，车毂击，人肩摩，连衽成帷，举袂成幕，挥汗成雨，家殷人足，志高气扬。夫以大王之贤与齐之强，天下莫能当。"[1]齐国的富强盛况跃然纸上。社会的发展、经济的繁荣，成为稷下学宫产生、发展并得以运行的重要条件，也是稷下学宫建立的必要物质条件。

二是齐国尊贤重士的社会风气是稷下学宫产生的重要政治环境。在古代，士人是知识分子的统称，他们是治理国家的具体参与者，又是传统文化的具体创造者和传承者。战国时期的士人顺应这种时代需要，站在不同的立场、从不同的角度纷纷著书立说，以宣扬各自的治国理政主张，为统治者出谋划策。士人逐渐成了一种可以左右局势的重要社会政治力量。他们在列国

---

①《史记·苏秦列传》。

的政治、军事角逐中，"入楚楚重，出齐齐轻，为赵赵完，畔魏魏伤"①。士人在诸侯争霸、列国争强的环境中，以其智慧和才能，奔走于各国之间，择君而仕，为王侯出谋划策。各国统治者为了称雄天下，也喜好招贤纳士，并把"好士""贵士"视为明主风范，以期通过广招贤士取得政治、经济、军事上的优势，使自己在激烈的兼并战争中立于不败之地。因此，礼贤下士成为盛极一时的政治风气。

在春秋战国时期，齐国许多统治者是比较开明的。早在立国之初，为尽快改变齐国弱小落后的被动局面，姜太公在深入调查的基础上，很快便制定实行了"举贤而上功"②的用人政策，并使"尊贤智，赏有功"③逐渐成为一种文化传统。到姜齐桓公小白执政后，他继承了太公的开明政策，任用管仲为相，并"为游士八十人，奉之以车马、衣裘，多其资币，使周游于四方，以号召天下贤士"。田氏代齐之后，更加注重招揽士人。田齐统治者为了实现自己"辟土地，朝秦楚，莅中国而抚四夷"的政治理想，注重招贤纳士，得到士人的广泛支持。而要在激烈的人才竞争中占据优势，就必须采取比其他诸侯国更加有效、更加实际的政策措施，为士人们提供更加优厚、更加优异的生活工作条件，以增强人才吸引力和统治凝聚力。齐国的稷下学宫，正是在这种背景下产生的。

三是齐国宽松的思想文化氛围是稷下学宫产生的重要社会条件。在春秋之前，一直是"学在官府"，奴隶主贵族垄断文化知识，平民百姓是不准设立学堂的。但到了春秋末期，随着奴隶制的不断衰落崩溃，出现了"天子失官，学在四夷"的局面。其结果打破"学在官府"的局面，使原来有贵族垄断的文化学术向社会下层扩散，下移于民间，致使"私学勃兴"。进入战国时期以后，私人聚徒讲学蔚然成风，并形成了各具特色的学术派别。公学制度的破坏，私学的兴起，使许多人都有了学习文化知识的机会，新思想、新文

---

① 王充：《论衡·效力》。
② 《汉书·地理志下》。
③ 同②。

化产生成为可能。

稷下学宫的出现，不仅是战国时期思想解放的产物，而且与齐国特定的思想文化环境也是分不开的。太公初封齐建国伊始，就制定了"因其俗，简其礼"的方针。所谓"俗"，指"夷俗"，即当时当地东夷人的生活方式；所谓"礼"，指"夷礼"，即当时当地东夷人的礼仪制度；所谓"因其俗，简其礼"，就是尊重东夷人的文化传统，不强制推行周礼。这种实事求是、亲民近民的文化思想政策，有利于缓和阶级矛盾，稳定社会秩序，从而创造了良好的文化氛围。在齐人历史上，齐人阔达开朗足智、思想解放包容，更容易接受来自各方面的文化思想。齐国统治采取的"因其俗，简其礼"的政策措施，更体现齐人的广阔胸襟和文化的博大宏富。因此先秦百家争鸣的盛况，只能在齐国得以出现。到战国时期，在"诸侯并争，厚招游学"的新形势下，齐国统治者为了维持自己的统治基础，创办稷下学宫，进行政治政策咨询，这正是对齐国"尊贤重士"传统的继承和发展。

四是齐国国君争霸天下、统一中国的需要，是稷下学宫产生的最为直接的原因。战国时代是一个列强纷争、称王天下的时代，各诸侯国林立纷争。春秋时期礼崩乐坏，周天子失去了天下共主的地位，"春秋五霸"代替周天子发号施令，挟天子以令诸侯，从此开始了霸政时代。到战国时期，周天子的势力进一步削弱，以齐、楚、燕、韩、赵、魏、秦为代表的诸侯强国进而直接称王，企图取代周天子的地位，通过兼并战争来统一天下。雄心勃勃的诸侯列强为了争雄天下、统一中国的需要，积极寻求思想舆论的支持。各诸侯国的国君为了在争斗中取得霸主地位，竞相招贤纳士，运用不同思想学说以使自己的国家富足强大起来。

历代齐国国君都素有大志，欲以齐"王天下"。姜齐桓公小白时期，他"九合诸侯，一匡天下"[①]，成为春秋首霸。齐湣王为了"王天下"，多次对外发动侵略战争，只可惜在五国联军的共同打击下，战败投降身死。到齐襄

———————————

①《史记·货殖列传》。

王时，他自称"东帝"，虽然时间很短就取消了帝号，但其称霸天下的野心已暴露无遗。齐威王时，更是雄心勃勃，梦想恢复姜齐桓公时的霸业。为此，在经济上他实行富国强兵政策，壮大国家的经济实力，为独霸天下做好物质准备。在政治上，他采用高度集中的政策措施，加强中央集权统治；在文化上，他采取更加开放的政策，采取更加优厚的措施，招揽天下人才，为统一大业做准备。可以说，齐国统治者谋求霸业的理想和决心，刺激了他们对人才的渴望，促使他们创立了稷下学宫。

五是田氏集团为替代姜齐政权的合法性需要政治舆论的支持是稷下学宫产生的另一个重要原因。田氏代替的姜氏齐国，是周王朝分封的一个大国。开国之君姜太公是西周开国功臣，又负有镇抚东方的重任。桓公时"尊王攘夷"，成为春秋首霸。战国时期田氏虽然取代了姜氏政权，然而姜齐的余威犹在，田齐政权取得的合法性始终没有得到公认，人们始终认为这是窃国。据《史记·田敬仲完世家》记载，田常弑杀齐简公后，曾对外主动采取了施惠近邻鲁、卫，结好晋、韩、魏、赵等中原诸侯国，并与远方的吴、越通使等一系列与诸侯和好的措施，使这些诸侯国默认田齐政权的合法性。这说明弑君的田常十分害怕各诸侯国合力讨伐。像夺取姜齐政权这样大的事情，田氏心有顾忌是必然的。后来周天子虽然承认了田齐政权，但田氏仍然迫切需要一批士人为他们论证代齐的正义性和必要性，以便取得各诸侯国的普遍认可。由于姜姓为炎氏后裔，田氏就尊黄帝为远祖，以黄帝三胜炎帝的传说来比附自己取得姜氏政权。可以说，论证田氏代齐的合法性也是稷下学宫产生的另一方面原因。

二、稷下学宫的创建发展过程

稷下学宫始建于齐桓公田午时期，东汉末期著名的哲学家、文学家徐干在《中论·亡国》中记载："昔齐桓公（田午）立稷下之宫，设大夫之号，招致贤人尊宠之"。中间经齐威王，到齐宣王时达到鼎兴。齐湣王，时争鸣、讲学之风仍然很盛，但自湣王后期起，经齐襄王到齐王建时，渐次衰落。随着秦灭齐统一全国，稷下学宫也随之消亡。

田齐桓公田午是田齐政权的第二代国君。由于当时"田氏代齐"的时间还不久，新生的封建政权需要巩固，而统治阶级使用的人才又十分匮乏。正是在这样的政治背景下，田午继承齐国尊贤纳士的优良传统，在齐都临淄建造高门大屋，建起了学宫，并设大夫之号，招揽天下贤士前来讲学著书。田午在位的18年，稷下学宫还属于初创阶段，其规模应该不会太大。只是到了威王、宣王之际，随着齐国国势的进一步强大，稷下学宫才得以达到鼎盛阶段。

司马迁曾经说过："齐最强于诸侯，自称为王，以令天下"①。这个自称为王、号令天下的人，就是齐威王。齐威王当政后，他针对卿大夫专权、国力不强之弊，任用邹忌为相，田忌为将，孙膑为军师，进行政治改革，修明法制，选贤任能，赏罚分明，国力日强。齐国经桂陵、马陵两役，大败魏军，开始称雄于诸侯。齐威王礼贤重士，扩建学宫，广招天下贤士议政讲学，稷下学宫进入了一个蓬勃发展的新阶段。《风俗通义·穷通》说："齐威、宣王之时，聚天下贤士于稷下，尊宠之，若邹衍、田骈、淳于髡之属甚众，号曰列大夫，皆世所称，咸作书刺世。"由此可见，稷下学宫在齐威王时有了很大发展，规模逐步扩大，人数也日见庞大。

到公元前319年，齐宣王即位。当时齐国社会发展、国力壮大。他在位期间，借助前代留下的经济军事实力，梦想称霸中原，完成统一大业。为此，他学习前人的经验做法，广招天下贤士而尊崇之，大兴稷下学宫；为稷下先生们提供优厚的物质与政治待遇，"开第康庄之衢"，修起"高门大屋"，政治上授之"上大夫"之号，享受大夫的政治地位和政治待遇；勉其著书立说，展开学术争鸣，鼓励他们参政、议政，吸纳他们有关治国的建议和看法。因此，吸引了众多的天下贤士汇集于稷下。这一时期的稷下学宫，在其辉煌的历程中发展到最高峰。《史记·田敬仲完世家》说："宣王喜文学游说之士，自如驺衍、淳于髡、田骈、接予、慎到、环渊之徒七十六人，皆赐列

---

①《史记·田敬仲完世家》。

第，为上大夫，不治而议论。是以稷下学士复盛，且数百千人。"继齐威王稷下学宫兴盛之后，齐宣王时期稷下学宫再度兴盛，并且达到鼎盛时期。这种盛况的出现，既是齐国政治稳定、经济繁荣的具体体现，也是齐宣王等统治者重视人才、思想开放所产生的必然结果。

齐湣王执政前期，当时齐国国力依然十分强大，稷下学宫在当时仍然保持继续发展势头。但是，在他执政在后期，由于他独断专行、狂妄骄暴，对内剥削百姓、任用小人奸臣，对外穷兵黩武、不断发动战争，又听不进大臣和稷下先生的劝谏和批评，致使有些著名的稷下先生在失望中纷纷离去。"诸儒谏不从，各分散，慎到、捷子亡去，田骈如薛，而孙卿适楚"，从而使稷下学宫出现了自开办以来从未有过的冷清萧条。到公元前284年，燕国大将乐毅率领赵、楚、韩、魏、燕五国联军攻打齐国，占领了齐国都城临淄，稷下学宫由此停办，中止了五六年之久。

齐湣王被杀，齐襄王在莒即位。公元前279年，田单一举收复了被燕军占领的齐国城池，齐国统治才得以复国。齐襄王为了重振齐国，采取了重新恢复国力的一些措施。这一时期稷下学宫重又恢复，继续"招致贤人而尊宠之"，让那些稷下先生重新回到稷下学宫。据《史记·孟子荀卿列传》记载："田骈之属皆已死。齐襄王时，而荀卿最为老师。"这时的稷下学宫，由于齐国国力大削，元气大伤，虽经襄王大力恢复，仍不能出现像威、宣二世那种盛况了。但齐襄王毕竟使中断的稷下学宫得以恢复。这时期可以称为稷下学宫的中兴时期。

公元前265年，齐襄王死，其子建即位，史称齐王建。齐王建在位时年幼，当时国家权力由其母亲君王后掌握。这一时期，齐国政治黑暗，君王后等人对于稷下先生们的忠言，不以为是，甚至还感到反感，不时大动肝火。特别是稷下学宫的祭酒荀子或因进谏齐相"女主乱之宫，诈臣乱之朝"[1]而

---

① 《荀子·强国》。

致使"齐人或谗荀卿,荀卿乃适楚"①。齐国统治者面对秦国的兼并战争,"不修攻战之备,不助五国攻秦",不听进谏,偏安一方,苟延残喘,最终为秦国所灭,稷下学宫也随之衰亡。从此,前后经过六代君主、延续150余年的稷下学宫随着田齐政权的灭亡而衰落。

三、稷下学宫的管理运行机制

稷下学宫在齐国历史上,前后存在了150余年,在繁荣昌盛时期,稷下学士们达到"数千百人"。如此规模庞大的高等学府,自然需要建立起一整套体系完备的教学与生活管理制度。然而,由于多种历史原因,有关这方面的史料不多见。其中,据考证,《管子》中的《弟子织》篇,就是稷下学宫的管理制度。虽然不是全部,但从中我们可以看到稷下学宫教学管理制度的大体轮廓。其特色主要有言论自由、学无常师、来去自由等。

一是言论自由。齐国统治者对稷下先生们不实行言论上的限制,稷下学士既可以"不治而议论",又可以"各著书言治乱之事,以干世主"。对于天下大事,对于齐国的治乱之事,都可以评头品足,予以评说。

二是百家争鸣。对于不同的学派、不同的观点,齐国统治者的态度是来者不拒,任其参与争论争鸣。由于言论的自由,当时几乎所有的著名学派都汇集稷下,阐述自己的学术观点,发表自己的政治主张。

三是来去自由。就是指天下贤士可以自由来往,齐国不加干涉。不管是哪一学派、哪一个人,都是如此。

四是优厚待遇。在政治上,对那些著名的先生,比如邹衍、淳于髡、田骈、接予、慎到、环渊等人,"皆命曰列大夫""上大夫",享受较高的政治待遇。在经济上,享受上大夫的俸禄,且"赀养千钟"。

五是有一套严格的管理制度。在学生管理上,稷下学宫制定了历史上第一个学生守则——《弟子职》,堪称我国古代乃至世界上最早的学生守则。

---

①《史记·孟子荀卿列传》。

其中具体内容如下。

（1）学生对待先生方面的规则。起床时，弟子要给先生准备好盥洗之具。用饭时，弟子要跪坐将饭菜献给师长，按年龄大小分别给先生添饭。饭毕，弟子要撤下食具，为先生准备好漱具，清扫席前，收起食品。休息时，弟子要奉上枕席，精心服侍。

（2）学生受业方面的规则。先生施教时，学生要洗耳恭听，专心致志，若有疑难问题，要拱手提问。下课后，先生出，学生们要全体起立。学生要注意穿戴整洁，谦恭虚心，所学才能深透，并且见义要身体力行、言行一致。学生要注意交流心得，相互切磋，各长其仪。学生要注意道德修养等。

（3）学生外出、郊游方面的规则。外出要遵守常规，要接近有德之士，接待宾客要彬彬有礼。

另外，《弟子职》还对学生的日常起居、饮食、进退、卫生等方面做了细细的规则。

作为稷下学宫学生管理制度的《弟子职》，是我国教育史上第一个比较完备规范的学生守则，它成为后世各种学校制定规则的主要范本。

四、稷下学宫的性质功能

稷下学宫我国最早的由政府创办、私人主持的一所高等学府，是一个集讲学、著述、育才和议政的政治咨询中心。其性质功能主要有以下几点。

一是政治咨询作用。齐国统治阶级为了维护统治、称雄天下，虚心向稷下先生求教，咨询国事，接受意见，加强政权统治；稷下先生们也会针对君主的过失缺点勇于进谏、参政议政，从而很好地发挥了其政治咨询功能。例如，在孟子在稷下学宫游学期间，齐宣王曾经多次向孟子请教什么样的德行才能够称王天下，怎样才能结交好邻国；燕国在发生内乱时齐国是否应该讨伐；如何应对占领燕国都城后其他诸侯国联合讨伐齐国等问题。他向尹文子咨询怎样才能做好国君等。稷下先生对于国君的咨询往往尽其所知，坦诚相告。对于国君的执政过失，稷下先生们更是勇于进谏。

如淳于髡讽谏齐威王就是其中一例。齐威王即位9年，沉湎于酒色，不问朝政，结果造成国内卿大夫专权、国外诸侯并伐的局面。稷下先生淳于髡就以"国中有大鸟，三年不飞又不鸣，王知此何鸟"的隐语，委婉劝谏威王奋发图强，从而使齐威王迷途知返，发出"此鸟不飞则已，一飞冲天；不鸣则已，一鸣惊人"的惊呼。稷下先生们的积极进谏，齐国统治者的虚心纳谏，这对于修正君主得失过错，对改革社会治理弊端，对促进国富兵强、称雄天下起了非常重要的作用。

二是参与政务作用。稷上学宫的先生们有时直接参与处理政务，其中主要表现在稷下先生向田齐统治者提供治国方案、推荐官吏、出使他国等几个方面。其一，稷下先生的反对务虚。这点在鲁仲连等稷下学士的身上表现得尤为明显。据《太平御览·羽族部·异鸟》记载，田巴为齐国著名辩士，他在稷下学宫高谈阔论，曾一日而服人。当时年仅12岁的鲁仲连非常不满他的不务实际、崇尚空谈的学风，面见田巴，问他如何处理齐国面临的楚军驻南阳、赵军伐高唐、燕军居聊城等实际问题，田巴无言相对。鲁仲连则主张以"罢南阳之师，还高唐之兵，却聊城之众"作为辩论议题，充分展现了这位年轻稷下学士的务实风采。后来，他在田单久攻聊城不克的情况下，向聊城燕军守将以箭射书，陈述利害，力劝他们放弃守城，最终逼迫燕将自杀，聊城得以收复。他又在秦军包围赵国都城邯郸之际，痛斥辛垣衍，"义不帝秦"，使秦军退兵。这些事迹都表明了他以时为务、为国解忧的务实精神。其二，提供适宜的治国方案。战国初期各诸侯国为了谋求富国强兵，竞相寻找适合本国国情的治国方案，掀起了变法运动的高潮。稷下学士适应这一时代潮流，积极向齐国统治者提供治国方案。齐国稷下"三邹子"之一的邹忌，谈琴论政，辅助齐威王变法就是明显一例。《史记·田敬仲完世家》记载，邹忌以鼓琴为媒求见齐威王，借称赞齐威王琴技高超之机，向齐威王阐述了一番琴音像政的治国道理。邹忌说："大弦浑厚而温和象征君道，小弦清廉而不乱象征臣道。琴弦摁得深沉放得舒展，象征国家政令的有条不紊。声音均匀响亮，大小配合得正好象征四时。治理国家如同鼓琴，只有左右相连、上下沟通、反复不乱，才能治理好国家。"当时齐威王九年不理朝政，大权由卿大夫把持，造成国内君臣职责不明，吏治混乱，使齐国国力大损，引起诸侯并伐。因此如何才能做到既能分工明确、各司其职，又能相互密切合作治理国家，是摆在齐威王面前的一道难题。邹忌以弹琴比喻君主治理国家的论述，正好切中时弊，使齐威王受益匪浅。因此齐威王接见邹忌三月就任他为相。邹忌任相后，又讽劝齐威王虚心采纳群臣谏言，使齐威王得到许多兴利除弊、富国强兵的好建议，使齐在当时"最强于诸侯"。其三，稷下学士被齐王派到其他诸侯国游说出使。《史记·滑稽列传》记载："威王八年（前371），楚大发兵加齐。齐王使淳于髡之赵请救兵……至赵。赵王与之精兵十万，革车千乘。楚闻之，夜引兵而去。"淳于髡还多次作为齐使者出使他国，维护了齐国的利益。比如，"孟尝君在薛，荆人攻之。淳于髡为齐使于荆"。"齐人有淳于髡者，以从说魏王。魏王辩之，约车十乘，将使之荆。辞而行，有以横说魏王，魏王乃止其行。"淳于髡受齐王委派，出使他国，成绩卓著。著名稷下先生邹衍也曾出使他国："齐使邹衍过赵，平原君见公孙龙及其徒綦毋子之属，论'白马非马'之辩，以问邹子。"可见，稷下先生出使他国，是作为齐国的使者，受命于齐王，身负重任，充当说客，为齐国的政治利益效力。

二是学术交流和教学培训功能。稷下学宫除有政策咨询等作用外，还具有为国家培养人才、传播文化知识的职能和作用，由此后人称之为"齐国的大学堂"和"齐国的最高学府"，其在教育史上的影响也是巨大的。首先，稷下学宫的重要特色是学术性，一方面表现为各家各派的讲学和思想交锋，另一方面表现为著书立说。稷下先生积极著书立说，与讲学与争鸣互为因果互为表里，从又一个方面展现了稷下学宫作为高等学府的特色。其次是育才。这些私家学派通过大师的著述和讲学，培养着学派的传人和时代所需要的各种人才。严格的教育管理、浓厚的学术氛围、良好的物质条件，共同创造了一个人才成长的大环境，这就是稷下学宫的整体优势。因此，郭沫若高度评价说："这稷下之学的设置，在中国文化史上实在有划时代的意义……发展到能够以学术思想为自由研究的对象，这是社会的进步，不用说也就促进了学术思想的进步。"①

五、稷下学宫的历史地位和深远影响

稷下学宫创立，促成了先秦时期百家争鸣的政治氛围，促进了文化学术思想的发展和繁荣，并且对我国古代的思想进步、文化发展、教育兴盛都产生了重大而深远的影响，英国著名学者李约瑟曾盛赞道："在中国，书院的创始可追溯到很早的时期。其中最有名的是齐国首都的稷下书院。"②

一是稷下学宫促进了田齐政权的稳定巩固和发展繁荣。稷下学宫建立以后，对田齐政权的巩固发展给予了很大的帮助，使齐国在姜齐桓公之后再次站立在了诸侯争霸的高峰。齐国统治者之所以要下大气力创办稷下学宫，通过一系列优惠政策，招集天下有识之士，为他们出谋划策，其目的就是为了实现稳定国家统治、实现富国强兵和争雄天下和统一全国。因为他们懂得"人君之欲平治天下而垂荣名者，必尊贤而下士……致远道者托于乘，欲霸王者托于贤"③的道理。而被稷下吸引来的稷下学者们都有着积极参与现实的功业思想，他们高议阔论、竞相献策，期望自己的政治主张被齐国执政者所接受、采纳。《新序·杂事》说："稷下学者喜议政事"。《史记·孟子荀卿列传》说："自驺衍与齐之稷下生先……各著书言治乱之事，以干世主"。在稷下先生们的全力辅佐下，齐国统治者们积极变革、发展生产、繁荣经济、壮大军队，从而促进了社会各个方面的全面发展，终于使齐国成为"战国七雄"之一。

二是稷下学宫不仅使齐文化得到了空前繁荣，也为此后中国思想文化发展产生了极大影响。诸子们围绕"世界本原""天人""人性善恶""义利"等课题，进行过激烈的学术论辩和思想交锋，加速了不同学派、不同见解之间

① 郭沫若：《十批判书》，北京：东方出版社，1996年。
② 李约瑟：《中国科学技术史：第一卷·导论》，北京：科学出版社，1990年。
③ 刘向：《说苑·尊贤》。

的思想渗透融合。诸子百家在稷下学宫争鸣，创造了丰硕的学术成果，如邹衍的《邹子》《邹子终始》、邹奭的《邹奭子》、鬼谷子的《鬼谷子》、扁鹊的《内经》、甘公的《甘公天文星占》、孙膑的《孙膑兵法》等。另外，齐国先贤的著作，如《六韬》《管子》《晏子春秋》《司马法》等，也由稷下先生汇编整理而成。特别是《管子》一书，影响甚巨，是稷下学宫各家学派融汇的结晶。因此，战国时期临淄稷下学宫是诸子百家思想争鸣的"平台"，是诸子百家思想产生、发展的"摇篮"。可以说，稷下学宫的出现及其成就，是中国文化发展史上的一个重要阶段。

三是稷下学宫成为我国时期教育发展史上的重要里程碑。稷下学宫作为一所高层次的教育机构，为齐国统治者培养了许多各个方面的有用之才。他们从不同国家，以不同派别身份，带领弟子们来稷下进行讲学活动。稷下学宫所采取的适合时代要求的以游学为主的教育形式，为后代提供了丰富的办学经验。这种教学形式，适应了列国给纷争、百家争鸣的社会形势需要，使学子们开阔了视野、增长了见识，培养了一批又一批有用人才。在教学方式方法上，他们采取了讨论式、争辩式，形式多样、学术自由，使教学和研究相互促进、相得益彰。此外，稷下学宫以官学、私学等相结合的特殊形式，为后世教育产生了启动和先导意义。虽然稷下学宫由齐国统治者创办，带有官办学校的性质；但在教学的运行管理上，却表现为各派自己组织，形成一个个不同的学术集团，在从师收徒、讲学内容方面都表现出私学的特点。这种办学形式，是适合时代形势的，最终推动了整个教育的繁荣和兴盛。所以，稷下学宫是春秋战国教育史上，甚而在整个中国教育史上，都是一座重要里程碑。

从考古发现看齐国乐舞

1990年春，在山东章丘绣惠镇北女郎山西坡上的一座战国古墓中，考古人员出土了一组乐舞俑。这套乐舞俑共38件，是战国中期齐国贵族墓内出土的明器。其中，有人物俑26件、祥鸟8件、乐器4件。人物俑中歌舞俑、演奏俑、观赏俑，全部为泥质灰陶，俑体高3.5～8厘米不等。人物俑面施粉红彩，衣纹皱褶清晰。其中，有5件男性乐工俑在演奏乐曲，其余全为女性舞俑。乐工俑皆头戴翘角盖耳帽，身披黑长袍衣，双肩披挂红色彩带。女舞俑则多绾偏左高髻，有的双肩披红色彩带，衣服款式有细瘦齐腕长袖和披肩短袖，也有几乎垂地的超长袖，似长袖曼舒舞姿态的特殊设计。服装上衣下裳，似右衽曲裙而身后交掩，下摆外多曳地，后呈圭形尾，露出内长裙曳地一部。其服饰色彩，外衣有浅红底加白点或红点、青灰底加白点或红点及黄色彩条纹等。这组乐舞俑造型生动，形神兼备，具有写实风格。有击悬架磬者、击悬架钟者、击大鼓者、击小鼓者，有长袖翩翩起舞者，有列坐观望者。这组乐舞俑形象地再现了战国时期齐国贵族观赏乐舞的生活场景。这组乐舞俑的发现，为研究战国时期齐国的乐舞、人们的服饰等提供了珍贵的实物资料。

齐桓公是"春秋五霸"之首，战国时期的齐国又是"战国七雄"之一。齐国不但经济繁荣、军事昌盛，而且文化也非常发达。据历史记载和出土文物考证，当时的齐国乐舞水平之高，影响之大，在各诸侯国中都是名列前茅的。近年来，不只在山东济南章丘区，在齐国故地的其他地方，特别是齐国故都临淄等地，也都出土了大量春秋战国时期的乐器，主要有石磬、编钟、陶埙等乐器。《史记·苏秦列传》记载："临菑甚富而实，其民无不吹竽鼓瑟，击筑弹琴，斗鸡走犬，六博蹋鞠者。"这充分反映出齐国乐舞在当时的广泛普及。当然，最能反映齐国乐舞概况的就是"孔子闻韶"的故事。公元前517年，孔子来到齐国，耳闻目睹了《韶》乐的演奏盛况，不禁流连忘返、心醉神迷，竟然到了"三月不知肉味"的境地。为此，他发出了"不图为乐之至于斯也"和"尽美矣，又尽善也"的感叹。

一、齐国乐舞

齐国乐舞可分为宫廷乐舞和民间乐舞两大类。

（一）宫廷乐舞

先秦时代，乐舞兴行。从王室到各个诸侯国，在工作生活中演奏蔚然成风。作为东方大国，齐国自然不甘居下。历代齐国君王，喜欢乐舞者为数不少。其中尤以齐桓公、齐景公、齐康公、齐宣王、齐闵王等人为最。齐景公不但"左为倡，右为优"，而且自己还会弹琴击缶。齐康王豢养了舞伎，他喜欢万人舞，"万人不可衣短褐，不可食糟糠"。吃喝不好，乐工的面色不好看，穿着不美，舞女身材动作不可观，因此，"食必粱肉，衣必文绣"。齐宣王更是迷恋乐舞，"使人吹竽，必三百人"。不但历代君王如此，而且有名的贤卿良相、文武大臣中也有许多通音律、善歌舞的行家里手。管仲能够创作歌曲，他在被鲍叔牙营救回齐的路上，在囚车中，他就教士兵唱歌，驱除疲劳，摆脱鲁国士兵的追赶。在《管子》一书中，管仲提出了科学的定律方法——"三分损益法"。

由于宫廷推崇乐舞，就出现了许多以乐舞为生计的人，甚至出现了投机者。《韩非子·内储说上·七术》记载的那个"滥竽充数"的南郭先生就是其中的一个。文中说："齐宣王使人吹竽，必三百人。南郭处士请为王吹竽，宣王说之"。后来，齐宣王让他们单独吹竽，南郭先生由于不会吹竽，混不下去了，最后只好自己偷偷跑了。300人在一起合奏吹竽，说明当时已有相当高的水平。

在齐国诸多宫廷乐舞中，《韶》乐是当时最具代表性的乐舞形式。韶乐是一种集诗、乐、舞为一体综合型的古典宫廷表演艺术。当时演奏《韶》乐时，诗、歌、舞必须配合得当。"诗，言其志也；歌，咏其声也；舞，动其容也。"三者融为一体，组成统一完美的综合艺术形式。乐队按金、石、土、革、丝、木、匏、竹"八音"进行分类，在合奏中按其性能各发妙音。"金石以动之，丝竹以行之，诗以道之，歌以咏之，匏以宣之，瓦以赞之，革木以节之。"编钟、编磬等固定音高的"金石之乐"，在合奏中担负着音准、音律的校音任务，常用于乐曲的引序。琴、瑟、管、箫等"丝竹之乐"，常用来演奏主旋律和为歌者伴奏。笙、竽、匏类是和声之乐，具有融合各种乐器和渲染气氛的功能。陶埙之类的乐器富有特色，富有歌唱性。鼓鼗等打击乐器，不仅掌握节奏变化，而且担负着指挥的重任。

乐舞在齐国不仅供统治阶级享乐需要，还有其他重要作用，而且是相当广泛的。乐舞用于祭祀和朝贺大典。乐舞还用于巫术活动。巫术是殷商遗风，在齐仍为流行。此外，乐舞还被当作礼品进行馈赠，以达到与别国、别人进行友善、联合、离间、拉拢、腐蚀等不同的政治目的。这也充分反映出齐国乐舞的无穷魅力和莫大的诱惑力。

（二）民间乐舞

音乐、舞蹈是劳动的产物，因此它根植于人民群众之中。虽然后来乐舞成为宫廷内统治者享乐的重要内容和方式，但民间的乐舞还是极盛的。特别是富裕的齐国，民间的乐舞自然是更兴盛的。齐国有70余城，即墨、安阳当时被列入知名城市。在各诸侯国的都城中，临淄属于规模最大、最繁华的大都市。临淄的繁华还表现在音乐实践活动非常丰富，也非常普及。城内遍布娱乐场所，其间男女杂坐，行酒稽留非常热闹。这里男女老幼、举国上下都喜欢音乐。《战国策·齐策四》就记载了冯谖弹剑唱歌以言志，最后得到了孟尝君的重用。《诗经·国风》中的十一首"齐风"，实际上就是流传在齐国民间的民歌。这些民歌，内容丰富，地方特色明显，具有强烈的生活气息。齐国曾诞生了不少优秀歌手，绵驹就是当时很有名的歌手，"绵驹处于高唐，而齐右善歌"。可见他在当时的影响是很大的。齐城的雍门一带，是民间音乐的活动盛地。传说著名的古琴演奏家子周，就生长在雍门，故名"雍门周"。

对于齐国乐舞的评价，北宋著名的文学家李格非在《过临淄》诗中写道："击鼓吹竽七百年，临淄城阙尚依然。如今只有耕耘者，曾得当时九府钱。"齐国"击鼓吹竽七百年"，可见齐国乐舞之盛和流传范围之广和流传时间之久。

二、齐国乐舞发展繁荣的原因

究其齐国乐舞发展繁荣的原因，笔者认为大致有以下几点。

（一）悠久的历史传统

齐国属于东夷之地，东夷是以鸟作为图腾的民族。《左传·昭公二十年》记载的齐景公与晏婴的一次对话中就提到过齐景公喜爱的不是古代的舞乐，而是现今的乐舞，用我们今天的话来说就是流行乐舞。

五帝之中的舜也是东夷人，他的父亲瞽叟是一位盲人乐师，创造过瑟。出生在这样的家庭里，舜从小就受到乐舞文化的熏陶，后来他创造了《思亲操》来怀念自己的母亲。舜继承帝位后，曾命人改造其父亲创造的八弦瑟，增加为二十三弦，瑟的表现力得到极大加强。

姜太公建立齐国后，实施"因其俗，简其礼"的治国策略，将东夷文化的礼仪风俗给予充分保留，所以东夷的乐舞传统也随之保存下来。齐国文化由东夷文化与周文化结合而成，因此从一开始齐国文化就具有开放性的特征。齐国从一开始的小国到后来逐渐扩大成为一方霸主，它的乐舞也必然在扩张中不断吸收各地音乐的特点，不断改进、优化，成为具有地方特色的齐国乐舞。齐国的开放性政策为其乐舞的形成发展创造了良好的条件。

（二）强大的经济实力

一定的文化是一定的社会的政治、经济的反映。齐国自建国到为秦所灭亡，这一时期共历时800多年。其中虽然有兴有衰（甚至到了破城灭国的阶段），但总体是强盛的。经济的发展，商业的繁荣，必然促进文化的繁荣。当时，齐人不仅在庆典、节日、婚礼等场合欢歌载舞，当连平时生活、劳动、对话等也都以歌代言，沟通交流，表达自己的愿望、意见。由于齐国的经济文化发达，从而也吸引了其他各国各地的文人学者等知识分子纷纷到齐国定居讲学，甚至连"鸡盗狗鸣"之徒也纷纷前往，当然也不乏文艺人士。此外，由于齐国经济的发展，也有一些歌手、乐师等艺人因生活所迫，也纷纷跑到了齐国。这样，也就进一步丰富了齐国民间乐舞。例如，韩娥是韩国歌手，也来到齐国演唱，其歌声曾"余音绕梁栅，三日不绝"。其他诸侯国艺人的到来，这无疑为齐国乐舞的发展起到了推动作用。

（三）统治者的大力提倡

统治者对乐舞的喜爱是促进齐国乐舞越来越繁荣的另一个原因。东夷民族最早是诗、乐、舞一体的，往往是载歌载舞。舜作为东夷人的领袖，对乐舞的认识非常深刻。他认为乐舞不但能发挥宣扬教化的作用，使人们能够更注重情义从而和谐相处，还能调和人神关系。舜对乐舞的喜爱不仅表现在重视、欣赏上，他还能够自己创作、弹奏、歌唱，继位后更下令让乐师创作《九韶》。舜在位时期，宫中就已经设置乐官了。《史记·五帝本纪》中记载："以夔为典乐"。典乐便是古代负责乐舞管理的官名。作为最高统治者的舜对乐舞的喜爱不仅是为了精神上的放松，还有更重要的目的，就是通过乐舞了解民情，以便更好地治理国家。舜时期的《九韶》成为历代乐舞的先声，夏、商时期都有乐舞《九韶》的相关记载，到周朝《韶》成为宗庙之舞。

齐桓公对音乐也非常熟悉，《说苑·尊贤》中记载，齐桓公听懂了赶牛人宁戚歌声中的弦外之音，认为他是非常之人，于是便重用宁戚，让他在齐国担任官吏协助自己治理国家。在宁戚的协助下，齐国越来越强大，齐桓公成为春秋霸主。

宁戚的故事在《吕氏春秋》《新序》中都有记载，可见这个故事的流传非常广泛。关于宁戚所唱之歌，历史上有很多不同的说法，但是宁戚会唱歌是确定的，齐桓公能听懂宁戚的歌声也是事实。如果齐桓公不懂乐舞，就会与身负治国之才的宁戚失之交臂，齐国后来的强盛之路或许会更加坎坷。

齐景公也非常喜爱乐舞。《晏子春秋》中记载了不少关于齐景公沉溺宴乐、宴舞，在国家朝政上懈怠，遭到晏子谏诤的故事。齐景公一方面迷恋音乐导致对国家大事疏懒，但另一方面他也能虚心接受晏子的劝谏，这是他能在位60多年的原因。同时，齐国因为景公的治理继续保持大国的地位，甚至产生争霸的想法。

任何艺术的产生发展都有其深刻的历史背景和社会原因，由于齐国经济强大、政治昌明、文化繁荣，从而使齐国乐舞得以在齐国弘扬广大。同时，随着秦统一六国和后来时代的发展变迁，齐国乐舞为各民族的乐舞相融合、相促进并不断发展盛兴，与其他民族乐舞一起成为中华民族优秀传统文化。

齐国的"巫儿"与赘婚习俗

所谓"巫儿",是指春秋时期齐襄公令国中民家长女不嫁,留家主祠,叫作巫儿。《汉书·地理志下》记载:"始桓公兄襄公淫乱,姑姊妹不嫁,于是令国中民家长女不得嫁,名曰'巫儿',为家主祠。嫁者不利其家,民至今以为俗。"

对于这种"巫儿"习俗,史籍中不乏记载。《荀子·仲尼》记载说:"齐桓,五伯之盛者也,前事则杀兄而争国;内行则姑姊妹之不嫁者七人,闺门之内,般乐奢汰,以齐之分奉而不足"。《战国策·齐策四》记载,赵威后问齐使曰:"北宫之女婴儿无恙耶?彻其环瑱,至老不嫁,以养父母。是皆率民而出于孝情也,胡为至今不朝也?"《新语·无为》记载:"齐桓公好妇人之色,妻姑姊妹,而国中多淫于骨肉。"

从上述历史记载看,"巫儿"风俗的产生,似乎是与淫色相联系,并且是出自国君的强令推行。以至有的专家认为:"在齐国,女子居家不嫁的现象,当时从宫廷到民间是普遍存在的。"可以说,"巫儿"现象在齐国已经成为社会风俗。

社会风俗是一定地域内一定历史阶段社会发展的产物。它的产生、存在和盛行有着多方面的因素,既有历史的渊源和社会原因,又有现实的客观基础。探究齐国"巫儿"风俗在齐国产生、盛行的原因,这与齐国独特的自然条件、历史发展、和人为环境、社会结构等因素是分不开的。

首先,"巫儿"习俗是母系氏族社会婚俗在齐国的流风余韵。魏琦在《齐国婚俗初探》中说:"原来在母系氏族制度下,姑姊妹居住在母家是合法正当的,而当由母系向父系转变时,大家对于新的原则没有习惯,而旧制度的影响还深刻地留在人们意识里。为了延长母系的寿命,发生了姑姊妹不嫁的混乱现象，后来这一风俗又变换了形式被保留了下来，即长女不得嫁，在家主祠的风俗。"①长妇不嫁，兄妹通奸，明显带有母系氏族社会的印记。这种陋习之所以到春秋战国时期还能够存在，是因为从母权制向父权制的过渡是十分复杂的，需要一个漫长的历史过程。在这一进程中，母权制的不少残余东西在长时间内保存着，从而产生了若干特殊的明显的带有过渡性质的形式。其实，这一风俗当时不只在齐国存在，在其他诸侯国家也是存在的。《说苑·尊贤》中记载："鲁哀公问于孔子曰：'当今之时君子谁贤？'对曰：'卫灵公。'公曰：'吾闻之，其闺门之内，姑姊妹无别。'对曰：'臣观于朝廷，未观于堂陛之间也……'"从鲁哀公与孔子的对话中可以看出，当时卫国也存在着"巫儿"这一现象。

其次，齐国统治者在其立国之初采取了"因俗简礼"，这一政策就为"巫儿"现象的存在提供了政治保证。据史料记载，姜太公封齐后，针对大量的土著东夷人及其固有的传统习俗，他一切从实际出发，因地制宜，因势利导，采取了"因其俗，简其礼"的民族政策。他到齐地后，根据当地人民的实际状况，入乡随俗，采取了东夷人原来的风俗习惯、文化传统和宗教信仰。因为多年的执政经验，他知道，要在短时间内改变一个民族的习俗是非常困难的。因此，他没有像鲁国那样"变其俗，革其礼"，坚持以"周礼治国"；而是根据齐国历史发展情况和客观实际，沿袭了旧制旧俗。到管仲相齐后，他也采取了"俗之所欲，因而予之；俗之所否，因而去之"的政策。这样就为"巫儿"这种母系氏族社会婚俗的延续，提供了生存的机会和空间，从而使"巫儿"风俗在齐国流传了下来。为此，《战国策·齐策四》记载，齐人见田骈章云："臣邻人之女，设为不嫁，行年三十而有七子，不嫁则不嫁，而嫁过毕矣。"不嫁而有子，显系该妇人"因俗"的产物。

第三，长女不嫁而为"巫儿"以至于成为社会风俗这一现象，还与齐国

① 魏琦：《齐国风俗初探》，中国先秦史学会秘书处编：《中国古代史论丛》（第八辑），福州：福建人民出版社，1983年。

的经济社会特点相联系。据《汉书·地理志下》记载："太公以齐地负海舄卤，少无谷而人民寡，乃劝女工之业，通鱼盐之利，而人物辐凑……故其俗弥侈，织作冰纨绮绣纯丽之物，号为冠带衣履天下。"齐国之所以成为"冠带衣履天下"的纺织业中心，是因为"女工之业"发达。所以，妇女特别是长女在家庭中有着重要的劳动地位。《考工记》记载："治丝麻以成之谓之妇工"。这是长女不嫁而成为"巫儿"之俗产生的重要社会基础。《战国策·齐策四》记载，北宫之女至老不嫁，以养父母。可见，"巫儿"风俗的产生，与齐国妇女，特别是长女在家族中的重要地位是密不可分的。

第四，齐国个别统治者关于"长女为家主祠，嫁者不利其家"的倡导，成为这一陋俗存在的重要社会原因。"巫儿"是母系氏族社会时期的婚俗，这一陋习在周代是受到禁止和谴责的。特别是在"礼乐征伐自天子出"的周代，齐国肯定要服从和推行周王朝的社会典章文化制度，包括"同姓不婚"等条律。因此，齐襄公与其妹文姜私通，不符合周王朝的礼仪制度，所以就受到了人们的嘲讽。其中，《诗经·齐风·南山》诗歌中就表达出了当时人们的愤慨之情。就是齐襄公本人也知道自己与文姜的偷情行为是一件不光彩的事情。《春秋公羊传·庄公元年》记载："夫人谮于齐侯，公曰：'同非吾子，齐侯之子也。'齐侯怒，与之饮酒。于其出焉，使公子彭生送之。于其乘焉，搚干而杀之。"《郑笺》中也记载："襄公之妹，鲁桓公夫人文姜也。襄公素与淫通。及嫁公，公谪之。公与夫人如齐，夫人诉之襄公，襄公使公子彭生乘公而扼杀之。"齐襄公之所以要杀人灭口，是因为他们害怕自己的丑行败露而受到社会舆论的谴责，这说明当时的婚姻伦理也是不允许乱伦行为的。就连大力倡导革新变革的春秋"五霸之首"齐桓公，也认为到"不幸而好色，而姑姊有不嫁者"是自己的污行，是其三大缺点之一。

"同姓不婚"是周代重要的婚姻成律，其对人们的制约作用是不容忽视的。"妻姑姊妹"怎样才能不遭时人非议，而且还要在社会上光明正大地存在下去，确实是让齐人大伤脑筋的一件事情。他们充分发挥自己的聪明智慧，终于找到了"借更改名称以改变事物"的做法，于是就有了长女不嫁，留家为"主祠"的办法，并名曰"巫儿"，并且还戴上了一个崇高而神秘的光环。也就是说，齐襄公与同父异母的妹妹通奸，为遮掩其丑行而下令国中的长女不嫁，在家为"巫儿"，主祭祀之事，此后以至成俗。主祠人的身份，相当于后世的家长。以长女为长，这可能也是母系氏族社会的遗风。20世纪60年代，山东益都曾发现了一件春秋时期的铜器，叫齐巫姜簋，上面的铭文曰："齐巫姜作尊簋，其万年子子孙孙永宝享用。"《史记·田敬仲完世家》记载："（田乞）请诸大夫曰：'常之母有鱼菽之祭，幸而来会饮。'"《春秋公羊传·哀公六年》记载："陈乞曰：'常之母有鱼菽之祭，请诸大夫之化我也。'"注云："齐俗，妇人首祭事。"由此可以看出，齐国民家之长女，皆为"巫儿"，司一家祭祀，实占家长的地位。此女一生不得出嫁。

在齐国，与"巫儿"风俗相联系的，还有"入赘"之俗。由于家中长女的"巫儿"不能出嫁，她们要结婚，只好招婿入门，于是就有了"赘婿"。在母系氏族制度下，婚姻关系是以女方为核心的。因此从一定意义上说，"入赘"之俗也是母系氏族社会婚俗的遗风。"赘婿"的社会地位很低，一般情况下是由于他们经济贫困，无力娶妻，才"入赘"为婿的。对于"赘婿"的身份，根据山东大学冯沅君先生的考证，实际上是一种"与女主人保持合法性关系的奴隶"。因此，那些居家不嫁的女子，不仅在家族中地位较高，就是在与入赘夫婿的男女关系中，非但不卑，甚至存在着女尊男卑的情况。《史记索隐》解释说，赘婿为"女之夫也，比于子，如人疣赘，是余剩之物也"。虽然说余剩之物，但有的"赘婿"还有成就的。如淳于髡原为赘婿，后来成为著名的稷下先生。姜太公亦曾为"赘婿"，有"齐之逐夫"和"老妇之出夫"之称。所以俞正燮说："巫儿以令不得嫁，则必赘婿。齐人贱赘婿，以其为巫儿婿，无夫道。"巫儿不嫁而必赘婿，故齐有不嫁之女，行年三十而有七子之实事。就此而言，说赘婿实为性奴亦可。

经考证，齐地流行"巫儿"风俗，大致开始于春秋时期，此后一直到汉代仍流行。这虽然是一种陈规陋习，但有一定的存在条件和客观原因。"巫儿"现象存在，"赘婿"习俗也就难免。即使历史发展到20世纪，在一些落后的农村偏远地区，仍然存在着"倒插门"的婚俗。由于女方家中没有男孩，结婚后的男子便到女方家中生活、工作，并且他们的子女也要随女方的姓氏。

从聊斋俚曲看明清时期淄博婚俗

聊斋俚曲是蒲松龄创作的一种"有人物、有故事情节、有说有唱、散韵交织"的独特音乐文学体裁，非常贴近社会现实和百姓生活。作者创作的目的，是为了"可参破村庸之迷，而大醒市媪之梦"[①]，使其成为警醒世人的"晨钟暮鼓"，旨在针砭时弊，劝善惩恶。其中，《琴瑟乐》和《禳妒咒》两部俚曲重点记叙了当时淄博地区的婚嫁习俗。《琴瑟乐》主要描写了缔姻、夫家送插戴、相看、出嫁、回娘家住"对月"等婚嫁过程，《禳妒咒》则主要反映了迎亲、拜堂、坐床撒账、唱撒帐歌等婚嫁内容。通过对这两部俚曲的研究，我们可以比较全面清晰地了解当时淄博地区的婚嫁习俗。

一、缔姻

缔姻也叫缔结姻缘，这是整个婚姻礼仪的开始。古代婚姻要讲究"父母之命，媒妁之言"，这是古代婚姻的一项重要原则。《诗经》曰："伐柯如何？匪斧不克。取妻如何？匪媒不得。"[②]"娶妻之如何？必告父母。"[③]。《孟子·滕文公下》说："不待父母之命、媒妁之言，钻穴隙相窥，逾墙相从，则父母国人皆贱之。"[④]这说明只有经媒人介绍的婚姻才合理合法，否则就会被人们瞧不起。因此，在古代可以说是无媒不成婚，媒人在缔结婚姻中起着非

---

① 蒲箬：《清故显考岁进士、候选儒学训导柳泉公行述》，盛伟编著：《蒲松龄全集》，上海：学林出版社，1998年。
②《诗经·豳风·伐柯》。
③《诗经·齐风·南山》。
④《孟子·滕文公下》。

常重要的作用。俚曲《琴瑟乐》中这样阐述媒婆的作用："园里去采花，园里去采花，忽见媒婆到俺家。这场暗欢喜，倒有天来大。祷告好爹娘，发了庚帖（写有生辰八字的帖子，下同）罢。"[1]"园里去采花儿戴，惹的心中愁一块。花儿虽好要当时，颜色败了谁人爱？忽见媒婆来提亲，喜的心中难摆划。仔（只）求庚帖出门去，就是我的快运（好运）来。"[2]由此看出，媒婆是缔结姻缘的重要前提，只有经过媒婆的牵线搭桥，男女才有缔姻的可能，否则就被视为"非法""无礼"。

二、相看

相看俗称相亲，这是婚礼的第二项仪式。古代女子往往"生在深闺人未识，是妍是媸无人知"。经过媒人介绍并且男女双方的生辰八字又属相不犯，这时男方会提出看看姑娘的要求。这种男方在媒人带领下到女方家作初次访问的活动，称之为"看亲"或"相亲"。具体是由双方家长和媒人，约定时间和场所，到女方家中或者其他地方相见。相亲时要观察女方相貌是否端正、举止是否得体、肢体有无残疾，等等。《琴瑟乐》中这样描述相亲场景："媒人又来了，媒人又来了，说是婆婆要瞧瞧。明天大饭时，候着他来到。"[3]为了给婆婆展示一个美好印象，姑娘要刻意梳洗打扮一番。"听说婆婆来相我，重新梳头另裹脚，搽胭抹粉带上花，扎挂好像花一朵。本来心里喜，妆做羞模样。"[4]由于是第一次见婆母，女方特别紧张但又希望看看未来的婆婆。为此，女方是"丢丢羞羞往外走，婆婆迎门拉住手，想是心中看中了，怎么仔管咧着口？头上脚下细端详，我也偷眼瞅一瞅。"[5]除婆婆来"相看"外，这时男方也会跟随母亲前来，男女双方借此可以相互"相看"。《琴瑟乐》

---

① 蒲松龄：《聊斋俚曲集》，蒲先明整理，邹宗良校注，北京：国际文化出版社，1999年。

② 同①。

③ 同①。

④ 同①。

⑤ 同①。

中这样描写女方对男方的相看："那人妆娇，那人妆娇，往我门前走几遭……他也偷瞧，我也偷瞧。"①经过相互偷瞧，女方认为："那人年少会妆俏，时兴的衣服穿一套。来往不住往里撒，我也偷眼往外瞧。眉清目秀俊学生，不高不矮身段妙。与奴正相当，一对美年少。"②这样，相亲就算成功了。

三、订婚

订婚也叫送插戴（穿戴用的东西。下同），这是婚礼的第三项仪式。具体是由男方家置备礼品，委托媒人将礼品送到女方家正式求婚，这叫"小定"，或叫下小礼。礼品虽没有一定的标准，但有一定的内容要求。所送礼品一般是女方穿戴用的镯子、戒指、钗钏、钻珥等各类首饰和上衣、裙子等各种衣物。《琴瑟乐》中这样描写订婚礼品："半夜三更做一梦，梦见人家来下定。看见尺关合钗环，俩眼笑的没了缝。"③梦后第二天，果然盼来了媒人。"媒人回来，媒人回来，故意装着倒躲开。待去听一听，又怕爹娘怪。惹的猜疑，惹的猜疑。梅香笑着走进来，叫声俺姑娘，他来送插戴。"④俚曲《禳妒咒》也有送插戴的描写。剧中说男方高蕃的母亲去"相看"女方江城，当高蕃母亲看到江城貌美如花，知书达礼，非常满意，想把儿子的婚事赶快定下来，但又没准备聘礼，于是顺手从自己头上拔下来一对金凤钗，插在江城的头上，作为订婚聘礼，并解释说："今朝专为降香来，不曾带的礼和财。亲家若还不相信，先插一对金凤钗"⑤，于是就把高蕃和江城的婚事订了下来。

四、纳征

纳征亦称纳币、大聘、过大礼，淄博地区叫"下聘礼"，这是婚礼的第四

---

① 蒲松龄：《聊斋俚曲集》。
② 同①。
③ 同①。
④ 同①。
⑤ 同①。

项仪式。这是男方在得知女方允婚后向女方家所送的聘礼。《礼记·昏义》孔颖达疏:"纳征者,纳聘财也。征,成也。先纳聘财而后婚成。"[1]历代纳征的礼物各有定制。民间多用牛羊、细帛等为女行聘,谓之纳币,后演变为财礼。古代纳征多以鸟兽为礼,上古时聘礼须用全鹿,后世简代以鹿皮。《婚礼文》记载:"委禽奠雁,配以鹿皮"[2]。当然,古代纳征也并非全用鸟兽为礼。像《诗经·卫风·氓》中所说的"氓之蚩蚩,抱布贸丝。匪来贸丝,来即我谋"[3],就是以布为聘礼的例子。后来,纳征的礼仪越演越繁,成为六礼中礼仪最烦琐的礼仪之一。《琴瑟乐》这样描写所下的聘礼:"眼望巴巴,眼望巴巴。巴的行礼到俺家。真个甚整齐,也值千金价。宝镜金花,宝镜金花,梅香故意笑着看咱。"[4]"他家行礼委实厚,整整喜了我一个够。"[5]由于男方下的聘礼丰厚,因此女方感到很有面子,非常高兴。

五、迎亲

迎亲就是新郎亲自到女家迎娶新娘。这是婚礼中的最后程序,也是整个婚礼仪式中最隆重、最热闹的一天。《诗经·大雅·大明》:"大邦有子,倪天之妹。女定厥祥,亲迎于渭。"[6]这说明迎亲习俗很早就有。在古代,迎亲一般是骑马或者坐花轿。据记载,最早的花轿迎亲开始仅限于王公贵族,而民间用花轿迎亲是从宋代开始。因为结婚是人生中的大事、喜事,因此就是普通百姓,也要用花轿"隆重"一番。对于花轿迎亲的热闹场面,《禳妒咒》中有着详细描写:"(男方)堂上翻身才拜罢,坐上轿一片喧哗。听那喇叭嘻嘻哈哈,那唢呐滴滴答答,一片人声吱吱呀呀,门前花炮乒乒乓乓,十对家丁霹溜扑喇,一行人马唰溜喇蹋,锣儿镗镗,鼓儿帕帕,八对纱灯,两

---

① 孙希旦:《礼记集解》,北京:中华书局,1989年。

② 崔骃:《婚礼文》。

③《诗经·卫风·氓》。

④ 蒲松龄:《聊斋俚曲集》。

⑤ 同④。

⑥《诗经·大雅·大明》。

对火把，两乘大轿，百匹大马，又搭上四个小厮，四名管家。三三两两，说是谁家，规矩体统，这样大法？嚷嚷闹闹，指指划划……多少妇女门口看，欣慕他那荣华。"①由此可知民间迎亲时的隆重热闹场面。《琴瑟乐》中也有这样的描写："月影儿高，月影儿高，姑姑姨姨都来瞧。一齐拥着奴，上了他的轿。好不热闹，好不热闹，满街上看的塞满了。那人骑着马，紧紧靠着我的轿。"②"不觉就是时辰到，大家拥撮上喜轿，一路吹打不住声，对对纱灯头里照。那人骑马在轿前，回头不住微微笑。怪不得人爱做媳妇，这个光景委实妙。"③

古代，迎亲场面不仅隆重热烈，而且规矩和礼仪也非常繁杂。特别是新娘，这一天更是繁忙。

首先要沐浴更衣，《琴瑟乐》中说："梅香烧汤，梅香烧汤，今番洗澡要多用香。"④"烧就香汤要沐浴，双手忙把房门闭，今晚就要做新人，先要洗净闺女气。"⑤

其次要绞脸开眉。新娘沐浴后，要用五彩棉线去掉脸上的汗毛，修齐鬓角，俗称"开脸"。

第三是上头障面。新娘沐浴开脸后，要梳头化妆，并且从上轿到入洞房，要盖上红盖头。"急忙把头梳，急忙把头梳，改头绞脸用功夫。戴上新秋髻，辞了闺女路"⑥"洗了身子重洗面，新衫新裤从头换。细细绞脸开了眉，霎时喘唏的一身汗。戴上秋髻和红箍，自己觉得怪好看。"⑦

第四是拜堂成亲，这是婚礼中最重要的大礼。首先要拜天地，其次要拜高堂，最后要夫妻交拜。五是坐床撒帐。就是新郎新娘拜堂之后，二人相

---

① 蒲松龄：《聊斋俚曲集》。
② 同①。
③ 同①。
④ 同①。
⑤ 同①。
⑥ 同①。
⑦ 同①。

向坐在床上，之后由夫妇双全、多子多孙的妇女把金钱、杂果、五谷等撒到新郎新娘的身上、怀里和床上，祝福两位新人百年好合、福寿双全、儿孙满堂。为了烘托喜庆热闹的气氛，在撒帐时还会请人唱"撒帐歌"。最早的"撒帐之礼"源于汉武帝迎娶李夫人之时，其目的是祝福祈子。吕程玉《言鲭》记载："撒帐始于汉武帝。李夫人初至，帝迎入帐中共坐，饮合卺酒，预戒官人遥撒五色同心花果，帝与夫人以衣裾盛之，云多得多子也"①。最早的"撒帐歌"见于明代洪楩《清平山堂话本·快嘴李翠莲记》中，李翠莲和张郎结婚时拜香案、拜诸亲、合家大小，俱相见毕，有先生念诗赋请新人入房坐床撒帐。撒帐歌的内容大都是祝福祝愿的吉利话，风格通俗，诙谐幽默。《禳妒咒》中比较完整地记载了撒帐歌内容。在撒帐过程中，有先生唱道："撒帐东，天丁力士劈蚕丛，春风一度桃花落，从此鸿沟有路通。撒帐南，抱颈双双入画帘，凿井穿渠皆大吉，明年此日产双男。撒帐西，巫襄夜夜阳台会，天生一对好夫妻。撒帐北，夫妻和好两相随，偕老双双到一百。撒帐上，小登科后大登科，百年偕老永无殃"②，等等。

坐床撒帐结束之后，婚礼仪式基本结束。但在淄博地区，还有回门（回娘家）、住"对月"等风俗。但作者认为，这不应作为婚礼仪式，充其量只能作为新婚的后续活动。

我国婚俗源远流长，历史悠久，相传最早的婚姻关系和婚礼仪式是从伏羲氏制嫁娶、女娲立媒妁开始，到周代就逐渐形成了一套完整的婚姻婚俗制度。记载周代各种礼节的《仪礼》书中，详细记载了整套仪式制度，并称之为"六礼"，即纳采、问名、纳吉、纳征、请亲、迎亲。纳采，就是男方请媒人向女方家提亲。问名，就是女方家答应议婚后男方家请媒人问女子名字、出生年月日等，并卜于祖庙以定凶吉。纳吉，就是男方卜得吉兆后，即与女方正式缔结婚姻。如卜得凶兆，可能取消二人婚礼。纳征，又称纳币，就是

---

① 吕程玉：《言鲭》。
② 蒲松龄：《聊斋俚曲集》。

男方将聘礼送到女方家。请期，就是男方携礼至女方家商定婚期，征求女方家的意见。亲迎，就是新郎亲自到女家迎娶新娘。这是六礼中的最后程序，也是整个婚礼的高潮。此后，虽然不同时代、不同地区婚礼仪式也有变化，但基本上都是在此框架下演变而来。

通过对《琴瑟乐》和《襁褓咒》两部俚曲相关内容的分析研究，可以看出淄博地区的婚礼习俗与我国传统的"六礼"婚俗相比，既有联系又有所区别。特别是随着历史发展和社会进步，淄博婚俗向着健康、文明、实用的方向发展，逐步形成了自身的地域特点，主要体现在以下几个方面。

一是淄博地区的婚姻习俗简洁实际。淄博地区的婚嫁习俗基本上也串联着"六礼"的每个程序，但由于"六礼"婚俗环节过于烦琐，因此在淄博地区就将"问名"和"请期"两个环节分别归到了"缔姻"和"纳征"之中。这种归结是人们在长期的实践探索中逐步形成的，既不失庄重热闹，又比较简洁实用，符合当时普通百姓家庭实际和社会实际。

二是淄博地区的婚俗更多地倾向于婚姻自主。与我国古代"六礼"不同，明清时期淄博婚俗增加了"相看"这一环节。即男女双方可以当面相见，虽然是远距离的甚至是比较模糊的相看，但比起早期的仅凭"父母之命"和"媒妁之言"而订终身，已是很大的进步。这在男女双方婚姻自主、婚姻自由方面，已是迈出了非常重要关键的一步。

三是淄博地区的婚俗文明健康。虽然婚礼中突出了"喜"和"闹"二字，但喜不过分，闹不粗俗。从《琴瑟乐》和《襁褓咒》记叙来看，当时迎亲场面规模宏大，欢天喜地，喜气洋洋，突出了欢乐祥和的喜庆氛围。而在唱撒帐歌中又掺杂上了大量诙谐打诨的语言，突出了"闹"的特点，非常符合当时普通百姓的生活企盼和心理实际。虽然在我国自古就有"闹洞房"的风俗，但在蒲松龄的笔下，却没有"闹洞房"的具体描写。这至少说明在当时的淄博地区"闹洞房"风俗还不甚盛兴，而且即使有"闹洞房"的风俗，但也并不突出，当时"闹"的还是比较文明。

此外，这里需要强调的是，婚嫁习俗之所以越来越文明进步，除了人们在长期实践中总结认识之外，还与许多有识之士的大力宣传推动是分不开的。譬如，蒲松龄在教书、创作之余，还汇编了《婚嫁全书》，主要目的是为了让人们"勿乃为荒唐者愚乎"。因为自"唐宋以来，选择百余家，造凶煞之恶名，骇人观听……最不可解者为周堂，不论节候交否，但以为逢若吉，逢若凶"①。并且，"我辈俗中人，举世奉为金科……而姻家公母，必龈龈以为不可，遂不得不设酒封金，转求术士"②。既花钱浪费，又封建迷信。因此，"故不如广集诸书，汇其大成，使人无指摘之病，即明知其妄，而用以除疑，亦甚便也"③。正是由于一代又一代有识之士的大力推动，才使得淄博地区的婚嫁习俗不断发展进步、文明健康。

（本文原刊载于《蒲松龄研究》2015年第1期）

---

① 蒲松龄：《〈婚嫁全书〉序》，盛伟编著：《蒲松龄全集》，上海：学林出版社，1998年。

② 同①。

③ 同①。

管子的法治思想与法治国家建设的启示

管仲是春秋时期我国著名的政治家和思想家。他身处诸侯并起争霸、礼乐崩坏的动荡时代，以其卓越的胆识、过人的智慧，辅佐齐桓公"九合诸侯，一匡天下"，成就霸业，名扬九州。其间他治理国家采取的最重要的政治手段就是大力实行法治。他是我国历史上提出依法治国思想的第一人。管子对法律在国家治理中的重要作用，以及对立法、执法的一系列思想主张，即使在2 600多年后的今天，对建设中国特色社会主义法治国家仍有积极的借鉴意义。

一、管子依法治国的主要思想内涵

管仲之所以要在齐国推行"事断于法"，实施以法治国，是由当时齐国社会现实决定的。因为经过自姜太公开始300多年间，姜齐政权的筚路蓝缕、创业开拓，此时齐国经济得到快速发展，商业贸易繁荣，都市生活发达。这时候的齐国，一方面是社会生产力得到发展，社会经济繁荣；另一方面，齐国贵族已极腐败，他们骄奢淫逸、剥削百姓、损公肥私。事实上，齐国社会已有法治的要求。管仲相齐，主张实行法治，就是对这种趋势的一个反映。管促的法治主张和法治思想，重点体现在以下几个方面。

（一）从治国理政战略的高度看待法治

管仲认为，法是治理国家的主要凭证和规范上下的基本依据。《管子·形势解》中说："仪者，万物之程式也。法度者，万民之仪表也。"《管子·七法》中认为，法是"尽寸也，绳墨也，规矩也，衡石也，斗斛也，角量也"。《管子》的这两段论述准确地阐述了"法"的概念，指出了"法"是衡量人们言行是非、曲直、功过及行事的客观标准，是普天下之民众应该遵守的行为准则，是国家得以平稳顺利发展的根本保障。基于此，他在《管子·七臣七主》中进一步认为："夫法者，所以兴功惧暴也；律者，所以定分止争也；令者，所以令人知事也。"《管子》不仅明确提出了法治概念，而且对法、律、令的功能进行了明确分工，指出法是用来"兴功惧暴"，即惩恶扬善，维护社会正义的；律是用来"定分止争"，即裁夺是非，为社会提供判断正误的客观尺度；政令是用来"令人知理"，就是让人们明白事理，知道什么该做，什么不该做。其中，"定分止争"，已成为现代民商法界常用法律术语。《管子·任法》中强调："故法者天下之至道也，圣君之实用也。"《管子·法法》又说："不法法，则事毋常；法不法，则令不行。""法者，民之父母也"。这些就是《管子》所强调的最高之至道、治国之根本。如果没有这个根本，则民无保障、国无秩序、民心不向、国将不国，所以《管子》才把"以法治国"提到治国理政的战略高度加以强调，这是《管子》对我国古代法治思想的伟大贡献，也是我国历史上对依法治国理论的最早阐述。

（二）从顺应时势的客观实际看待立法

要治理好国家，就必须要重视立法，并根据实际进行立法。立法过程是一个严肃认真、复杂漫长的过程。立法的科学与否、执法的难易程度等，都会对治国理政产生重要影响。因此，管子认为立法结合实际、坚持原则，重点要突出以下几点。

一是"顺天道，法自然"。也就是说立法要顺应自然变化，遵循社会规律，维护大多数人的意愿。管子认为，天道不可违，四时必顺应。因此《管子·法法》中提出了"宪律制度必法道"，在《管子·版法解》中提出了"法天地之位，象四时之行，以治天下"等观点。强调宪政和法制必须效法天道，合乎四时，符合实际，使法律的制定和人们的愿望符合自然和社会的发展规律。因此"顺应天道"是《管子》第一条非常重要的立法原则。

二是要"因时变，顺民情"。《管子》一书中还提出了立法要"顺乎人性，合乎人情"的立法思维，也就是要适应形势，与时俱进，顺应民情民意。《管子·形势解》中说："民之情莫不欲生而恶死，莫不欲利而恶害。"所以国君若想治理好国家，必须"夫民必得其所欲，然后听上，听上，然后政可善为也"（《管子·五辅》）。因此，立法必须顺乎人性，合乎人情，以顺应民心为准则。这一点，在《管子·牧民》中也有论述："政之所兴，在顺民心；政之所废，在逆民心。""令顺民心，则威令行"。唯有如此，立法的目的才可达到。

《管子》立法的第三条原则是"立法要统一，宽严要适度"。《管子·任法》说："所谓仁义礼乐者，皆出于法。此先圣之所以一民者也。"如果法律不统一，则"有国者不祥"。所以国家必须统一制定法律，不允许私设法律，抵触中央大法。法律条款要明细具体，以免犯罪分子钻法律空子。除此之外《管子》认为，立法还要做到宽严适度。"赏罚之制，无逾于民"（《管子·君臣上》）。"致赏则匮，致罚则虐"（《管子·君臣下》）。在管子看来，立法最理想的原则是宽严适宜，能够在实际中推行下去，让善良受到保护，让恶人得到惩罚。用这样的法律治理国家，就能达到人民和睦、国家兴旺的治理目的。

（三）从以身作则、令行禁止的角度看待执法

管子认为实行以法治国，君主不仅要立好法，而且更重要的是带头执好法。为此，《管子》非常注重法律的执行，并且在很多篇章中提出了一些在当代仍有借鉴意义的思想。

一要有法必依，执法必严。有法重在执行，执行重在严格。如果有法不依，执法不严，那么法令形同虚设，人们就会轻视法律。只有严格执法，才能达到"以法治国"的目的。为了保证有法必依，执法必严。《管子·立政》强调要"令则行，禁则止"。为了保证"令行禁止"，《管子·重令》提出："亏令者死，益令者死，不行令者死，留令者死，不从令者死。五者死而无赦，唯令是视。"只有做到了这些，法律才能威严，人们才能敬畏。《管子》的这段话实际上是强调了"有法必依，执法必严，违法必究"的执法理念。

二要执法公正，做到"法律面前人人平等"。《管子·任法》曰："君臣上下贵贱皆从法，此谓之大治。"这句话指的就是在法律面前没有高低贵贱之分，君臣上下皆守法。在当时提出这一观点，是非常大胆和先进的思想，这也充分显示出管仲过人的预见性和对当时社会现实的真实观察。无论在当时法律是否真正落实，但作为一种先进的思想和主张提出来，确实是具有远见卓识的。即使是在近2 000多年后的今天，仍有一定的实际借鉴意义和生命力。

三要率先垂范，以身作则。"禁胜于身，则令行于民"，这是《管子·法法》的基本精神，也就是今天常说的以身作则。说明只要领导干部带头守法、率先垂范，才能把国家治理完善，从而实现富民强国。所以《管子·法法》认为："故上之所好，民必甚焉。是故明君知民之必以上为心也，故置法以自治，立仪以自正也。故上不行，则民不从；彼民不服法死制，则国必乱矣。是以有道之君，行法修制，先民服也。"就是说，圣明君主不仅制订法令，而且带头执行法令，这样既赢得了民心，又利于法令的推行。

四要上下从法，重治官吏。《管子》"以法治国"思想的重要核心在于特别强调执法，强调对任何违法者将严惩不贷，死罪不赦，这是保证法令执行得以公正公平、圆满执行的前提条件。不仅如此，《管子》还特别强调对执法官吏地执法，这是以法治国的中心课题，《管子》准确地抓住了这个中心要害。特别是在《管子·法禁》中，管子从维护君主集权统治和国家长治久安出发，对各级官吏提出了18种应该依法禁止的行为，被后人称之为"圣王之禁"。从"圣王之禁"列举的内容来看，几乎全部是关于要求各级官吏在辅佐君主、治国安民时应该禁止的事情和行为，是各级官吏在履职行政中应该遵守的为官准则。

（四）从"礼法并重""德行相辅"的角度看待执法

管子主张"以法治国"，这在中国历史上是一个很重要的特色。但《管子》强调以法治国的同时，并不忽视和排斥德、礼在社会生活中的作用。因此，《管子》其实是"礼法并重"的主张者，这是有别于先秦其他法家思想的。《管子》认为法律是天下必须遵循的行为准则，是治国的重要工具。但是，法治又不是万能的，不可能解决社会发展的一切问题。正因为如此，《管子》在强调"以法治国"的同时，也更加重视"礼"的作用。《管子·牧民》中把"礼、义、廉、耻"比作"国之四维"，并认为"一维绝则倾，二维绝则危，三维绝则覆，四维绝则灭"。"四维张，则君令行。""四维不张，国乃灭亡。"这里《管子》整饬了礼义廉耻，并把道德教化与法治并列起来，提到治乱兴亡的高度，实在是《管子》"以法治国"思想的又一伟大创造。《管子》主张把德教当成终身大计来抓，使人们自觉重德守法，以达到"法立而不用，刑设而不行"（《管子·禁藏》）的理想。正因如此，《管子》设想通过采取道德教化的方法，来不断净化社会环境，帮助推动以法治国的顺利实施。总之，在《管子》中，德教被看作是减少刑罚的有效途径。在礼法运用上，《管子》主张先礼而后法："法出于礼，礼出于治。治礼道也，万物待治礼而后定。"以法辅礼，礼法一体，这是《管子》"以法治国"价值观一大创新点。

二、管子法治思想的重要启示

管子的法治思想具有重要的历史进步意义，其一系列法治思想在今天仍然闪烁着灿烂的光芒，特别是对于今天建设法治国家和法治社会，仍具有一定的借鉴作用和历史价值。

（一）实施以法治国，必须坚持以人为本，令顺民心

"民本"一词最早出自《尚书·夏书·五子之歌》中的"民惟邦本，本固邦宁"。管子认为，统治者要治理天下，必须要得民心。《管子·霸形》曾经引用管子的话说："齐国百姓，公之本也。"意即百姓是治理国家的根本。在《管子·霸言》中又说："夫霸王之所始也，以人为本。"其也表达了这个意思。民为思想是管子思想中的重要内容，在这一思想体系中，无论是立法、守法、执法，都强调以民为本，也就是以社稷为本。这种一思想的核心是以人为本，具体体现是法律执行必须"令顺民心"。《管子·牧民》中说："令顺民心，则威令行"。《管子·形势解》指出："人主之所以令则行禁则止者，必令于民之所好而禁于民之所恶也。"意思是说，治理国家要靠法令，只有顺应民心的法令，才能得到民众的拥护。相反，如果令不顺应民心，则将

难以发挥应有的作用。《管子·形势解》中特别强调："令于人之所能为则令行，使于人之所能为则事成"，否则，"令于人之所不能为，故其令废；使于人之所不能为，故其事败"。就是说，颁布法令办事情，一定要量民力而行，符合、顺应民心。这是法治民本思想的充分体现。

以人为本是社会主义核心价值观的重要内容。落实和弘扬社会主义核心价值观，首先就要从法治上体现以人为本，依法保障人民群众应该享有的各种权益。这不仅是社会主义核心价值观的本质要求，也是传承弘扬中华民族优秀传统文化的具体体现。在坚持走中国特色社会主义法治道路上，我们应该注意研究和借鉴管子民本思想，吸取积极有益的成分，将人民的愿望、将群众的意志和利益更好地体现。无论是在立法、司法还是执法过程中，都要贯彻以民为本的执政理念，坚持立法为民、执法为民，始终与人民心连心，在建设法治国家中真正做到"令顺民心"，符合民意。

（二）实施以法治国，必须坚持"君臣上下贵贱皆从法"

管子认为，无论是君主还是官员，无论是高贵者还是卑贱者，无论是官吏还是平民，都必须遵守法律，也就是"君臣上下贵贱皆从法"。只有坚持"君臣上下贵贱皆从法"，天下才可"大治"。《管子·君臣上》中说："君据法而出令，有司奉命而行事，百姓顺上而成俗，著久而为常。犯俗离教者，众共奸之，则为上者佚矣。"《管子·七臣七主》中也指出："法断名决，无诽誉。"这些法律思想，与我们倡导的"法律面前人人平等"的法治理论是相通一致的。

"君臣上下贵贱皆从法"的思想，是法律平等的现实写照，也是法律公平的具体体现，更是法律威严与生命所在。但是，我们必须看到封建社会专制等级森严，天下属于君王，君王是法律的制订者和执行者，因而君王是凌驾于法律之上的，这就根本不存在实行"法律面前人人平等"的客观环境，所以《管子》提出的这一思想就只能带有理想的色彩，更不可能真正实施。尽管如此，《管子》主张的"法律面前人人平等"思想，为法律威严的建立指明了方向，这一先进而又超前的执法理念，对于我们今天的法治社会建设和依法治国战略目标的实现提供了重要的理论借鉴。今天的中国社会正在推进依法治国。在建立法治社会的过程中，我们有必要进一步强化法律面前人人平等的执法理念，这是实现依法治国战略的必然要求，也是我们追求的一个理想目标。只有真正贯彻法律公平，法治社会才能建立起来。

（三）实施依法治国，必须坚持德法结合，礼法并重

管子既注重法治，又重视德教，主张德教与法治并重，这是管子区别于其他法家思想的一个鲜明之处。管子强调依法治国，但同时又认为，仅依靠法治难以保证国家长治久安。《管子·牧民》中说："刑罚不足以畏其意，杀戮不足以服其心"。因此管子倡导并坚持法治与德教并举，主张"刑以弊之，政以命之，法以遏之，德以养之"（《管子·正》）。即用礼义来教化百姓，用刑法来裁断是非，只有这样，才能够"德之以怀也，威之以畏也，则天下归之矣"（《管子·君臣下》），最大限度地维护统治阶级的整体利益。

建设和谐稳定发展的社会，必须坚持"两手抓、两手都要硬"，必须依靠法治和德治两个车轮。他们是"鸟之两翼，车之两轮"，只有推动两个车轮同时转动，才不会遭遇失衡甚至翻车的危险。无数历史事实证明，单靠法治或者单靠德治治理国家，效果都是非常有限的，甚至会得到相反的结果。在当前形势下，法德并施是全面建成小康社会的根本措施。当前，我国正处于社会深刻变革的重要时期，对中国社会来说实施法治是必不可少的。同样，德治也是治理国家重要的手段，没有道德作基础，法律作用也无法持久。良好的道德风尚是建立法治社会的基础，道德教育能够引导人们遵守法律。而法治的威慑力又有助于保障道德规范的实现和社会良好道德风尚的形成。因此，在建设法治国家中，必须坚持"两手抓"，即一手抓法治，一手抓德治，实现依法治国和以德治国有机结合。

（四）实施以法治国，必须坚持以法治官，严以治吏

管子认为，落实以法治国，关键是依法治吏，治吏是治国的前提，要通过规范严格的制度措施，对权力加以限制和规范，也就是要把权力关在"制度的笼子里"。首先，国家要统一法令并对下对外公开。《管子·法禁》开篇

就提出了维护统一的重要性，强调"君一置其仪，则百官守其法；上明陈其制，则下皆会其度矣。"也就是说，国家统一立法，百官就能够守法；上面把制度公开，下面做事才会合于制度。否则，就会"君之置其仪也不一，则下之倍法而立私理者必多矣"，那么"国家之危必自始矣"。其次，各级官吏要严格执行国家法令。《管子·立政》中强调："令则行，禁则止，宪之所及，俗之所破，如百体之从心，政之所期也。"意思是说，政令的权威在遵从，政令的归宿在执行。中央政策的统一性、权威性和严肃性，集中体现在能不能政令畅通、令行禁止。因此，《管子》要求全体官员严格恪守。如果不严格执行，对于那些"废上之法制者，必负以耻"，必定让他们受到惩罚。第三，《管子》要求各级官吏要在其位，谋其政，称其职，坚决反对怠政庸政。《管子·匡君大匡》中强调，对于那些为政无治绩、土地荒废、办案骄横轻忽的官吏，"有罪无赦"。这些法令，对于督促各级官吏奉公守法，对于整饬当时官场恶习等，都具有很大的典型性和现实意义。

管子关于全面治吏的思想，不仅在春秋时期促进了齐国的强大，使齐桓公成为当时的"春秋五霸"之首；而且在今天看来，也在很大程度上起到了推动历史进步的作用。习近平总书记强调："从严治党，关键是从严治吏"。因为党员干部不但是全面推进依法治国的重要组织者、推动者、实践者，也是示范者、引领者、维护者。古人云："教者，效也，上为之，下效之。"①欲治国先治吏，吏治清明则国泰民安。党员干部能不能遵守法律、依法办事具有放大效应和示范效应，一言一行受人关注，一举一动皆是导向。党员干部带头遵守法律、带头依法办事，"依法治国"则指日可待；反之，"依法治国"则无从谈起。因此，"依法治国"重在"依法治吏"。要始终坚持把"严"贯穿于干部管理的全过程，突出从严教育、从严要求、从严监督、从严惩戒，把权力关进制度的笼子里，让从严治吏成为依法治国新常态。只有这样，依法治国的目标才有可能实现。

---

① 《白虎通·三教》。

"圣王之禁"与全面从严治党

《管子》是一部关于探讨治国理政的百科全书，里面有许多先进的思想和理念，对后世统治者治理国家具有重要的启示意义。特别是在《管子·法禁》中提到了18种严禁各级官吏欺瞒君主、独断专权、结党营私的行为，后来被称为"圣王之禁"。这些准则和约束，既是国君对各级官吏进行管理的重要内容，也是各级官吏为官从政的行为准则。这在今天对于实施全面从严治党，加强干部队伍建设，仍具有重要的借鉴意义。

一、"圣王之禁"的主要内涵

从"圣王之禁"的内容看，这些约束和规定都是对各级官吏提出的，要求各级官吏在辅佐君主、治理国家时应该禁止的行为，是各级官吏为官履职的从政之道，其主要内容大致有以下几个方面。

（一）禁止欺君瞒上、不忠不义

管仲时代，是王室衰微、诸侯争霸的时代。面对礼崩乐坏、天下大乱的局面，在管仲的治国思想中，十分强调君臣上下一致和国家统一领导。《管子·法禁》中说："昔者圣王之治人也，不贵其人博学也，欲其人之和同以听令也。"就是说，从前圣明的君主在考察使用官吏时，不只是看重他丰富的学识，更看重他是否服从君主领导，是否与君主保持高度一致，并认真执行君主的命令。因为集中统一领导是治国安邦的前提，如果政令不行，官吏们各行其是，那么就会使国家混乱乃至灭亡。因此，《尚书·周书·泰誓》中说："受有臣亿万人，惟亿万心；予有臣三千，惟一心。"也就是说，商纣王虽有臣民亿万人，却因有亿万条心而致国家灭亡；周武王虽有臣民3 000人，但因为上下一心、团结一致，因此周武王打败了商纣王，建立了周朝。《管子·法禁》中又说："故有国之君，苟不能同人心，一国威，齐士义，通上之治，以为下法，则虽有广地众民，犹不能以为安也。"意思是，如果国君不能够使人心统一，不能够树立国家权威、统一人民思想，使国家的政策法令变成人们的行为规范，确保令行禁止。那么，国土再广阔、人民再众多，也不能认为国家是稳定安全的。

（二）禁止拉帮结派、结党营私

"朋党兴，政事乱"，朋党除，国事安。因此，官吏之间互相勾结、搞团团伙伙、搞"小圈子"等结党营私的行为，一直被《管子》视为危害中央集权的分裂行为。《管子·法禁》中列举出了多种表现形式，如"力事属，私王官，私君事，去非其人而私行者"。也就是说，大臣们提拔自己的下属，私自任用官吏，私自决定君主的事情，排挤打击别人而抬高自己；"壶士以为亡资"，私自养士和铸造武器作为政治资本；"远交以逾群"，广泛结交以凌驾群臣；"以朋党为友"，将朋党作为朋友等，这些都是分裂国家的危险行为，是必须严格禁止的。而对于官吏之间拉帮结派的危害性，《管子·法禁》中也一针见血地做了阐述。"故举国之，以为亡党，行公道以为私惠。进则相推于君，退则相誉于民，各便其身，而忘社稷。以广其居，聚徒威群。上以蔽君，下以索民。此皆弱君乱国之道也，故国之危也。"就是说，他们推荐优秀人才作为自己的个人私党，利用公法谋取个人私利；在君主面前互相推崇，在大臣们之间互相吹捧；各自贪图的私利，忘掉国家和人民，对上欺骗国君，对下剥削人民百姓。所有这些行为，都是侵犯君主权威、破坏国家集中统一的错误做法，如果任其发展下去，国家从此就十分危险了。因此，君主如果要掌控住国家，就要严格禁止结党营私行为，严禁官员之间形成帮派体系。只有这样，才有可能保证君主的地位和国家完整，那么他就是圣明的君主。

（三）禁止沽名钓誉、收买人心

《管子·法禁》在禁止官员拉帮结派、结党营私的同时，也严格禁止官员们通过散财施资等活动，来沽名钓誉、收买人心，谋取政治资本。《管子·法禁》中说："守委闲居，博分以致众。勤身遂行，说人以货财，济人以买誉，其身甚静，而使人求者，圣王之禁也。"就是说，官吏通过散发财物来收买民心，假装为官勤政来收买人心，也是圣王所要禁止的。《管子·法禁》说："列上下之间，议言为民者，圣王之禁也"。也就是说，官吏们为了谋取私利，四处游说活动，名义上对外宣称是为了人民，实际上是为了自己个人，这些行为也是圣王坚决禁止的。因为这种行为对国家、对君主的危害，更甚于官员之间的朋党活动。由于他们的目的是与君主争夺人民、争取民心，因而也要严令禁止。君主不仅要禁止官员们从事收买人心、沽名钓誉的行为，就是官吏私下里妄议国政、诽谤国君的行为也要严令禁止。《管子·法禁》中认为那些"拂世以为行，非上以为名，常反上之法制以成于国者，圣王之禁也"。也就是说，官吏们依靠非议国君、诋毁国君形象来博取名声，经常议论甚至反动国家的大政方针，并以此聚徒结党等行为，也是要严厉禁止的。因为这些活动都属于乱议朝政的非法行为，如果任其发展，就会削弱君主的权威形象，危害君主的统治基础。后果严重的还会造成政权颠覆、国家灭亡。因此对于那些危害君主权威的言论，必须严格禁止甚至是坚决打击。

（四）禁止滥用权力、不履行职责

"在其位，谋其政"，这是对各级官吏的基本要求。对于大臣官吏们来说，忠君报国是本分，尽职尽责是天职。《管子·法禁》中说："其身毋任于上者，圣王之禁也。"就是说，如果在官吏的岗位上，不为国家认真从政做事，就是没有尽到应有的职责。《管子·法禁》中还列了滥用职权的相关情况。像"毋事治职"，不做应该自己所做的事情；"治事不以官为主，举毋能、进毋功者，圣王之禁也"。为政不以履职奉公为目的，考核和选拔人才不注重其功绩和品德，而是推荐无能平庸之辈，推荐没有政绩的人等，这些都是应该禁止的行为。《管子·法禁》中既要求官吏们"在其位，谋其政"，还要求他们要"在其位，尽其责"。如果为官没有作为、怠政庸政甚至乱政渎职，那么不仅要严格禁止而且还要受到免职处罚，即"臣失其事，无以有其位"（《管子·君臣上》）。"乱国之道，易国之常，赐赏咨于己者，圣王之禁也"。也就是说，对于那些破坏国家正常治理秩序、改变国家正常政策，封赐与封赏的事情全凭个人意志进行的行为，还应该受到严厉惩罚。而对那些"擅国权以深索于民者"，就是擅自动用国家的权力，对人民进行大肆搜刮者，那更是犯罪的行为。此外，对于那些"交于利通而获于贫穷……用不称其人，家富于其列，其禄甚寡而资财甚多者圣王之禁也"。也就是说享受与本人身份地位不相称的待遇，俸禄很少而实际上资财很多者，也就是拥有巨额财产而来源不明者，也是要严格止禁的。

二、"圣王之禁"的主要目的

《管子·法禁》中提出的"圣王之禁"，其目的是尊君重法，让官员守规矩、有敬畏，就是国家通过规范约束官吏们的日常行为，通过控制打击官吏们的非法活动，来维护国君的集权统治和国家的长治久安。其目的主要在以下几个方面。

（一）"圣王之禁"的目的，是为了维护国君权威和国家稳定

在奴隶社会甚至是封建社会，君主是一个国家的象征，是国家权力的最高首脑。君主的权威就是国家的权威。因此，只有维护君主的权威，才能保持国家的长治久安。《管子·法禁》中的18条"圣人之禁"，其目的就是为了尊崇君主权威，强化君主专制统治；就是为了通过树立君主的权威，维护国家安全和国家独立完整。而如何通过维护君王的权威，如何维护国家稳定安全，在《管子·重令》篇中就做出了精辟论述："凡君国之重器，莫重于令。令重则君尊，君尊则国安；令轻则君卑，君卑则国危。故安国在乎尊君，尊君在乎行令，行令在乎严罚。罚严令行，则百吏皆恐；罚不严，令不行，则百吏皆喜。"就是说，法令是国家实施统治的重要手段，在治国理政中没有比法令更重要的。如果没有法规的约束，不能步调一致、令行禁止，国家安全就不能得到保障。而要确保国家法令落地生根、得到落实并顺利实施下去，就必须严厉执法。如果刑罚执行不严、法令不能推行，百官们就会不守官德、玩忽职守。所以说，只有官员们严格守法并做到令行禁止，他们才不敢

玩忽职守、犯上作乱，这样君主和国家也就安全了。

（二）"圣王之禁"是为了加强干部队伍的作风建设

官吏的作风问题，始终是一个复杂的社会政治问题，也是统治阶级始终高度重视的问题。在《管子》成书之前，齐国由于建国多年，在统治阶级队伍中已经存在着很严重的作风问题。为此，《管子》中特别把《法禁》作为重要一章，对官员们表现出的各种不正之风，强调必须进行严格预防和禁止。归纳18条"圣王之禁"的内容，大致可归纳为3个方面。

一是有13条是针对统治阶级政治作风问题的。这方面的问题最多，其后果也最为严重。因此，加强官员作风建设是治国理政的重点。

二是有3条是针对统治阶级生活作风问题的。官员生活作风影响其政治作风，必须端正官员们的生活作风。

三是有2条是针对官员思想作风问题的。官员思想作风是问题的根本，也是最关键的。思想决定行动，只有思想上集中统一，官员们行为活动上才能集中统一。因此，"圣王之禁"不仅针对政治作风问题，也针对生活作风和思想作风。这是当时齐国从严治吏的具体体现，也是管仲治吏思想的集中体现。国君就是要通过对政治、经济、生活、思想等方面进行全面整治，从而达到"进则使无由得其利，退则使无由避其害，必使反乎安其位"的效果，即通过严格全面治理，使投机取巧的人无法获得利益，使推卸责任的人不能逃避惩罚，由此使人们都各自回归到安于职位、履职尽责和珍惜名声的道路上来，做到"绝而定，静而治，安而尊"，这才是古代圣王的治吏之道，也是全面从严治吏达到的理想状态。

（三）"圣王之禁"是为了惩治官员的各种犯罪行为

中国古代是一个等级森严的社会，各阶层的人们要各安其分、各尽其责。对于君主来说，他的职责是管理好自己的下属官吏就行了，而治理普通百姓民众事务则是官员的事情，不应该由君主直接插手处理。《管子·君臣上》中说："为人君者，修官上之道，而不言其中；为人臣者，比官中之事，而不言其外。"这是治理国家的君臣之道，君王只要求官员是否恪尽职守，至于如何完成职责要求，这是官吏们自己的事情，不需要君主具体指导。君主要做的只是督导而已。如果君主们能够做到"足以饰官化下"，即能够教化官民，那么就是明君；臣子"能上尽言于主，下致力于民，而足以修义从令"，即大臣们对君主言无不尽，对人民履职办事，并且奉公守法、服从命令，那他就是忠臣。反过来，如果君臣失其道，那就会带来丧国或丢官等严重后果。所以，对君主来讲，对官员的管理掌控就是必须使其恪守君臣之道。

基于此种认识，因此，必须禁止大臣们相互勾结、欺瞒君主、不尽职责、结党营私等行为，这也是"圣王之禁"诞生的根本原因。因此，《法禁》中要求"法制不议""刑杀毋赦"。就是说，国家法制不容许私下议论，刑罚杀戮不容许宽赦。而对那些不执行国家法令的官吏，必须进行严厉惩罚，即"废上之法制者，必负以耻"。因为只有这样，才能"故士莫敢诡俗异礼，以自见于国，莫敢布惠缓行，修上下之交，以和亲于民。故莫敢超等逾官，渔利苏功，以取顺其君"。这样才能使士人阶层不敢推行怪异的风俗和反常的礼节，不敢布施小恩小惠，不敢上下相互吹捧以收揽民心，也不敢越级僭职、谋取功利以讨好于国君。

三、"圣王之禁"对全面从严治党的启示意义

"圣王之禁"思想虽然诞生于春秋战国时期的齐国，但其中的许多观念和认识在今天仍闪耀着智慧的光芒，特别是对当前正在实施的全面从严治党战略，仍具有重要的借鉴和启示意义。

一是要坚决维护中央的权威和集中统一领导。《管子·重令》强调，"安国在乎尊君"，要使国家安定，就必须尊重国君，在当时的社会，君主与国家的概念基本等同。因此，必须使君主成为国家权力的唯一来源，做到"威不两错，政不二门"，也就是权力集中在一个人手里，政令必须由一个部门发出。《管子·任法》中提出："明王之所操者六：生之、杀之、富之、贫之、贵之、贱之。此六柄者，主之所操也。"意即君主可以通过掌控决定臣子生死、贫富、贵贱的权力，驱使臣子为自己卖命，使臣子们对之既敬且畏。一

国之君如果不能使人心归己，使上面的治理决策变成下面的行为规范，那么，即使拥有广大的国土，众多的人民，国家也不一定是安全的。党的十九大报告明确指出："保证全党服从中央，坚持党中央权威和集中统一领导，是党的政治建设的首要任务。"面对当前世界格局深刻调整、国际竞争日趋激烈的时代条件，面对国内改革全面深化、发展全面推进的重要时期，要治理好我们这样一个拥有490多万个基层党组织、9 600多万党员的大党，治理好我们这样一个拥有13多亿人口的大国，保证党的团结和集中统一至关重要。特别是我们作为一个大党、大国，治理好国家更加困难。因此，我们要以实际行动紧密团结在以习近平同志为核心的党中央围绕，团结一致、众志成城向前进，这是新时代推进党和国家各项事业建设发展的根本保证。

二是要坚决反动拉帮结派、沽名钓誉。《管子》坚决反对官员搞"小圈子"，坚决反对"以朋党为友""力事属，私君事""深附于诸侯者"，以及"说人以货财，济人以买誉"等行为，认为他们这样做将危及君主的权力和国家的安全。事实也证明，管子是有先见之明的，最后，也正是由于田氏通过"大斗出，小斗入"的做法，与姜氏政权争夺人心，才使民"归之如流水"①，最后终于导致了田氏代姜，使齐国的政权更替，姜氏统治就此结束。

"前事不忘，后事之师"，"以史为鉴，可以知兴亡"。中华人民共和国成立以来，党一再强调反对山头主义，反对搞团团伙伙。1956年的党章指出："在党内……不容许有分裂党、进行小组织活动、向党闹独立性、把个人放在党的集体之上的行为。"1982年的党章规定："坚决反对派性，反对一切派别组织和小集团活动"。随后的党章都延续了这一规定。这是因为搞"小圈子"，搞团团伙伙，会妨碍党的团结统一，会降低党的战斗力，是危害党的肌体健康的一株毒瘤。邓小平曾说过："自我批评，我不是完人，也犯过很多错误，不是不犯错误的人，但是我问心无愧，其中一点就是从来不搞小圈子。过去我调任这样那样的工作，就是一个人，连勤务员都不带。小圈子那个东西害死

①《晏子春秋·内篇·问下》。

人呐！很多失误就从这里出来，错误就从这里犯起。"①

现实生活中，有极少数党员干部热衷于拉帮结派、搞"小圈子"。历史已经证明，谁搞团团伙伙，谁就没好下场。习近平总书记明确指出："党内决不能搞封建依附那一套，决不能搞小山头、小圈子、小团伙那一套，决不能搞门客、门宦、门附那一套。"这既是对党的纪律的重申，也是对党的优良传统的坚守。近年来，中央对薄熙来、王立军、郭伯雄、徐才厚、令计划等团伙的严厉清除，就充分反映出中央对拉帮结派者惩罚的决心。

三是要认真贯彻"治国必先治党，治党首在治吏"的思想。《管子》极其关注吏治问题，他认为吏治是国家的"治乱之源"，吏治的成败，关系到整个国家的政治稳定和社会兴衰。《管子》认为治吏是治国的首要前提，要求对官吏进行严格管理，并颁发了一系列与之相应的制度措施，对官吏的权力加以牵制和规范。首先，《管子》要求国家要统一立法，并对下对外公开。《管子·法禁》强调："君一置其仪，则百官守其法；上明陈其制，则下皆会其度矣。"也就是说，国家统一立法，百官就能够守法；上面把制度公开，下面做事才会合于制度。否则，就会"君之置其仪也不一，则下之倍法而立私理者必多矣"。就是说，如果国君立法不统一，公然违犯公法而另立私法的人就必然增多，那样就会导致国家秩序的混乱。为此，《管子》屡次提出法令要统一公开，做到上下畅行。其次，《管子》要求各级官吏要严格执行法令。《管子·立政》中强调："令则行，禁则止，宪之所及，欲之所被"。因此，管子要求全体官员严格恪守。如果不严格执行，对于那些"废上之法制者，必负以耻"，也就是要受到惩罚。《管子·法禁》中的18条禁令，都是用来制约官吏行为或防止官员的贪污违法、徇私敛财的。如第一禁"乱国之道，易国之常，赐赏恣于己者，圣王之禁也"。即严禁僭越国家法令和规制，以个人的主观意志决定封赐与赏禄。第二禁"擅国权以深索于民者，圣王之禁也"。即严

① 邓小平：《组成一个实行改革的有希望的领导集体》，《邓小平文选》（第三卷），北京：人民出版社，1993年。

禁借助国家权力来搜刮民脂民膏。第八禁"用不称其人，家富于其列，其禄甚寡而资财甚多者，圣王之禁也"。即使用不称职的官员，俸禄少而家里的财产很多，巨额财产来历不明。第三，要在其位，谋其政，称其职，坚决反动怠政庸政。《管子·任法》中强调，对于为政无成绩，土地荒废，办案骄横轻忽，"凡三者，有罪无赦"。这些对于督促各级官吏奉公守法，对于当时整饬官场恶习等，都具有很大的典型性和现实意义。

《管子》关于全面治吏的思想内容及管仲成功的治国理政经验，不仅在春秋时期促进了齐国的强大，使齐桓公成为当时的"春秋首霸"，而且在今天看来，也在很大程度上起到了推动历史发展的重要作用。习近平总书记强调，"治国必先治党，治党首在治吏"，这是保持党的先进性和纯洁性，巩固党的执政地位的重要保证。党执政的时间越长，越要抓紧自身建设，越要从严要求党员和干部。这是我们党总结国际共产主义运动经验教训而得出的结论。如果管党不力、治党不严，人民群众反映强烈的党内突出问题得不到解决，那我们党迟早会失去执政资格，不可避免被历史淘汰。当前形势下，要切实做到以下几点。首先，以加强党员干部自身的道德修养，作为从严治党的执行基础，促进官吏作风清廉公正，努力创造风清气正的社会环境。其次，以坚持依法治党作为从严治党的法制手段，为全面从严法治党提供有力保证。再次，坚持以全心全意为人民服务的根本宗旨，用实际行动维护人民群众的根本利益，使我们党真正成为革命事业的坚强领导核心。

齐文化中的廉政思想与当前廉政建设

齐文化历史悠久，内涵丰富。特别是廉政思想，作为其中的重要内容，是中华民族传统文化中的一笔宝贵精神财富，对此后的历代统治者修身齐家和治国平天下都产生了深远影响。充分挖掘吸收齐文化中的廉政思想精华，古为今用，对于当前深入推进廉政建设，努力夺取反腐败斗争的压倒性胜利，有着极强的启示和借鉴意义。

一、"廉者，政之本也"，加强廉政建设具有重要意义

早在2 000多年前，齐国统治者就认识到了廉政建设的重要性，认为它关乎社会风尚和社稷安危，对国家政权的兴衰存亡具有重要意义。《管子·牧民》中把"廉"列入国之"四维"之一。"何谓四维，一曰礼，二曰义，三曰廉，四曰耻"，并提出了"廉为国维"的观点，指出"四维不张，国乃灭亡"。认为"廉"是立国之根本，国家兴亡之关键，作为统治阶级一定要勤俭禁侈，使用有度。《管子·八观》中强调："审度量，节衣服，俭财用，禁侈泰，为国之急也。"因为"取于民有度，用之有止，国虽小必安；取于民无度，用之不止，国虽大必危"（《管子·权修》）。《管子·牧民》中还说，"廉不蔽恶"，"不蔽恶，则行自全"。意思是说，廉正的人不掩饰自己的过错。加强廉政建设，不仅可以惩贪抑贪，并且还能保证政府行为不发生偏差，即使国家遇到再大困难也会重新振兴起来，实现长治久安。《管子》还对历史上为政不廉的现象进行了分析。《管子·形势解》中说："纣之为主也，劳民力，夺民财，危民死"。正是由于纣王为政不廉，最后导致国家灭亡。《管子·匡民小匡》还对齐国前代国君为政不廉的现象进行了揭露："首先君襄公，高台广池，湛乐饮酒，田猎罼弋……唯女是崇，九妃六嫔，陈姜数

千，食必粱肉，衣必文绣……是以国家不日益，不月长。"正是由于齐襄公时期生活奢靡、腐化堕落，才导致政治腐败，国家衰弱。《管子》中指出，"沉于乐者洽于忧，厚于味者薄于行"（《管子·匡君中匡》），"如此，则巧佞之人，将以此成为私交……贪利之人将以此成为收货聚财"（《管子·重令》），从而导致"慢于朝者缓于政，害于国者危于社稷"（《管子·匡君中匡》）。执政者们为了寻求享乐的经济来源，他们便大肆贪污受贿，只顾捞钱，必然荒于政，危及国家。这里总结出了贪官污吏"腐化享乐—贪污受贿—缓政危国"的线路图，总结概括得非常深刻透彻。

我国历史上第一个提出"廉政"概念的人——齐国名相晏婴更是重视廉政建设。他总结出了"廉者，政之本也，民之惠也；贪者，政之腐也，民之贼也"和"廉谓之公正"的思想。所谓"政之本"，即是治国纲领；所谓"公正"，就是不偏私、不徇私，正直不贪。这是晏婴立身治国平天下思想的集中概括。他还认为，只要坚持实施廉政，国家才会长治久安，社稷才能代代相传。《晏子春秋·内篇·问下》载，景公问晏子："廉政而长久，其行何也？"晏子对曰："其行水也。美哉水乎清清，其浊无不雩途，其清无不洒除，是以长久也。"意思是说廉政就像河里流淌的清水那样美，若不遇旱灾，其污浊就能够除去，河水就会长久流淌。这里他以清水为喻，高度赞扬了实行廉政如水的强大生命力。正是因为深知廉政的重要性，所以他虽历事三君、名显诸侯40多年，但对待生活待遇不但不过分追求，就连与本身地位相称的生活待遇也坚辞不受，"食不重肉，妾不重衣"，"以节俭力行重于齐"。孔子曾称赞他曰："救民百姓而不夸，行补三君而不有，晏子果君子也！"

二、在廉政建设中统治者要"废己利公"，以身作则

俗话说："廉洁方能聚人，律己方能服人。""其身正，不令而行；其身不正，虽令不从。"齐国的统治者们在长期的执政实践中深刻认识到，要做到廉政治国，实现官吏清正，政治清廉，需要君主和官吏们的率先垂范和亲身躬行，特别要做到"废己利公"，"修小廉"，并做到"利不过幅"，才能保证国

家长治久安。

（一）执政者须从自身做起，做到"废己利公"

自古以来，执政者的贪污腐化都是受其私心所驱动的。《管子·七主七臣》中说："夫凡私之所起，必生于主。"那么，怎样抑制执政者的私欲呢？《管子·版法解》中提出了"凡将立事，正彼天植"的内心自抑理论。所谓"正彼天植"，就是说执政者想问题、做事情，必须从内心"废私"，这是能否保持廉洁的根本问题。《管子·正》写道："废私立公，能举人乎？""爱民无私曰德。"后人为此加注解释："但公而无私，则能举人也"。《管子》还强调要关心民众疾苦，对民众施以道德。《管子·版法解》说："凡君所以有众者，爱施之德也……故曰：'有众在废私'。"就是说只有废私，才能得到众人的拥护，才是个好君主。这些都说明了执政者要从自身抑制私欲，"废私立公"是保持廉洁的首要条件，也是关键所在。

齐国个别贤明的统治者们不仅认识到了"废己利公"的重要性，而且也在努力践行着"废己利公"。晏子就是其中的典范。他从政之初就自抑私欲，坚持廉洁从自身做起。晏婴在事齐庄公时，"言大用，每朝，赐爵益邑；俄尔不用，每朝，致邑与爵。邑爵尽，退朝而乘，终而笑"。当别人问他原因时，他说："吾笑也，喜吾自得也"。从晏子"邑爵尽退""喜吾自得也"中，可以表现出他自抑私欲的内心世界。晏婴不仅自己抑制私欲，还不遗余力、苦口婆心地用进谏的方式劝谏齐景公要自抑私欲。《晏子春秋·内篇·谏上》记载，齐景公前期"日夜饮酒，令国致乐不已，马食府粟，狗餍刍豢，俱足粱肉"。晏婴"再拜稽首"，三番五次力陈危害，使景公"损肉撤酒"，"琴瑟不张，钟鼓不陈"，"马不食府粟"。像这样晏婴苦谏的故事在《晏子春秋》中竟达49篇之多。

（二）执政者须从"小廉"做起，做社会风气的倡导者

《管子·权修》篇认为君主保持廉洁要从"小廉"做起，做践行"小廉"的表率，经过日积月累，做到润物无声，最后就能修成"大廉"，实现春风化雨的效果。因此，"凡牧民者，欲民有廉也；欲民之有廉，小廉不可不修也；小廉不修于国，而求百姓之行大廉，不可得也"。这里强调如果牧民者不修小廉，而要百姓修大廉是不可能的。所谓"小廉"，就是生活小节，是日常生活中一些细小的廉洁活动。统治者们只要从小事做起、从细节做起，不以善小而不为，就一定能修成大廉，引领社会风气。如前所述，晏子吃的是"脱粟之食"，穿的是"浣衣濯冠"，住的是"湫隘器尘"之陋室，乘的是"驽马弊车"，甚至祭祖用的祭品（猪肘子）也因块状微小而连祭器底儿都遮不起来。这些无不是生活小事，但正是由于晏子从修小廉做起，才赢得了百官的"大廉"，在朝野中产生了巨大的凝聚力，维持了田齐政权五十多年的中兴局面。因此，执政者"修小廉"是防微杜渐、为官清廉的有力措施，《管子·权修》指出："修小礼，行小义，饰小廉，谨小耻，禁微邪，治之本也"。这里把"饰小廉"提高到了治国之本的高度来认识，确实轻视不得。

（三）统治者要依法促廉，做到"利不过幅"

依法促廉是《管子》中的重要思想。《管子·明法解》指出："有法度之制，故辟臣皆出于方正之治而不敢言为奸"。"百官之事，案之以法，则奸不生；暴慢之人，诛之以刑，则祸不起"。《管子·正世》指出："法立令行，故群众奉法守职，百官有常。"这里阐述了依法治官对其廉洁勤政的重要作用。《管子·法禁》中提出了治官的18种"法禁"，对于严防官吏以权谋私和贪污腐化起到了"绝而定、静而治"的积极作用。《管子》还主张以"制"限官促其廉洁。《管子·立政》说："度爵而制服，量禄而用财，饮食有量，衣服有制，宫室有度，六畜人徒有数，舟车陈器有禁"。这里指出朝廷大臣的待遇应按照等级严格执行，如有越轨者就是违法，以此来限制官吏的贪污腐败。为了限制官吏贪污自肥，晏婴还提出了"利不过幅"的法制主张。《晏子春秋·内篇·杂下》记载，"庆氏亡，分其邑与晏子邶殿"，"晏子不受"。并解释道：宝贵就像布帛要有一定的宽度一样，给它规定了标准，让它不能随便变更，这就是"幅"。因为人们的生活如果过于富欲即"过幅"，就会见利忘义，所以就得用法来制约，不能随心所欲。私利太多就要败亡。如果追求"过幅"，不但私利追求不到，甚至连既得的利益也将失去。这段话是廉吏的箴言，也是对贪官的警告。为制止贪官自肥，晏婴还主张惩治奸佞。他把"外宠之臣，矫夺于鄙，执法之吏，并苛百姓"的奸佞之徒讥之曰"社鼠""猛犬"，认为"不诛之则乱，诛之则为人主所案据"。他这种"依法治官、惩治奸佞"的主张，对改变当时齐国政风起到了一定的遏制作用。特别是齐威王时，阿大夫因欺压百姓，收受贿赂被"烹"之，在当时形成了一定的震慑作用。

三、借鉴齐文化中的廉政思想，扎实推进当前的廉政建设

齐文化是中华优秀传统文化中的重要组成部分，特别是其中蕴含的廉政思想，对今天开展廉政建设和反腐败斗争仍具有重要的现实意义。

（一）廉政建设关系着国家的生死存亡

"廉者，政之本也"。"礼义廉耻，国之四维"，"四维不张，国乃灭亡"。总结齐国800多年的历史，齐文化中这些闪光的廉政思想，无不在当时和之后的实践中得到了充分印证。面对当前廉政建设的严峻形势，我们党一定要牢记"蠹众而木折，隙大而墙坏"和"其兴也勃焉，其亡也忽焉"的历史教训，积极借鉴历史上优秀廉政文化，加以借鉴吸引，不断提高拒腐防变和抵御风险能力。特别在当前形势下，我国的反腐倡廉工作要更加注重纪律教育，更加注重标本兼治，更加注重防微杜渐，更加注重制度建设，始终保持反腐败斗争的高压态势，真正形成反腐败建设的长效机制，确保中国特色社会主义事业兴旺发达、健康发展。

（二）廉政建设关键在于顺民心、得民意，以民为本

"政之所兴，在顺民心；政之所废，在逆民心。""卑而不失尊，曲而不失正者，以民为本也。"这些民本思想在今天仍具有重要的借鉴意义。只有百官勤廉为政，百姓方能安居乐业，国家才能稳定，统治才能久安。反之，如果忽视了人民的力量，横征暴敛，贪污腐败，任意加重人民负担，就会加速政权灭亡。我党全心全意为人民服务的根本宗旨，是对古代"以民为本"思想的继承和发扬，极大地提升了古代朴素的民本思想境界。要引导广大党员

干部牢固树立正确的价值观、权力观和利益观，坚持立党为公、执政为民，真正做到权为民所用、情为民所系，利为民所谋，做群众利益的坚决维护者，用实际行动赢得民心。

（三）廉政建设要特别强调统治者的表率作用

纵观齐国廉政实践，凡廉政建设取得成效的时期，都是君主重视廉洁并身体力行的结果。只有君主廉洁勤政，百官亦能仿之效之。《管子·法法》中说："上好勇，则民轻死；上好仁，则民轻财。"君主和大臣们的价值追求，对人民群众的喜好有很大的导向作用，上行下效，"上不行则民不从"。因此，廉政建设的关键在统治者，"治官化民，其要在上"，要对从政者提出特别的廉政要求，这样会收到事半功倍的效果。领导干部坚持清正廉洁，下属就会肃然起敬，仿而效之。广大领导干部要把廉洁自律作为修身行事的重要内容，常修为政之德，常思贪欲之害，常怀律己之心，常弃非分之想，重自省，严自律，干净干事，才能管住自己，带好队伍，才能推动党风廉政建设和反腐败斗争的深入进行。同时，要强化纪律执行，强化问责追责，让党员干部习惯在受监督和约束的环境中工作生活，时刻保持警钟长鸣。

（四）廉政建设要坚持礼法并用

廉政建设切实做到"两手都要抓，两手都要硬"。修身、齐家、治国、平天下是中国古代治国理念中永恒的主题。探讨齐国的廉政建设，以礼治国是其廉政建设的重要内容。《荀子·大略》强调："礼之于正国家也，如权衡之于轻重也，如绳墨之于曲直也。故人无礼不生，事无礼不成，国家无礼不宁。"就是说"礼"对于治理国家，就像天平对于轻重一样，就像墨线对于曲直一样。所以人们没有礼就不能生活，国家没有礼就不得安宁。但人们都有趋利避害的本性，《管子·禁藏》认为："夫凡人之情，见利莫能勿就，见害莫能勿避。"因此，也要用法制规范从政者的行为。首先，要重视对从政者的思想道德教育。"知廉耻""崇节俭"，倡导人们以廉为荣，以贪为耻，让为官者明其清廉之理，树立做官为民的价值追求，使为官者从思想上"不想贪"。其次，国家要注重廉政制度建设。要利不过幅，加强监督，使为官者在制度上"不能贪"。最后，国家还要建立重奖严惩机制，对贪官污吏重典严惩，绳之以法，使其身败名裂，使为官者"畏法度"而"不敢贪"。当前，我们既要进行廉政建设宣传教育，又要用法律法规约束从政者的行为，做到有案必查、有腐必惩，多管齐下、综合治理，努力做到干部清正、政府清廉、政治清明。

（本文原刊载于《人文天下》2016年第8期）

山东新城王氏家规家训的形成发展与时代特点

　　明清之际，农耕起家的山东新城王氏，通过科举入仕，从明朝嘉靖至清朝光绪300余年间，共考中进士30人，出仕为官者百余人，其中四品以上朝廷重臣12人，更于清初出现王士禛这位雄踞诗坛的一代英才，被誉为"江北青箱""齐鲁望族"。一个家族能够历经两朝且前后数百年长盛不衰，绝不是偶然的，一定有某种东西在支撑和维系。究其原因，这就是这个家族的家训族规。因为从新城王氏第一位进士王重光开始，历代王氏家族都非常注重家训家规和家风的培育和弘扬。

　　王氏家族中的第一位进士、四世祖王重光首制家训，从此"道义"和"读书"成为王氏家规家训的核心内容。王重光作为新城王氏的第一位进士，同时也是其家训家规的第一位制定者。新城王氏自始祖王贵从诸城迁居新城后，传至三世王麟始肇文脉，以《毛诗》起家，曾任颍川王府教授。其子王重光，是嘉靖辛丑（1541）进士，官至贵州按察使参议，赠太仆寺少卿。王重光有8个儿子，他对诸子家教最严，曾制家训云："所存者必皆道义之心，非道义之心，勿汝存也，制之而已矣。所行者必皆道义之事，非道义之事，勿汝行也，慎之而已矣。所友者必皆读书之人，非读书之人，勿汝友也，远之而已矣。所言者必皆读书之言，非读书之言，勿汝言也，诺之而已矣。"这则家训，首先要求诸子要正心术，存道义之心，摒非道义之心；其次，是正行迹，要求所行"必皆道义之事"；再次，要求慎交友，交友交读书之人，远不读书之人；最后要求慎言语，言读书之言，摒弃非读书之言。因教子以严，王重光的八个儿子中，除两个夭折外，其余六子均成就功名。王氏后人将这则家训刻于石上并立于家祠忠勤祠，以作世世遵守，时时警示。

　　五世祖王之垣在新城王氏家训家规制定和发扬中起到了承前启后的作

用。他是明嘉靖进士，官至户部佐侍郎。他在总结前人经验和自己亲身经历的基础上，写成了《炳烛编》《摄生编》《历仕录》作为传世家训。其中，《炳烛编》分门别类搜集了一些名人名言，有教育警示功能。《历仕录》是他在官场处事的经验总结，告诫后人如何做人处事。王士禛在《池北偶谈》中曾节录数则以作家训，其中有一条云："予（王之垣）为举人时，以太仆府君忠勤死事，入京乞恤。时严世蕃用事，贿赂公行，予谓纵赂得之，适足为先人辱，遂竟归。归督诸弟、子侄昼夜闭户读书，相继成立，竟得恤典。"王之垣不靠贿赂权门为其先人获得追封，显示了他的耿直，这也是道义的体现。他督导诸弟子侄昼夜闭户读书，并使他们相继成就功名，更是秉承读书家训。

六世祖王象乾是最终使王氏家族发展兴盛达到巅峰的人物。王象乾在王氏家族发展史上具有举足轻重的地位。他为官时明朝已是风雨飘摇，朝廷党派纷争，国家战乱频仍。面对当时乱局，他审时度势，毅然以浙江布政使身份辞官回归故里，自号"明农隐士"，终日闭门谢客，在家中专以诗书与授课诸孙为务，亲自督促诸孙读书，而且十分严格，他要求诸孙"读书要到夜半时分，所写文章必令其满意"方可。

王象晋深知身教胜于言教，他以身作则，严格要求子女也严格要求自己。王士禛在《自撰年谱》中说，王象晋"盛暑整衣冠危坐，读书不辍，常举唐刘玭言诫子孙，无矜门第，务力学为善。故其家代有名人，有家法之善，有以维持之也。"王象晋曾撰一联："绍祖宗一脉真传，克勤克俭；教子孙两行正路，惟读惟耕。"由于他的努力，其家庭中先后有10余人进士及第，史称"科甲之盛，海内新城王氏第一。"

八世祖王士禛不仅是一代诗宗，更是一名廉吏。作为清初一代诗宗，王士禛的仕宦历程长达45载，他官至清廷刑部尚书，位跻六部九卿之列，以洁己爱民、宽政慎行著称，被誉为"一代廉吏"。王士禛一生恪守"清、慎、勤"的为官准则，自觉实践"不负民即不负国，不负国即不负所学"的为官之道，并以此作为家训家规，赢得了后人广泛称颂。

康熙三十六年（1697），王士禛的三子王启汸出任唐山县令，唐山是小县，土地贫瘠，百姓穷困。时任都察院左都御史的王士禛对儿子以一介书生出任县令，特别放心不下。于是，王士禛亲书《手镜》箴言50条，教导儿子如何做一个"清慎勤"的好官。文中王士禛从为官须谦虚谨慎、清正廉洁、勤政爱民等方面对儿子进行谆谆教导。他告诫儿子"一切要谨慎检点"，不以门第傲人。要求儿子要为政清廉，做到"用米、肉、薪、蔬、草、豆之类当照市价平买，不可有官价名色"。要求儿子"每日坐堂要早"，"春秋课农，需身亲劝谕鼓舞之"。还要求儿子要体恤下人衣食，在案件审理中不可滥用重刑，在催征钱粮时"要以便民为主"等。

家规家训是家族文化中最为核心的组成部分，是维系家族昌隆兴盛的精神力量，在世家望族的发展繁衍中，起着举足轻重的作用。作为能够跨越明清两代的世家望族，新城王氏的家风家训，体现了中华民族的优秀思想，凝聚着朴素的中华民族传统文化，在当今社会仍然具有十分重要的借鉴价值和现实意义。今年4月，中纪委网站《中国传统中的家规》栏目制作组，专程到山东桓台新城王渔洋故居拍摄了专题片《山东桓台新城王氏：忠勤报图铸家魂》。该片以新城王氏家族家规家训为主题，以王氏家规门风发展历史脉络为主线，从家规内容、家规解读、故居介绍等方面，通过图片、文字和影视资料等形式，深层次、全方位介绍家风严谨、人才辈出的王氏家族以及保持其家族衍续发展的祖训家规的独特作用。这是中纪委在山东确定的两个廉政家风家规宣传片之一。综观新城王氏家族家规，具有以下几个突出特点。

重学崇儒，世代传承。新城王氏注重对家族子弟进行严格的科举教育。"每夜五鼓即起，终年在书屋；每日读经史毕，作文七篇，缺一不可，旷一日不可；一文不佳，责有定数"。王士禛的祖父王象晋官至浙江右布政使，耄耋之年依然梦见自己作文没写完，跪受扑责的情景。正是因为要求严格，所以王氏子孙在科场上显得训练有素，应对自如。但王氏家族绝不是为了科举而科举，在应对科举考试的同时，进行文学、诗学和经世致用之学的培养教育，使其身在科场却能不为八股所限，位居显宦却又不脱名士风度，科甲翩连而又诗人辈出。王氏家族崇尚儒家文化，极力推崇儒学，特别是儒家"修身、齐家、治国、平天下"的理念，对家族成员从小就进行良好的素质教育，"廉洁""廉平""廉正""廉谨"成了王氏子弟为人处世的基本准则。

廉政爱民，忠勤报国。新城王氏家族兴于明清，门风严谨，仕宦众多，满门风雅，深得历朝皇帝的欣赏和赞誉，这与其忠勤报国、门庭肃清、洁己爱民、清正严明的清廉家风是分不开的。王重光去世后，王之垣和哥哥王之翰一起进京为父亲乞恤，正值严嵩的儿子严世藩当事，当面索要500两银子，王之垣和哥哥商量后，认为绝不能做拿金钱买荣誉之事，这样有辱先辈英名。愤而回乡，砥砺子侄刻苦攻读，靠真才实学博取功名。王士禛在扬州推官任上宽严有度，政绩突出，赢得了官声民心，但任满考成却被定为"失出法严"，不能升迁还罚俸一年。其母孙夫人慰藉他说："只要心存公正宽恕，升迁都不必在意。"王士禛谨遵慈母教诲，为国做事，坚定"忠勤报国"之志，不计个人得失，最终得到了公正的评价，江南总督、巡抚等对其考满皆注一等称职，吏部、都察院会同复核均合格，随后奉调进京任职。其后四十年秉家风，勤王事，由于官品人品俱佳，深得当朝信任，部曹改词臣，特旨入翰林，入值南书房，终获"清、慎、勤"的赞誉，累官刑部尚书、一品大员。王士禛《手镜》一文，50条为政箴言，从日常用度到为人处事、从刑罚宽严到与民休戚，既是王士禛自己一生正直为官的经验写照与自律准则，也是教育后人要审慎处事、廉洁为民的家规家训。

世代传承，久久为功。新城王氏素以"家法恭谨"著称，王氏家族的兴旺离不开先祖及历代后人对家训家规的用心经营。王重光以身示范，道义治家。他对诸子家教甚严，首立第一条成文家训云："所存者必皆道义之心，所行者必皆道义之事，所友者必皆读书之人，所言者必皆读书之言。"王之垣曾任户部左侍郎，官居三品，在严行家教的同时，自身更堪为表率。他不仅为官清正廉洁，正色立朝，而且生活勤俭朴素，力戒奢侈，极其注重在乡里的影响。平时一般都以步代轿，只有生病时才坐轿出入，但一入乡里，则下轿步行。受其影响，子孙也身着布衣，出门不带仆从。这种严格的家教，使王氏子孙严谨勤勉，少有纨绔子弟习气。王之垣不仅主持建私塾、立家祠、修族谱，而且设置义田，田产收入用来祭祀祖先，以及赡养和教育族人，从而凝聚了宗族力量。他所作的《炳烛编》《历仕录》《念祖约言》等进一步完善和拓展了家规家训，成为维系这个家族数世强盛的"优势基因"。

此外，王氏家族子弟不仅对自己严格要求，就是在婚姻选择和朋友交往上也非常严谨。这样就保证了他们在交往圈子中的纯净和高雅，故而使他们很少受到负面东西的影响。所有这些原则和遵循，都自觉或者不自觉地体现在他们的家规家训之中。这些族规家训凝聚着新城王氏宗族一代又一代的智慧和心血，也成就了这300年长盛不衰的齐鲁望族，并且对于今天我们开展的廉政建设和优秀传统文化传承弘扬仍具有重要的现实意义。

（本文原刊载于《寻根》2017年第5期）

淄博市红色文化资源保护利用情况的调查与思考

红色文化资源是指"五四"运动以来，中国共产党领导各族人民在革命、建设、改革过程中形成的具有历史价值、教育意义、纪念意义的各种精神和物质载体的总和。本课题所指的红色文化资源，是专指淄博市在革命、建设、改革过程中遗留下来的重要历史事件和重要机构旧址、重要历史事件及重要人物活动纪念地、革命领导人故居、烈士墓和纪念场馆等物质载体。红色文化资源是中华文明传承的重要载体，是革命先辈先烈在长期的革命和建设实践中给我们留下的宝贵财富。习近平总书记多次强调，要把红色资源利用好、红色传统发扬好、红色基因传承好，让革命事业薪火相传、血脉永续。加强红色文化资源传承保护和开发利用工作，对培育社会主义核心价值观、实现中华民族伟大复兴的中国梦具有重要意义。

一、淄博市红色文化资源基本现状及主要特点

淄博是一个红色文化资源大市。近百年来，党领导淄博人民在革命、建设和改革开放的历史进程中，创造了丰功伟绩，谱写了辉煌篇章，留下了极其丰富的红色文化资源。

（一）红色遗址、遗迹数量众多，覆盖面广

淄博是一个具有革命传统的城市，红色文化资源十分丰富。截止到2011年，全市仅新民主主义时期的红色遗址就有156处，并且分布广泛，遍布全市5区3县。这些红色遗迹全面展示了淄博在革命战争年代发生的重大历史事件、涌现出的英烈英模人物、留下的革命精神遗产等丰富内容。按遗址类别统计，重要党史事件和重要机构旧址70处，重要党史事件及人物活动纪念地41个，革命领导人故居6处，革命烈士墓12处，革命纪念设施27处。目前，

全市有淄博历史展览馆、马鞍山抗日遗址等省级党史教育基地15处。这些资源是重要的文化软实力，是发展红色旅游和文化产业的重要依托，是推动文化旅游产业融合发展的重要经济增长点。

（二）红色地标独一无二，影响深远

在革命和建设的历史进程中，淄博诞生了很多特点鲜明、全国驰名的红色地标，是我们不能忘却的红色记忆。中共"一大"代表王尽美、邓恩铭曾在淄博发动工人运动，建立党的组织。"淄博"这一名称就诞生于1922年王尽美起草的《矿业工会淄博部开发起会志盛》中。"淄博"以其独有的红色基因，成为淄博人民的骄傲。1924年7月创立的中共淄博支部，是山东省第二个直属中央领导的基层支部。1937年12月爆发的黑铁山起义，是抗日战争初期山东省最早爆发、最具影响力的"三山"（天福山、徂徕山、黑铁山）起义之一。出生于淄博的焦裕禄、朱彦夫等英模人物在全国有重要影响。这些独具特色的红色地标，是一代又一代中国共产党人矢志奋斗的历史见证，是新时代激励我们砥砺前行的不竭动力。

（三）红色场馆主题多样，内容全面

依托辉煌的红色资源，淄博市设立了许多红色场馆。据2020年市委组织部统计，截至目前，全市有革命场馆41处。其中，红色场馆16处，党性教育基地16处，先进典型场馆9处。有省级爱国主义教育基地15家，市级爱国教育基地25个，党史教育基地15个。全市有70处不可移动革命文物、158件（套）革命文物入选山东省第一批革命文物名录。这些红色场馆和基地，是开展爱国主义教育和革命传统教育的重要阵地。

二、淄博市红色资源在保护利用中存在的困难和问题

近年来，虽然淄博市红色文化资源的保护与开发利用工作虽然取得了一定成效，但与先进地区相比，还存在诸多问题，值得引起重视与反思，主要体现在以下几个方面。

（一）全市"红色文化资源家底"尚未摸清

现有的《淄博市革命遗址普查报告》成文于2011年，目前已经过去10年。这些遗址哪些已被破坏，又有哪些新的发现，都应结合10年来的变化做出详细统计。而且，红色资源不仅包括新民主主义革命时期，还应该包括社会主义革命和建设、改革时期遗留下来的遗址、遗迹和纪念地等。由于对红色资源的内涵、外延界定不清，缺乏权威认定，目前还存在着许多尚待审核鉴定、未列入等级但确需保护的遗址、遗迹，从而导致全市红色资源底数不清。

（二）多头管理导致红色文化资源保护利用工作混乱

红色文化资源的保护利用涉及组织、宣传、党史、文旅、民政等10多个部门。各部门之间职能交叉、条块分割、各行其是，没有形成工作合力。如宣传部门掌握着爱国主义教育基地情况，文物部门掌握着革命文物及文保单位情况，党史部门掌握着党史教育基地情况，文旅部门掌握着红色旅游景点情况。这些红色资源分布在各个区县，各区县之间缺乏有效的统筹协调。属地不清、多头管理、权责分散，致使保护管理和开发利用工作极度混乱。

（三）资金投入不足成为制约保护利用红色文化资源工作的"瓶颈"

红色文化资源开发利用需要建立以政府投资为主导、社会力量积极参与的投入体系。实际情况是，政府直接投入红色资源保护开发的资金很少，而资本市场的进入门槛太高，民间或金融机构没有进入的渠道，资金短缺成为红色资源开发利用的最大"瓶颈"。由此导致部分红色资源硬件建设滞后，配套设施不足，利用手段简单，开发方式落后。如黑铁山抗日武装起义纪念馆、马鞍山抗战遗址都是国家级抗战纪念设施，但由于缺少资金投入，致使展陈内容陈旧，展馆空间狭小，缺乏专业讲解。马鞍山抗战遗址位于自然风景区，由于受资金制约，开发利用工作至今进展缓慢。

（四）红色文化资源整合度低，没有形成规模效应

一是我市红色文化资源分布分散，大都分布在偏远的农村山区，交通不便，目前尚未建成一条成熟的红色旅游线路。

二是红色文化资源与其他旅游资源整合力度不够，没有将红色文化与自然风光、风土人情相结合，全市缺乏文化旅游"一盘棋"统筹。

三是红色文化资源多是局限于参观革命旧址设施、纪念场馆，缺乏体验元素，鲜有观众参与性、互动性项目，对观众吸引力不强。

四是各区县对境内红色文化宣传不够，红色氛围营造不够，有的遗址遗迹仍处于"养在深闺人未识"的状态。

三、做好红色文化资源保护利用、加快推进文旅产业融合发展的意见建议

红色文化资源保护与开发利用是一项综合性、长期性系统工作。做好红色资源保护利用工作，功在当代，利在千秋。各部门要充分认识红色文化资源保护和开发利用的必要性和紧迫性，认真贯彻"保护为主，抢救第一"的方针和"有效保护，合理利用，加强管理"的原则，切实做好保护和开发利用工作。

（一）加强顶层设计，完善领导机制

各级党委政府要高度重视红色文化资源的保护利用，要将红色文化资源保护利用纳入全市经济社会发展规划，纳入重要议事日程，积极构建党委政府主管、文化旅游和退役军人事务部门主抓、其他职能部门密切配合、干部群众主动参与的工作格局。要建立政府牵头的联席会议制度，定期研究解决保护利用中的困难和问题。要加强对基层红色资源保护利用工作的指导和监督，组织专业人员对红色资源进行定期巡察，切实做好红色资源保护利用工作。

（二）做好登记普查，彻底摸清"家底"

组织成立联合调查组，对全市范围内的重要历史事件和重要机构旧址、重要历史人物故居、活动地、重要事件、重大战役战斗遗址，以及中华人民共和国成立以来兴建的各类纪念馆、展览馆等进行一次全面普查，彻底摸清全市"红色家底"。在全面细致普查的基础上，组织专业人员对现有的革命

遗址、旧址、故居、纪念馆等各种遗址进行登记造册，分门别类进行详细登记、合理归档和规范管理，运用现代技术建立红色文化资源档案库，为我市文化旅游事业发展提供基础性资料。

（三）加大资金投入，构建多元投入格局

一要加大政府财政投入力度，推动设立专项红色资源保护利用发展基金，引导和带动金融资本和其他社会资本投入红色资源保护和开发利用。

二要积极争取国家和省项目资金支持，如争取全国红色旅游项目专款、保护自然文化遗产专款、红色旅游公路项目建设资金、烈士纪念设施建设项目资金等。

三要积极拓展融资渠道。按照"谁投资、谁受益"的原则，以经营权转让、特许经营、合资合作、租赁等方式多渠道引进和筹集资金，鼓励社会资本参与开发，实现投资主体多元化。

（四）做好"三个融合"，做大做强红色旅游产业

一是做大红色文化与生态旅游融合发展。整合红色文化与齐文化、蒲文化、孝文化、商埠文化、湖区文化等各类资源，通过生态景观加红色景点的方式，重点打造黑铁山抗日纪念地、马鞍山红色旅游景区等红色旅游景区，让观众在游历绿水青山的同时铭记红色故事。

二是做强红色文化与乡村振兴融合发展。将红色文化资源开发与建设宜居、宜业、宜游的美丽乡村相结合，深度挖掘乡村红色文化内在附加值，鼎力打造集休闲、旅游、消费、教育为一体的乡村旅游。

三是做好红色资源与爱国主义教育基地融合发展。集中用好山东省淄博市博山焦裕禄纪念馆、山东原山艰苦创业纪念馆、朱彦夫事迹党性教育基地等红色纪念场馆，使其成为党员干部和青少年学习教育的重要培训基地。策划推出红色热土——文化体验游、红耀淄博——党建教育游、红色足迹——乡村振兴游、红色印记——齐风研学游等四大主题8条旅游线路，扩大红色文化传播，串联红色旅游资源。

（五）创新红色基因传承路径，推动红色文化产业发展

一是实施项目带动战略。立足红色文化资源，创建一批红色文化主题公园、研学基地、数字化业态基地，建设一批聚集效应明显、辐射力强的文化产业园区，谋划一批影响力大、带动性强、辐射面广的红色产业项目，进行广泛宣传推介，不断提升红色文化产业的吸引力影响力。

二是发展红色创意文化产业。坚持守正创新，保持与时俱进，大力发展红色创意文化产业，积极开发红色研学教育、爱国主义文创以及中小学生研学等项目，形成红色旅游、红色图书出版、红色会展等传统产业和新业态互利互补、合作共赢的新格局。

三是多层次做好"红色+"文章。提升"红色旅游+"辐射带动作用，大力开发"红色+绿色""红色+非遗""红色+乡村""红色+研学""红色+会展""红色+户外"等复合型旅游产品，推出多元红色文化旅游产品，不断拉长红色文化产业链。

（本调研报告被中共淄博市委宣传部、淄博市社会科学界联合会等7个部门表彰为淄博市2021年度"百题调研"一等奖）

博物馆研究

淄博市博物馆事业发展情况调研

淄博市历史悠久、古迹众多、文化底蕴深厚，是齐国都城所在地和齐文化重要发源地，地上地下分布着大量的文化遗存，素有"地下博物馆"的美誉。在2 000多年的历史发展进程中，淄博市留下了临淄后李遗址、桓台史家遗址、沂源西鱼台遗址、高青陈庄西周遗址等一大批在全国、全省具有重大影响的考古发现，为淄博市发展博物馆事业提供了得天独厚的条件。但是，由于受主客观条件的制约，全市博物馆事业在发展进程中也遇到了一些困难，面临着一些亟待解决的问题，需要在今后工作中进一步改进完善。

一、淄博市博物馆事业发展的基本情况

近年来，在淄博市委市政府的高度重视、各级各部门的大力支持和社会各界的广泛参与下，淄博市博物馆事业在进步中不断发展，在发展中日渐繁荣，取得了较为显著的成绩。

（一）博物馆建成数量不断增加，初步形成全市覆盖网络

改革开放以来，随着我国综合国力的显著提升，博物馆建设进入了前所未有的快车道。在各级各相关部门的高度重视和大力支持下，淄博市原有的博物馆不断改建扩建，一批区县级博物馆相继建成并投入使用，一批专题性、行业性博物馆如雨后春笋快速发展。截至2015年，淄博市共有国家注册博物馆39家。其中，国有博物馆19家，非国有博物馆20家。特别是非国有博物馆有了较大发展，具有一定规模的民办博物馆达到60余家，形成了综合类与专题类博物馆、国有类与非国有类博物馆共同发展、相互补充的良好格局。

（二）展览陈列功能发挥充分，文化惠民作用更加凸显

近年来，淄博市各级各类博物馆从传统的重视收藏功能，逐渐转向突

出文化传播和宣传教育，以人为本的精神更加彰显。许多博物馆都设立了爱国主义教育基地、关心下一代教育基地、中小学生未成年人学习实践基地等教育平台。2008年，公共博物馆免费开放政策的出台，使平均观众量增长了50%，博物馆成为市民休闲娱乐的重要场所。一批高规格、高品位的专题展览，为广大观众带来了丰富的精神食粮。据统计，2015年，淄博市各级各类博物馆共举办基本陈列31个、临时展览67个，未成年人参观数量115万人次，观众数量300余万人次。

（三）人才队伍不断发展壮大，人员素质水平明显提高

近年来，淄博市各级各类博物馆更加重视人才队伍建设，坚持引进与培养相结合，合理引进和培养专业人才，进一步优化了人才结构。通过引进、公招、继续学历教育、赴外交流学习、培训等多种途径，加强文博人才队伍建设，各级博物馆队伍的数量、质量及专业化都有了较为明显的增长和提高。以淄博市博物馆为例，目前正高级职称2人、副高级职称7人、中级职称23人，中高级职称占50%以上。

（四）文物征集收藏得到高度重视，基础业务工作不断加强

各级博物馆认真贯彻"保护为主，抢救第一，合理利用，加强管理"的工作方针，严格执行《中华人民共和国文物保护法》等各种文物法律法规，通过收购、捐献等各种征集渠道，博物馆的馆藏文物数量有了进一步增加。各级政府不断加大基础设施建设力度，文物库房的保存条件得到充分改善，文物保护技术被充分利用，文物修复工作不断加强，文物藏品建档、藏品数字化管理、文博工作研究等工作均取得较大进展。

二、淄博市博物馆事业发展的困难问题

近年来，淄博市博物馆事业虽然有了较大发展，但随着社会和经济的快速发展变化，博物馆事业也存在不少困难和问题。

（一）建设结构不够合理，发展体系有待完善

各区县、相关单位建设中没有按照"效益第一、功能优先"的原则，合理

规划和科学论证不够，建设中存在一定的盲目性和随意性，从而出现了布局欠合理、功能配套不健全、发展状况不平衡的问题。由于受硬件条件的制约，地市一级骨干龙头地位发挥不够。到目前为止，全市还没有形成以市级博物馆为龙头，区县级博物馆为骨干，非国有博物馆为补充，上下联系、互为一体的博物馆事业发展体系。多数区县级博物馆类别趋同、缺乏特色，专题性、特色类博物馆数量明显偏少，距离构建高水平的博物馆体系要求有很大差距。

（二）发展状况不够平衡，软硬件设施差距较大

全市博物馆发展可分为4个层次。第一个层次是硬件条件较先进、工作运行正常的博物馆，如淄博市博物馆、淄博陶瓷琉璃博物馆、桓台博物馆、临淄中国古车博物馆。第二个层次是现有馆舍条件并不理想、但运行正常的博物馆。第三个层次是现无固定馆舍、运行也不正常、新馆正在筹建过程中的博物馆。第四个层次即无馆舍或正在立项中的博物馆。从发展状况看，淄博市博物馆、淄博陶瓷琉璃博物馆、临淄古车博物馆、桓台博物馆事业整体发展水平较高，其他区县稍显薄弱，全市未能实现全部拥有国有博物馆的建设目标。

（三）事业运行经费紧缺，基础工作需要加强

各级财政每年给博物馆的事业经费、专项业务经费投入不足。有的博物馆由于建设时间较早，致使有些基础设施配套尚不健全。由于运行经费不足，有的博物馆的藏品建档、保护和陈列布展等工作没有保障，影响了正常工作开展和各项功能作用的发挥。由于受社会大环境和国家政策等方面的制约，特别是由于受经费制约，大部分博物馆文物征集工作越来越困难，有的几乎就没有了这方面的业务。由于缺少经费，少数博物馆藏品保管的条件和环境尚未达标，博物馆自身建设受到极大制约。

（四）展览地域特点不突出，展示水平不高

博物馆展陈更换不及时，策展手段落后，艺术性、感染力不强。许多历史陈列模式千篇一律，内容单调乏味，没有独特的地方特点。地域文化风采在地方史陈列中得不到有效的演绎和彰显，观众无法获得独一无二的地方文化体验。有的博物馆由于缺少必要的经费保障，基本陈列常年不变。目前，除淄博市博物馆和几个区县馆临时展览有较多数量外，有不少博物馆门庭冷落、参观者寥寥，难以走上良性发展的道路。

（五）文博专业人才严重不足，队伍建设亟须加强

专业人才缺乏是各级博物馆存在的普遍问题。其原因一方面是博物馆编制偏少，但近年来所承担的文物普查、文物保护、文物宣传的任务日益繁重，从而导致人员不足、人手不够。另一方面是文博工作专业性较强，尤其是研究、陈列和考古工作具有很强的专业性，而高校培养出来的专业人才往往在事业单位招考中就被淘汰，不能加入文博队伍，从而加剧了专业人才的紧缺。目前，博物馆队伍整体学历层次不高，文博专业毕业的"科班"人员所占比例偏低。尽管淄博市在引进和培育专业人才方面下了很大功夫，但专业人才大多数集中在市级馆。全市文博队伍分布不均的现状，全市文博队伍水平整体不高的现象，都不同程度地制约了全市博物馆事业的开拓发展乃至高质量发展。

三、淄博市博物馆事业发展的对策措施

博物馆事业发展要把增加博物馆数量与提高内涵统一起来，突出地域文化特点，按照新时代博物馆建设要求，重点在加强管理上下功夫，重点在提升展陈质量上下功夫，重点在提高服务水平和服务质量上下功夫，努力发展人民满足的博物馆事业。

（一）加强科学规划和规范管理，坚持走可持续、内涵式发展道路

各级党委政府要高度重视博物馆事业，要进一步加强对全市博物馆建设的统筹规划和分类指导，推动全市博物馆事业实现高质量发展。文物主管部门要争取全程参与博物馆建设工程的管理，加强对在建博物馆的专业指导。要限期整改配套设施不齐全、展示教育功能不健全的博物馆，以提高博物馆内涵质量。要通过整顿、提高、发展和完善，努力提升全市博物馆整体水平，促进全市博物馆实现良性发展。

（二）加强基础工作和制度建设，努力提高博物馆的业务工作水平

博物馆要创造条件开展文物征集工作，加大文物的征集工作力度，特别

要注重征集与当地历史文化有关系的特色文物，力争丰富馆内藏品，为开展展览提供内容保障。认真做好馆藏文物的登记、建档、备案等基础性工作，健全完善馆藏文物保护管理制度，确保馆藏文物安全。加强文物保护工作，通过文物修复、文物"病疗"等措施，加强对馆藏濒危文物的抢救保护，确保文物健康和藏品安全。

（三）认真做好展陈工作，充分发挥社会宣传和教育功能

要围绕着当前观众对博物馆展陈工作的新需求，加强陈列内容设计和展陈手段的深入研究。要充分利用现代科技技术，多创造和设计一些原创性展览，不断增强展览陈列的趣味性和观赏性，做到丰富多彩、喜闻乐见，广大观众喜欢看、愿意看、反复看。实施精品项目带动战略，扶持奖励一批陈列展览重点项目，带动全市展陈水平的整体提升，更充分发挥好宣传教育功能。

（四）加强改革创新和人才培养，切实抓好博物馆人才队伍建设

要强化"人才兴馆"的思想，不断加大专业人才培训和培养力度；通过内部培养和外部引进等措施，提高队伍素质，不断改善博物馆队伍结构。科学制定博物馆从业人员任职资格和管理人员任职条件，把好入口关和任职资格关，确保人才质量。对目前少数急缺的考古及研究岗位，应通过引进高级人才等方式，开辟人才绿色通道，以解决专业人才稀缺的问题。加强对博物馆领导岗位的专业轮训，经过多岗位锻炼，努力将他们培养成为既懂业务又懂管理的专家型领导干部。

（五）加大财政投入和政策扶持，进一步改善博物馆发展的社会环境

各级政府要加大财政资金投入，安排落实现有博物馆改扩建项目和设施配套项目的专项经费，解决落实藏品征集、保护、展示及配套服务的工作经费，确保各级博物馆业务工作正常运行。博物馆自身也要加强自我宣传，争取吸纳社会资金资助，本着互利共赢的目的让社会共享博物馆文化的成果，争取更多社会力量参与支持博物馆事业。

（本文原刊载于《决策参考》2016年第5期）

淄博市非国有博物馆发展情况的调研与思考

淄博历史悠久，古迹众多，地上地下分布着大量的历史文化遗存，为民间收藏业的产生和发展提供了得天独厚的条件。近年来，随着全市经济社会和文化事业的不断繁荣发展，一些有实力者的私营企业和个人收藏爱好者都开始建立自己的博物馆，即非国有博物馆。特别是自2010年国家文物局等七部委下发《关于促进民办博物馆发展的意见》以来，淄博市委、市政府将非国有博物馆建设纳入全市博物馆建设体系，不断加强对非国有博物馆的指导和扶持，使非国有博物馆有了突飞猛进的发展，成为全市博物馆事业中一支重要的力量。

一、淄博市非国有博物馆发展现状

据统计，到2018年上半年，淄博市非国有博物馆共有36家，非国有博物馆数量在全省17个市中列第二位。非国有博物馆数量远远超过了国有博物馆（淄博市国有博物馆共有18家），并且许多非国有博物馆在建筑规模、硬件设施等方面已经与当地同档次的博物馆比肩看齐。非国有博物馆特点鲜明，定位科学，基本符合博物馆的办馆要求。非国有博物馆陈列灵活，形式多样，社会开放效果明显，是国有博物馆的有效补充，赢得了社会各界和广大观众充分肯定和好评。

（一）从成立时间、背景看

从成立时间、背景看非国有博物馆事业是在国家一系列鼓励政策引导下发展起来的。从成立时间看，2010年前，淄博市非国有博物馆仅有1家，为2004年成立的淄博艺术博物馆。2010年，国家文物局等7部委下发《关于促进民办博物馆发展的意见》后，淄博市非国有博物馆如雨后春笋，迅速发展。2013年，全市有2家非国有博物馆成立；2014年，有3家成立；2015年有8家成立；2016年有16家成立；2017年有4家成立；2018年有2家成立。从发展背景上看，非国有博物馆的快速发展，首先得益于2010年出台的《关于促进民办博物馆发展的意见》。该意见首次赋予非国有博物馆的"国民"待遇，将非国有博物馆纳入国民经济和社会发展规划，纳入博物馆事业发展规划，在法律层面明确了非国有博物馆的地位和属性。这种"平等"的身份推动非国有博物馆如雨后春笋，快速发展。

（二）从分布地域看

淄博市非国有博物馆的分布呈现出量多集中、布局不均的特点。淄博市目前拥有5个区、3个县。目前在山东省文物局注册备案的36家非国有博物馆中，主要分布在以下区县。其中，博山区7家，淄川区7家，高青县6家，临淄区6家，张店区6家，周村区4家。而淄博市的沂源县、桓台县至今还是空白，非国有博物馆在全市的区域分布极不均衡。

（三）从类别特点来看

淄博市非国有博物馆主要有综合类、艺术类、历史类、自然科技类等四大类别。其中，历史类16家、艺术类13家、自然类4家、综合类3家。从非国有博物馆的主题特点来看，大都与当地的传统文化、社会结构和产业特点相联系。

一是与陶瓷、琉璃文化相联系。淄博是我国著名的陶瓷、琉璃之乡，陶瓷、琉璃制造业历史久远，个人收藏丰富，全市非国有博物馆中有12家是以收藏陶瓷、琉璃为主要内容的博物馆。如淄博文昌古陶瓷博物馆、淄博市在堂鱼盘艺术博物馆等都是以收藏陶瓷为主的博物馆；琉璃制作在博山拥有丰厚的民间基础，目前博山有4家企业成立了琉璃艺术博物馆。

二是与当地的传统历史文化相联系。淄博市临淄区是春秋战国时期齐国的都城，齐国在此建都前后600余年。因此，临淄区非国有博物馆大都与齐国有关，在临淄区已注册的6家非国有博物馆中，山东九宫阁齐国文字博物馆、临淄大顺世界钱币博物馆、临淄区鑫和博物馆、临淄大顺博物馆、淄博鲁源石雕艺术博物馆5家都与齐国和齐文化有关，独具当地历史文化特色，这是其他区县所没有的。

三是与非物质文化遗产相联系。王村醋、周村烧饼、淄博花灯、博山琉璃等都是当地著名的非物质文化遗产。通过非遗文化创办的博物馆，进一步推动了非物质文化遗产的弘扬和传承。

四是与近年来推进的"乡村记忆"工程相联系。2014年2月，山东省委宣传部、山东省文物局等9部门联合开展了"乡村记忆"工程。在推进"乡村记忆"工程建设中，各地纷纷建立起了一批民办博物馆，如淄博市淄川绪岳民俗博物馆、南金农民博物馆、淄博市淄川区寅瑄乡愁博物馆等，都是在"乡村记忆"工程推进中建成的。这些博物馆已成为"记得住乡愁"和"留得住乡情"的重要载体。

（四）从参与公共服务的社会效果上看

非国有博物馆的宣传教育功能日益显现。随着非国有博物馆数量的增长，许多非国有博物馆的体量规模也不断扩大，服务教育功能日益完备。截至目前，淄博市已有21家实行了免费开放，占全市非国有博物馆总数的66%。2017年统计数据显示，全市38家非国有博物馆举办或引进临时展览180多个，参加展览观众10余万人次。特别是山东百年课本博物馆，因主题鲜明、展示新颖，自2016年11月开展以来，吸引了省内外大批观众前来参加。截至目前，已接待观众10余万人次。山东百年课本博物馆也于2018年被山东省文物局推荐参评全国博物馆十大陈列精品展览。同时，各个博物馆努力为广大观众提供文化服务，积极参与和组织开展各类社会教育活动，承扬老电影博物馆、聚乐村饮食文化博物馆等在开展科技、卫生、文化"三下乡"活动中，发挥了积极的宣传教育作用，受到群众普遍欢迎。据统计，到2017年底，全市非国有博物馆共组织社教活动302次，受益人数120多万人次。非国有博物馆在一定程度上满足了人们不同的文化需求，成为国有博物馆的有效补充。

二、非国有博物馆在建设运行中存在的困难和问题

近年来，淄博市非国有博物馆建设虽然发展迅速，数量很多，但与我国先进地区相比还有很大的发展和提升空间，目前尚处于探索发展阶段，还存在着内部管理不规范、服务效果不佳、持续运营困难等瓶颈问题，具体表现在以下几个方面。

（一）部分非国有博物馆设立条件不足

按照《博物馆条例》规定，非国有博物馆必须具备一定的藏品、功能齐备的馆舍、一定数量的专业人员、开放的常设展览、教育活动和观众服务等条件。但是由于非国有博物馆目前尚属于起步完善阶段，特别是受创办资金、硬件场地等条件制约，部分非国有博物馆还达到标准要求。目前全市有6家非国有博物馆展出场所系租赁而来，面积不足，许多藏品只能长年堆砌在仓库中或东借西藏。如淄博文昌古陶瓷博物馆，长期受到场地的制约，藏品得不到充分展示，并存在安全隐患。有的博物馆，如山东承扬老电影博物馆，仅仅局限于周村古商城有限的展出面积内，藏品也得不到充分展示。

（二）部分非国有博物馆的职责功能不完备，业务活动开展不正常

一些中小博物馆没有按照《博物馆条例》要求，常年免费开展展览、教育等活动，没有发挥出博物馆应有的社会作用。部分非国有博物馆没有完全融入公众生活，缺乏对公众需求地调查研究和了解把握，存在着"自娱自乐"等现象。有些博物馆定位不准、责任不明、业务开展不正常，除了开展一些行业内部服务接待活动外，其他的博物馆功能没有完全发挥，公共服务产品提供单一，公共文化服务效能尚未充分发掘。

（三）部分非国有博物馆举办的陈列展览不规范

由于思想认识的偏差，部分博物馆在组织举办展览时没有一个正规的展陈大纲，更谈不上深化设计大纲。许多非国有博物馆不懂得展陈规律，在举办展览时，创办者只是按照自己的喜好和认识，将文物藏品随意摆放。有的非国有博物馆偏重于藏品展览，但又缺少对展品的解释和知识串联。如淄

博市淄川绪岳民俗博物馆，其展品陈列密度过大，不同类别的民俗展品堆放在一起，显得杂乱无章，观众看不懂，也看不出头绪。如博山陈仕红木博物馆，没有按照博物馆的陈列展览方式摆放藏品，过分强调了商品营销。此外，大部分非国有博物馆陈列展览常年不变，更新频率低，举办临时展览较少，难以做到常展常新。

（四）许多非国有博物馆缺乏专业人才，参加上级业务部门培训少

近年来，虽然上级有关部门大力倡导非国有博物馆建设，各级各地也都制定出台了一些鼓励措施。但总体上说，社会对非国有博物馆建设关注不够、投入不足、支持不大。虽然国家规定当地文物部门是非国有博物馆业务指导部门，但指导支持力度仍然太小，许多博物馆参加当地文物部门组织的业务培训少，各项业务工作开展困难。许多从业人员大多缺乏博物馆学的相关知识。部分非国有博物馆的藏品管理水平不高，基础台账不完备、不健全。据统计，目前全市非国有博物馆虽然都在建立藏品总账，但登记、管理制度很不完善，有近30%的非国有博物馆没有建立起藏品档案，有的甚至没有将全部藏品登记进文物总账。

（五）许多非国有博物馆运营资金严重不足，多数博物馆都是亏损经营

就全市情况来看，目前非国有博物馆建设运行资金完全是依赖举办者投入，近年来虽然某些地区公共资金也投入了一部分，但每个博物馆一年也只有几万元甚至没有，基本上属于杯水车薪。而由于博物馆属于公益性单位，无法实现自我管理和独立运营，而自身又缺乏造血机能，难以维护长期运行，致使个别博物馆面临关门闭馆的危险。他们没有固定资金维持正常业务，更没有更多资金投入到陈列内容的提升改造之中，从而导致观众稀少、门前冷清，甚至存在着闭馆的危险。据统计，80%以上的非国有博物馆运营经费基本依靠举办者投入，普遍存在着经费短缺问题。

（六）非国有博物馆的国家政策扶持落实不到位

《博物馆条例》明确规定，国有博物馆与非国有博物馆享有同等待遇。但目前非国有博物馆和国有博物馆获得政府政策支持力度差距较大，非国有

博物馆在政策支持上远远不够。虽然近年来国家先后下发了《关于促进民办博物馆发展的意见》《博物馆条例》《关于进一步推动非国有博物馆发展的意见》等一系列文件，并且在用地、税收、人员配备、博物馆建设和免费开放补助等方面制定了许多优惠政策，但大多属于原则性、纲领性的规定，具体操作和落实上难度大，各地在执行过程中落地情况不一。通过各地的实践情况看，国家政策难以落地的原因主要是地方政府、有关部门存在认识不足、执行不力。有的区县反映，由于相关部门没有出台可操作性的配套细则，从而导致一些政策规定难以执行。

三、积极推进非国有博物馆发展的对策思考

非国有博物馆是我国博物馆体系的重要组成部分，是国有博物馆的重要补充。发展非国有博物馆，有利于优化我国博物馆体系，填补门类空白；有利于丰富公共文化服务供给方式、构建和完善现代文化服务体系；有利于激发社会活力，保护和传承中华优秀传统文化。发展非国有博物馆必须学习借鉴先进国家和先进地区的成功经验，遵循博物馆的自身发展规律，紧紧围绕当前非国有博物馆存在的困难和问题，重点在内部管理、服务效果、持续运营等方面上狠下功夫。

（一）建立规范的管理制度，强化管理措施

虽然近年来我国先后出台了《关于促进民办博物馆发展的意见》《关于民办博物馆设立的意见》《博物馆条例》《非国有博物馆示范单程文本》《关于进一步促进非国有博物馆发展的意见》等纲领性文件，但许多政策都没有真正落到实处。当前，最为迫切的是要做好顶层设计，建立健全一套完整的非国有博物馆管理制度，实行对非国有博物馆的有效管理。要尽快制定促进非国有博物馆发展的具体实施意见和工作细则，切实解决制约非国有博物馆发展的瓶颈问题。要加强对非国有博物馆的引导、辅导和支持，为非国有博物馆构建合理有效的制度环境，特别要关注非国有博物馆的"长治久安"，为非国有博物馆的持续、有序经营发展进行指导。要探索建立"博物馆

特派员"制度，选派国有博物馆专业技术人员到有需求的非国有博物馆，帮助提升藏品鉴定、保护修复、展览策划等业务水平。

（二）推动非国有博物馆尽快融入博物馆体系，不断提升非国有博物馆专业水平

要积极引导非国有博物馆融入博物馆体系中，赋予其同国有博物馆同等的法律地位，在等级评定、人员培训、职称评定、科研活动、陈列展览、学术交流合作及政策奖励、税收优惠等方面与国有博物馆同等待遇。各级博物馆主管部门要加强对非国有博物馆的专业指导，提升专业水平，提高服务能力，引导非国有博物馆逐步走上专业化、正规化之路。

一是加强专业培训，培训内容应该包括藏品保管、陈列布展、宣传教育、文化创意、市场营销等多项内容，提升馆级人员专业意识、专业能力，以此提高业务人员专业技术水平和服务能力。

二是加强对非国有博物馆业务指导，促进行业之间的交流、合作，探索建立国有博物馆对非国有博物馆的帮扶制度，构建合作平台，开展科研项目、陈列展览等多方面合作。积极推进"博物馆特派员"制度、国有博物馆与非国有博物馆结对共建等制度，选派国有博物馆专业技术人员到有需求的非国有博物馆进行定期、对口帮扶，帮助提升藏品鉴定、保护修复、展览策划等业务水平。

（三）加强财政政策支持，促进全市非国有博物馆健康发展

非国有博物馆的健康发展离不开财政扶持，特别是初步发展阶段急需各方大力支持。首先，实施完善博物馆免费开放机制。将符合条件的非国有博物馆纳入国家财政支持范围，并制定相关政策，对场馆使用、日常维护、学术科研、人才培养、交流合作、藏品保管、展示宣传活动等方面进行奖励性补贴。其次，吸引更多社会力量参与非国有博物馆的发展经营。鼓励博物馆多渠道筹措资金促进自身发展，还可探索公益性基金制度，鼓励引导社会资金以多种进入领域，允许符合条件的社会力量依法参与博物馆基础设施建设与运营管理，促进社会力量以独立举办、共同举办等多种形式举办博物馆。

第三，建立健全财政、税收、金融和土地等优惠政策，完善博物馆的捐赠激励机制，落实个人博物馆公益性捐赠支出在所得税税前扣除规定。第四，完善产业链条，鼓励非国有博物馆在促进旅游及文化创意产业方面相结合。最为直接的是，通过法律允许交流的藏品的流通获得资金收入，也可能通过文创产品的开发出售获得实际收益；使它们在宣传本地历史文化的同时，也增强了自身的造血能力。

（本文原刊载于《中国博物馆通讯》2018年第8期）

中小博物馆现状思考与发展对策

基层博物馆是指县级以下机构指导和建立的博物馆。近年来，随着我国博物馆事业的持续勃兴，分布在全国2 800多个县级行政区的众多中小型博物馆成为我国博物馆事业的基础，是我国博物馆队伍中的一支重要力量，占全国博物馆总数的2/3以上。由于历史、政策等方面的原因，目前基层博物馆普遍存在着馆藏文物少、经费投入不足、专业人才短缺等困难，致使许多基层博物馆的科学研究、陈列展示、宣传教育等功能受到削弱，基层博物馆事业发展受到进一步限制。在此背景下，如何让文物"活"起来，让博物馆"火"起来，成为基层博物馆建设、管理和发展过程中面临的一个重要课题。

一、当前基层博物馆存在的困难和问题

近年来，为提高馆藏文物的利用率和充分发挥博物馆的宣传教育服务功能，许多基层博物馆都学习借鉴国家或省级博物馆的经验做法，探索出了许多切实可行的办法举措，如举办各种固定展览和临时展览，开辟观众体验区，开发文创产品，实施博物馆免费开放，等等。这些措施虽已初见成效，但对馆藏文物价值的挖掘利用还不充分合理，陈列展览内容陈旧、形式单一，博物馆对观众的吸引力不够，具体来说集中表现为以下4个方面。

一是馆藏文物展出率偏低，馆际之间交流渠道不畅。据国家文化部门2017年底统计，我国博物馆数量已达4 873家，共举办展览30 000余场，全国博物馆年接待观众9亿人。到2017年底，全国博物馆馆藏文物达3 938.32余万件（套），数量巨大。但总体展出率偏低，特别是省级以上博物馆藏文物展出率最高的不足5%，最低的仅为1.2%。而一些基层博物馆，馆藏文物极度匮乏，不仅数量有限，而且种类偏少，有的博物馆甚至都无法举办一场基本

的文物陈列或历史陈列。

二是对馆藏文物研究不够，甚至存在着对馆藏文物使用不当等问题。文物价值主要包括历史价值、艺术价值和科学价值等3个方面。基层中小博物馆由于专业人才匮乏、研究力量薄弱，致使他们对馆藏文物的文化内涵和时代价值研究不够，对文物的历史、艺术、科学价值挖掘不够，对文物所蕴含的人文精神、时代价值以及文物背后的故事总结不够，特别是对现代科学技术、信息技术、网络技术的运用不够，从而使博物馆的陈列展览不同程度地存在着"雅而不俗、静而不动、死而不活"等现象，甚至有的博物馆还不同程度地存在着对文物的利用存在着简单化、雷同化，甚至庸俗化等问题。这些问题直接影响了文物价值的充分展示，进而影响了博物馆陈列展览水平。

三是观众数量少，门庭冷清。由于缺乏专业人才的挖掘研究，基层博物馆的陈列展览往往缺乏创新性理念，有的思想观念还停留在"以物为本"的传统展览模式，给人的感觉是生硬、呆板、沉闷的说教式面目，缺少知识性、故事性和趣味性，缺乏亲情感和人性化，缺乏参与性和体验性，让人敬而远之。当地群众很少主动到博物馆参观，有些居民甚至不知道当地博物馆的存在。许多中小型博物馆除了接待上级领导、接待有针对性地参观考察之外，基本上是门前冷落、观众稀少。中小博物馆普遍存在着社会影响力低、观众数量少、市场开发难等现象。

四是文物陈列展示的内容和形式刻板单调。陈列展览是博物馆体现其文化价值和功能的基本方式，是与社会、观众联系的重要渠道。但目前我们博物馆特别是基层中小型博物馆的展览水平较于发达国家仍有相当的差距。英国广播公司（BBC）曾经撰文说："今天的中国博物馆服务依然存在严重问题，国外博物馆能把二流藏品形成一流展示，中国的博物馆是一流藏品变成三流展示。"虽然英国广播公司的观点可能有失公正，但是我国博物馆特别是中小博物馆在陈列展示方面确实存在不少问题：如展览主题缺乏新意，与时代脱节，缺乏新鲜感，公众兴趣索然；展览形式陈旧，难以吸引观众眼球；展览内容解读和阐述枯燥乏味，学究气太浓，通俗性不足，观众参观博物馆感到很累。

二、让文物"活"起来、让基层博物馆"火"起来的办法措施

基层博物馆是我国公共文化服务的重要组成部分，他们在传播民族文化、历史文化、教育观众、促进社会文明进步等方面发挥着积极作用。面对文物少、经费少、专业人员少等困难，基层博物馆必须正视现实，立足实际，突出特点，积极探索让文物活起来、让博物馆活起来的发展模式，不断丰富馆藏文物，积极挖掘文物价值，提高馆藏文物利用率，让文物和博物馆真正走进百姓生活之中。

（一）不断丰富馆藏文物，夯实"活"起来的基础

文物是博物馆开展一切业务的物质基础，是博物馆陈列的基本素材。一个博物馆如果没有丰富的藏品，陈列、科研和宣传教育等基本职能的发挥都将成为一句空话，"活"起来永远只是纸上谈兵。文物征集是博物馆丰富藏品的重要手段和途径，各基层博物馆要高度重视文物的征集工作，充分利用各种渠道和形式。具体可采取考古移交、财政购买、社会捐助、交换与调拨等多种形式，广泛征集收藏陈列展览所需要的各类文物。这样既保证了国家文物的安全，又不给文物走私分子留下破坏、贩卖文物的空间，同时可以有效丰富馆藏文物，为"活"起来、"火"起来打下基础。

此外，中小博物馆要"接地气"，突出特色。中小博物馆虽然在藏品数量上无法与国家级、省级博物馆相比，但其能够彰显浓郁的地方特色和厚重的民族文化。特别是来自当地民间的文物藏品，与当地历史、文化有着千丝万缕的联系，这也是一些大馆所缺少的。各中小博物馆要根据各自实际和区位优势，针对当地居民的生活特点和文化需要，举办一些具有当地文化品位的陈列展览。展览活动不求洋求全求大，但求特色鲜明、精准服务，提高文物利用率，让文物活起来，将博物馆变成当地的一个文化景观，那可能会成为中小博物馆"活"起来、"火"起来的一个重要探索和渠道。

（二）加强专业人才队伍建设，强化"活"起来的智力支撑

人才队伍是基层博物馆事业发展的关键，对基层博物馆事业的可持续发展有决定性的作用。我国著名博物馆学家苏东海曾说过："博物馆事业的命运取决于博物馆的人才状况。"面对专业人才匮乏、研究力量薄弱的现状，基层博物馆一定要顺应时代要求，加强人才队伍建设，不断提升基层博物馆的社会影响力，实现基层博物馆的科学发展、和谐发展、持续发展。广大基层博物馆要强化"人才兴馆"理念，采取多层次、多渠道、多方式加大专业人才培训和培养力度，不断改善博物馆队伍结构和人员素质。要邀请专家学者定期到博物上课讲学，不断提高在职人员的业务能力和工作水平。要创造条件，不定期有目的地将中青年业务骨干送往省内外乃至国外进修学习或进行学术交流，帮助他们拓宽视野，增长见识，提高水平。要创新人才引入机制，根据单位人才状况和业务需要，科学制定博物馆从业人员任职资格和管理人员任职条件，把好入口关和任职资格关，确保引入人才质量。对于少数急缺的科学研究、陈列设计等专业岗位，应本着"缺什么补什么"的原则，通过采取引进高级专业人才等方式，开辟人才绿色通道，以解决专业人才稀缺的问题。要加强对博物馆领导岗位的专业轮训，通过多岗位锻炼，努力将他们培养成为既懂业务又懂管理的业务型领导干部。要鼓励人才依靠科技进步和制度创新，开展课题研究，提高素质，将基层博物馆真正建成广大群众追求精神文化生活的聚集地。

（三）提高陈列展陈水平，搭建"活"起来的舞台

陈列展览是博物馆的主要活动形式，是博物馆进行宣传教育的重要阵地，也是衡量博物馆工作质量和社会效益的重要标志。具体可以从以下方面来提高文物陈列展览水平。

一是通过基本陈列打造精品。基本陈列是一种与本馆任务和性质相适应的，利用本馆文物藏品举办的、内容相对固定的、相间相对较长的一种陈列形式。基本陈列首先要做好顶层设计，做好博物馆自身定位，然后在陈列中区别于同行业、同类别，做到有特点、有特色、有特殊性，完美呈现和讲述

好文物的外在及其背后的故事，吸引更多观众。

二是通过专题陈列实现灵活多样展示。专题展览是内容专一、小型多样、短期展出、可以经常更换的展览。灵活多样的专题展览，可以唤醒沉睡在文物库房中的文物，提高藏品的利用率。

三是多办临时展览以达到常办常新。临时展览规模小，制作要求不高，展品选择比较自由，陈列内容和艺术形式也比较灵活，切合基层博物馆办展的实际。经常举办临时展览是活跃博物馆工作的一种有效方法，更大限度地实现博物馆的社会效益。可以紧跟社会热点、重大节假日进行知识普及和宣传。

（四）加大博物馆的形象宣传，先"活"起来，再"火"下去

博物馆是对外展现城市魅力的重要窗口，也是社会教育的重要场所，博物馆宣传工作至关重要，它是博物馆联系群众的纽带和桥梁，是办好博物馆的重要条件，要通过广泛深入的宣传，向广大群众介绍博物馆，推销博物馆，不断扩大博物馆的社会影响力，进而提升博物的社会地位。为此，要突出做好以下几点。

一是组织好讲解接待的宣传。博物馆最基本的宣传是通过讲解员的讲解宣传。讲解员应因人而异进行接地气的讲解，把每件文物讲"活"、每块版面讲"细"、每个故事讲"趣"，激发观众的参观兴趣，满足观众的求知要求，从而让看似高冷陌生的文物在观众心中"活"起来。观众参观后，他们自然也会在其朋友圈中给博物馆及其文物打广告、做宣传，让更多的人走进博物馆，从而使博物馆"火"起来。

二是借助好媒体力量的宣传。博物馆最有力的宣传是充分借助新闻媒体进行全方位、立体化的宣传。基层博物馆应充分利用"5·18国际博物馆日"和"文化和自然遗产日"等纪念日，结合博物馆实际通过举办各类丰富多彩的活动，联合各级各类新闻媒体特别是国家、省级高端平台，以专版、专题、专栏等形式在线上、线下对博物馆及文物广泛开展宣传，实现传播最大化。当博物馆某件或者某些文物成为"明星"，产生了"明星效应"，文物便会自然"活"起来，甚至带动馆内更多文物"活"起来。

三是协作好旅游单位的宣传。博物馆最可持续的宣传是与旅游单位进行联合协作。随着人民群众文化素质的提高，参观博物馆越来越成为品质旅游的必选地。在当前文化旅游融合发展的形势下，许多博物馆都选择与当地及全国各大知名旅游企业，以及一些知名度较高、注册用户较多的网站、微信公众号合作，共同策划做好博物馆及文物的宣传推介，实现社会效益与经济效益的双赢。各中小博物馆一定要抓住这一难得的机遇，主动与旅游单位联合协作，创造条件，积极邀请游客到博物馆参观，使博物馆在红红火火的旅游业态中真正"火起来"。

（五）多开展文化下基层等服务活动，延伸博物馆社会教育功能

教育是博物馆的灵魂，而通过教育人们才能更好地认识博物馆的文物，了解其背后蕴藏的丰富文化。如何紧握时代脉搏，讲好文物的故事，提升博物馆文化凝聚力、吸引力及创造力，是博物馆教育的一大挑战。具体可从以下几点入手。

一要推进信息化建设，组织积极开展多形式的教育活动。第一，在博物馆内设立电子导览讲解系统和触摸屏技术，让观众在博物馆实地参观时，除了看文物、听讲解，还有更多的渠道来选择性参观，让他们获取自己所需要的各类信息。第二，建设功能强大、内容丰富的博物馆网站，并适时更新有关内容，让社会更多地了解博物馆。第三，积极开展"文物下乡"活动，通过组织文物图片进社区、下农村、进校园等流动展览活动，不断扩大博物馆的社会影响力。

二要因地制宜地开发文化创意产品。充分利用馆藏特色文物，挖掘文物价值，凝练展示元素，积极开发多形式、多层次的博物馆纪念品和博物馆文化创意产品，真正让博物馆文化和产品走入寻常百姓家，走进到广大群众的吃穿住行之中。

（本文原刊载于《博物院》2020年第2期）

基层博物馆组织地方史展览的对策思考

近年来，随着各级党委、政府对博物馆建设的高度重视，各地组织举办地方史展览活动如雨后春笋，不断涌现。但在陈列模式和陈列风格上，却普遍存在着形式单一、内容雷同等现象，极大地影响了博物馆教育功能的发挥。造成这一现象的原因，主要在于地方史陈列定位模糊，缺乏个性，没有体现地方特色。要破解这一难题，就要突出地方特色，彰显地域文化，打造地方品牌。

一是科学定位，精心提炼地方主题。主题是展览陈列的灵魂，决定着陈列的主导思想和陈列内容。只有定位准确、主题突出，展览才有可能做出特色，这是做好展览成功的前提所在。一个陈列展览是否做得成功，一方面要看观众是否愿意看、喜欢看、经常来看；另一方面要看观众是能够从中受到启发，是否在参观展览中有所收获。根据多年来的工作实践，地方史陈列的主题提炼一般要围绕以下几个方面来展开。首先是要对本地博物馆的性质进行深入研究，对地方史陈列要科学定位，力争做到与博物馆的性质相适应，体现出区别于其他城市地方史展览的鲜明个性。其次是要对馆藏文物进行全面把握，做到了然于胸，心中有数。要围绕着馆藏文物提炼陈列主题，特别要研究这些馆藏文物能够反映什么内容和主题，以充分发挥藏品在历史陈列中的作用。再次是要熟悉本地历史发展概况，熟悉本地历史发展的特点规律，以便更好地来精炼主题、确定主题。

二是体现个性，突出地方特点。多年来，各级博物馆组织地方史陈列，大都参照原中国历史博物馆"中国通史陈列"的模式，以历史发展进程为主线，通过当地出土的历史文物和文字图片等资料，充分展示本地区历史发展脉络和发展概况。这种陈列模式千篇一律，内容单调乏味，没有独特的地方特点，让人有"似曾相识"的感觉。地域文化风采在地方史陈列中得不到有效的演绎和彰显，观众无法获得独一无二的地方文化体验。其实，各地组织历史展览，没有必须做到面面俱到，也没有必要完全做成通史展览。在组织历史展览时，只要突出各自的历史特别，做出特色就足够了。因此，举办地方史陈列，一定要从本地历史发展特点出发，深入挖掘地方个性，突出地域特点，这样陈列才有生机活力和生命力，才能得到观众欢迎和社会认可。

三是展示亮点，彰显地方优势。历史陈列对展品的全面性和涵盖面有着很高的要求，只有在藏品数量、藏品质量达到一定规模和要求的情况下，才能有完整的叙述和理想的展示。由于瘟疫、战争等天灾人祸，有的地区在某个历史时期甚至某几个历史时期很少有人类活动，在历史上出现了活动"断档""空白"现象，历史文化遗存和出土文物资料很少，甚至没有，很难均衡地展现一个地区各个时期历史文化。地方史陈列不可能也没有必要像中国国家博物馆那样，按历史朝代更迭划分段落，按时间发展顺序陈列历史，形成以馆藏文物为基础、以历史发展为脉络，逐一叙述历史的变迁，讲述社会的进步。因此，在地方史陈列内容的取舍上，主要是彰显该地区历史发展中的重点和亮点，选取最能反映该地区历史发展特色的几个时段，选取政治、经济、文化现象最为丰富的几个时期，把地方历史文化和社会经济发展中最有优势、最具影响力或观众最可能感兴趣的东西，传达给观众，形成若干个相应的专题，采取以点带面、以亮点带全面的方法展示历史，给观众带来眼前一亮、耳目一新的感觉，使观众对地方史陈列记得住、有印象。

四是服务发展，打造地方品牌。《国际博物馆协会章程》中定义"博物馆是一个为社会及其发展服务的非营利性机构"。博物馆是通过陈列的方式传播科学文化知识，达到吸引人、鼓舞人、教育人、鞭策人的办展目的。举办地方史陈列就是充分利用本地的历史资源和文化资源，宣传地域文化，培育文化共识，推动地方文化产业发展繁荣。一个地方史陈列，就是一个展示地方经济社会文化发展的重要窗口，是一张最为靓丽、最具代表性的地方名片。具体来说，一方面，地方博物馆通过组织地方史陈列，形象地再现某一地域的历史发展过程，全面反映这一地区历史发展概貌，使人民群众通过参观历史展览，感知历史风云变幻，感悟先民们创造精神；激发建设美好未来的强大热情，在全面建设小康社会、实现中华民族伟大复兴的生动实践中，续写先民们未完的光辉史篇，创造千万年来人们向往追求的美好未来。另一方面，博物馆通过举办地方史陈列，广泛宣传本地区悠久的历史、灿烂的文化，宣传本地区丰富的风土人情和深厚的文化内涵，不断提高城市的知名度和影响力，为城市政治建设、经济建设、文化发展、社会进步提供文化支持。

齐文化的传承弘扬与博物馆的陈列宣传

2015年，淄博市委、市政府提出了建设文化名城的奋斗目标，明确提出"要坚持齐文化的保护利用、普及弘扬并重，切实加强齐文化的系统深度挖掘，不断提高齐文化的影响力和传播力"。淄博市的博物馆作为展示普及淄博历史文化、传承弘扬优秀传统文化的重要载体，应承担普及、传承齐文化的重要责任，但许多博物馆目前还无力承担起这一重要责任。在各类博物馆举办的陈列展览中，普遍存在着"雅而不俗""静而不动""死而不活"的现象，博物馆没有起到应有的宣传教育和传承普及优秀传统文化的作用。如何让博物馆展览陈列切实做到丰富多彩，如何让广大观众喜欢看、愿意看、反复看，真正发挥博物馆应有的作用，已经成为全市广大博物馆工作者面临的一个重要课题。

一、博物馆的陈列展览在文化名城建设和齐文化传承普及中的重要作用

（一）有利于挖掘城市的优秀历史文化

博物馆具有收藏保护、陈列展览、科学研究三大基本职能，承担着对人类文化遗产进行收藏保护和普及弘扬的重要责任。在参与文化名城建设中，博物馆要履行自身职能，特别是充分发挥征集保护等重要职能，对有关见证物进行广泛、全面的征集。在此基础上，通过组织展览、举办活动，使社会上更多的人、更多的单位和部门了解城市历史，重视城市历史，研究城市历史，继续推进城市发展。在这方面，我国许多城市都下了很大功夫。例如，淮安市博物馆策划的"国家历史文化名城——淮安"大型展览。展览紧扣当地历史发展，突出当地人文风情和重要历史事件、历史人物，共分成7个单

元，充分展示淮安的地方文化底蕴，突出历史文化魅力，起到了很好的宣传教育和传承普及效果。

（二）有利于提升城市文化品位

目前，许多城市在文化建设中，都根据各自独特定位，提出了文化名城的建设目标。博物馆举办陈列展览，一定要紧跟形势，与时俱进。要围绕城市历史文化定位，通过陈列展览，通过组织一些宣教活动，全面生动地展示城市历史文化；必要时，甚至可以根据重要的历史事件设计专门的场馆，对当地历史文化进行集中展示。特别是一些综合性博物馆，可以更多地组织举办一些高品位的文化展览项目，以宣传历史文化，提高城市文化品位。

（三）有利于促进城市旅游事业的发展

文化名城常常是以其独特的历史文化为支撑的，而城市的风景名胜也是历史文化的重要内容。因此，建设文化名城有利于推动旅游业的发展。特别是各级各类博物馆要充分发挥各自职能，通过展览陈列，充分展示各地的文化风情、名胜古迹、特色饮食等，以助推当地旅游业发展。例如，吉林市依托世界上最大的陨石，建立起了吉林市陨石博物馆。同时，他们还依托当地的风景名胜，长期举办以中国四大自然景观之一即吉林雾凇为主题的"走进冰雪香格里拉——雾凇冰雪摄影作品展"。吉林市陨石博物馆是中国第一个，也是目前世界上唯一以陨石雨为专题的博物馆。这些独具特色的展览，不仅可以满足人们的好奇心，还能够吸引游客前来旅游观光，从而促进地方经济发展。通过文化宣传来推动发展旅游业，也是我市提出建设文化名城的重要原因之一。

二、目前淄博市博物馆在展陈宣传中普遍存在的问题

（一）"雅而不俗"

目前，淄博市博物馆事业处于快速发展阶段。据统计，目前淄博市共有国家注册博物馆39家。其中，国有博物馆19家，非国有博物馆20家。特别是民办博物馆有了较大发展，具有一定规模的民间博物馆达到60余家，形成了综合类与专题类博物馆、国有与民办博物馆共同发展、相互补充的良好格

局。但在思想理念上，博物馆的陈列普及、宣传弘扬的方式方法还是比较保守，普遍存在着展示内容及展示方式陈旧死板、展示设施老化、展示手段落后的问题，不能满足参观者的需求。另外，展览的内容通俗性不足，"学究气"太浓，逻辑清晰度不强，平铺直叙，枯燥乏味，以至于参观者看不懂或看得很累，参观之后觉得很乏味，已然形成了一种"不可不去、又不可多去"的乏态。

（二）"静而不动"

淄博文化底蕴深厚，是齐国都城所在地和齐文化重要发源地，地上地下分布着大量的文化遗存，素有"地下博物馆"的美誉。但是大部分博物馆布展方式简单化、程式化、机械化，展陈手段落后，科技含量不高，展示效果欠佳。大部分展览主要是历史文物的陈列，忽视了旅游功能的完善，互动性、趣味性和参与性不足，旅游元素和现代科技手段匮乏。并且许多历史展馆陈列方式千篇一律，内容单调乏味，没有地方特色。地域文化风采在地方史陈列中得不到有效的演绎和彰显，观众无法获得独一无二的地方文化体验。

（三）"死而不活"

多年来，许多博物馆变成了"文物仓库"，客观条件限制太多，参观者很难融入。有些展览虽然精品很多，其中都不乏珍贵文物，但由于他们在组织展览时，没有进行专门研究和论证，展品之间主次不分，相互之间关联度不高，展品介绍内容简单，致使观众既看不出头绪，也提不起兴趣。展览缺乏独到的策展思路和呈现方式，对观众的视觉冲击力和历史感染力不强，难以激发游客参观的欲望和兴趣。许多展览还停留在二三十年前精品展、名品展的阶段。

三、做好博物馆陈列展览以及做好宣传普及工作的几点建议

（一）文物展览要"雅俗共赏"

一是要让"雅品"走向大众。目前，淄博许多博物馆如齐文化博物院、临淄中国古车博物馆、淄博陶瓷琉璃博物馆、管仲纪念馆、王士祯纪念馆等，它们的文物、展品都不错，有的文物在全国也都是独一无二的。但这些

展品往往都是"高居庙堂""正襟危坐""雅气十足"。把高雅的文物变成雅俗共赏的旅游产品，大有文章可做。北京恭王府的"福文化"可以说是"高大上"，为了让游客参与进来，管理人员在讲解词中植入了"福文化"的内容，并研究开发出一系列文化创意产品，从而激发了游客的购买热情。恭王府仅销售文创产品这一项收入，每年都突破2 000万元。二是雅俗结合，雅俗共赏。博物馆不能如象牙塔般"高冷"，到博物馆参观的大多数是普通游客，因此在藏品的展示上，既要尊重历史，把"雅"的方面表现出来；又要贴近游客，用"俗"的方式进行解说，使人明白易懂。三是在高雅的场所增加现代化的服务设施。博物馆不能停留在提供知识的层面，应突破传统的局限，用现代的旅游理念和手段进行创新、挖掘和改造。例如，可以在传统的宣传教育功能基础上增加一些旅游功能，积极开发餐饮、会议、书吧、茶馆、戏坊等多元化的旅游业态，提供多元化的公众服务，以适应公众的旅游需要。

（二）让"静"的文物"动"起来

一是要聘请国内外专家进行高端策划，利用国内外最先进的展示方法和展示技术，让"静"的文物"动"起来，使游客有身临其境的感受。在参观博物馆的过程中，既能获得知识，又有一种美的享受。二是通过体验活动，让游客"动"起来。我们可以在淄博陶瓷琉璃博物馆、临淄足球博物馆等这些"静"态的博物馆中设置不同的体验项目，让游客置身其中体验和参与，增加旅游过程的趣味性、亲近感。三是通过"走出去"，推动文物在国内外的展出和交流，一方面促进文物藏品资源共享，加强展览项目交流，扩大藏品展示范围，强化馆际之间的互通交流，另一方面，通过展示交流，扩大我市的文化输出，扩大城市的知名度和影响力。例如，可以与英国足球博物馆定期举办活动，交流蹴鞠文化；到韩国、东南亚等国家和地区举办陶琉展卖活动，展示我市的陶瓷琉璃文化。

（三）把"死"的文物变"活"

一是让展陈"活"起来。用形象的展陈、生动的手法和声光电等技术，让"死"的文物"活"起来。如湖南博物院在马王堆汉墓的陈列中，复原了马王堆一号汉墓巨大的墓坑，用现代科技手段复原了一号墓主人的面容，采用声光电描绘了一、二、三号墓主人传奇的一生，壮观的动感画面惟妙惟肖、栩栩如生、生动感人。这些透着浓厚生活气息的场景，现在已经成为观众关注的焦点。我们可以结合历史资料，通过多媒体虚拟技术等对历史展品进行模拟，对历史场景进行再现，对历史事件进行还原，强化游客在馆内的现场体验，打造逼真的实景效果，给人以强烈的视觉冲击，彻底把古人、战马、战车等文物搞"活"，从而引导观众轻松地了解体悟历史文明。二是让宣传教育"活"起来。国际博物馆协会原主席汉斯-马丁·辛兹博士说："博物馆作为教育者和文化中介，在界定和实施可持续发展与实践方面起着越来越重要的作用。"在美国，有的博物馆创设了很多有趣的教育场景，把中小学教学现场搬进了博物馆。2012年，韩国投资8.72亿韩元，聘请了美术学、历史学领域的学者专家来打造"教育者"项目。从2008年开始，杭州市在全国率先策划实施了公益性博物馆的"青少年第二课堂"计划。山东省积极推动"大成礼乐"展演进校园，向学生普及传统文化。三是让文物通过互联网"活"起来。四川省通过开发智能系统，用数字化手段开发"锦点"导览系统，把113家博物馆、6 354处不可移动文物和14 213件珍贵文物收入其中。通过手机，游客就可以把博物馆"带回家"。有的地方还在博物馆现场安装触摸屏、智能电视等设施，多维化地展示文物，游客可以了解、倾听文物背后的故事。

习近平总书记强调："让收藏在博物馆里的文物、陈列在广阔大地上的遗产、书写在古籍里的文字都活起来"。这就要求广大文博工作者在坚持有效保护的前提下，做好文物的宣传普及和传承利用工作，充分发挥文物的价值。要做到这些，就需要我们在战略策略上进行深入研究和探索，在发展思路上进行丰富和拓展，在宣传营销的方式和方法上进行改进和优化。只有让藏品"活"起来、让古人"走"出来、让战车"跑"出来，不断为广大民众提供更加丰富多彩的、富有时代气息的、深受百姓欢迎的产品，才能使越来越多的观众涌入博物馆，才能让博物馆在文化名城建设和齐文化传承普及中发挥更大的作用。

非国有博物馆从"门可罗雀"到"门庭若市"的
路径研究

非国有博物馆是指由社会力量利用非国有文物、标本、资料等资产设立的，经过业务管理部门验收通过并依法登记备案的博物馆。从20世纪90年代我国第一批非国有博物馆成立到2020年底，全国登记备案的已达1 860家，占全国博物馆总数的1/3。[①]非国有博物馆填补了我国收藏门类空白，优化了博物馆的建设体系，丰富了文化和旅游市场，是博物馆事业中一支不可忽视的力量。尽管近年来我国非国有博物馆在建设数量上不断呈上升趋势，但其发展状况却不容乐观，只有部分非国有博物馆发展良好，大多数博物馆观众稀少，出现了门前冷清、门可罗雀的状况，有的甚至还面临着"生存危机"。

博物馆、展品和观众三者构成了博物馆学的主体[②]。观众与博物馆藏品一样，都是博物馆的基本元素。在我国，博物馆作为公益性文化服务机构，其价值主要是通过为观众服务而体现的。因此，观众既是博物馆的服务对象，又是博物馆赖以生存的基础。如果失去了观众，博物馆的存在也就没有意义。因此，从某种程度上说，观众数量的多少是衡量一座博物馆职能发挥和存在价值的重要体现。而我国非国有博物馆由于资金不足、珍品稀少、宣传不够、设施简陋等原因，不具备国有博物馆那样的公众吸引力，以至于部分非国有博物馆出现一天只有几位或十几观众光顾的现象。由于宣传不够，甚至当地居民都不知道本地博物馆的存在，更不用说外地观众或者旅客。如山东华夏匾额博物馆，是目前我国收藏数量最多的木质古匾博物馆。由于该

---

① 吴强华：《非国有博物馆发展正当其时》，《中国文物报》2021年8月12日第3版。
② 王悦：《浅谈博物馆与展品及受众三者间的关系》，《活力》2017年第17期。

馆位于山东力明职业技术学院图书馆的三楼，位置偏僻，交通不便，因此除了相关学者、匾额爱好者偶尔慕名参观之外，平时很少有观众光顾。南京宝缘斋博物馆是南京市首家以收藏展示古今玉器、木雕、根雕为主的专题类非国有博物馆，但由于宣传不够，附近的社区居民都不知道自己身边有这么一个博物馆。南京长风堂博物馆由于参观者寥寥无几，不得不于2016年底关门停业。①

一个没有观众的博物馆是没有生命力的。在文化和旅游融合发展不断走向深入的形势下，非国有博物馆要提升对观众的吸引力，进一步提高知名度，增加观众量，就必须从展览展示、服务功能、对外宣传等方面狠下功夫。

（一）做"精"展览陈列

展览陈列是博物馆向观众提供的特殊精神产品，是博物馆服务观众的重要内容。由于非国有博物馆来自民间，其藏品大多比较单一、类别少，有影响的精品文物少，其展品难以对观众产生较强的吸引力。有的展览陈列在举办前没有经过专家论证，只是把所藏展品进行简单的排列摆放，缺少专业设计和深层次的"二次创造"，更缺少对相关展品的诠释和知识的解读，从而使观众兴趣缺失，造成客流量的趋减，到最后只能关门闭馆。成立于2014年的青岛东方玉文化博物馆，由于观众稀少，2019年被迫关门。青岛金石艺术博物馆开馆以来观众人数一直很少，每天观众接待量仅仅二三十人，特别是新冠疫情发生以来更是难以为继，2020年底也被迫临时关门。②由于缺少专业指导和监督，更有的博物馆在展览中充斥着大量的复仿制品或假冒藏品，误导观众，严重损害了博物馆的整体形象。如河北冀宝斋博物馆，由于收藏大量"山寨"藏品，致使博物馆展览赝品充斥，2016年被河北省文化局撤销注册证书。

非国有博物馆的藏品虽然比较单一，但都比较有特色，可以说是专业

---

① 林岩：《提升非国有博物馆公众吸引力探讨》，《文物鉴定与鉴赏》2017年第11期。

② 邱正：《场馆规模偏小、藏品良莠不齐……如何破解青岛民办博物馆之困？》，2020年9月23日，https://www.guanhai.com.cn/p/14386.html，2020年9月23日。

性更强、更接地气、更容易被游客和观众所接受。因此，非国有博物馆在展陈策划时要突出地方特色，彰显地域个性，做到主题鲜明、主线清晰、重点突出。针对专业人才缺乏问题，可学习借鉴山东省淄博市的做法，从非国有博物馆申请备案建馆开始，市文化和旅游局就牵头组织专家学者及时跟进介入，对展览大纲和陈列方案进行审核论证，提出专业性和针对性的修改意见。为做活展览陈列，可以借助数字技术使陈列方式多样化，如增加现实技术、全息投影技术、多点触控技术等，使观众从视觉、听觉、触觉等多方面来获取信息，增强观众的体验感。临时展览作为基本展览的有效补充，能够弥补基本陈列更新不及时的缺陷，对扩大非国有博物馆的吸引力具有重要作用。各非国有博物馆可不定期地推出特色鲜明的临时展览，做到常展常新。为克服非国有博物馆因财力物力人力有限、独自办展困难的实际，可以探索联合办展的路子，以实现区域间的资源共享和抱团发展。如青岛市将辖区内部分非国有博物馆连点成线，推出联展。临沂市组织国有博物馆帮助非国有博物馆打造精品展览，并先后到威海、枣庄等省内多地进行巡展，均取得了很好的社会反响。[①]

（二）做"优"接待服务

大众化是现代博物馆的发展趋势，为观众提供优质服务是博物馆的基本要求。为观众提供完善的设施和优质的服务是提高博物馆吸引力的一个重要因素。由于我国非国有博物馆起步较晚，发展时间短，而且受资金、场地、人员、规模等主客观条件的限制，除依托企业或集团创办的大型博物馆外，大部分非国有博物馆服务设施都不健全。据淄博市文化和旅游局博物馆科调查，截止到2021年底，淄博市非国有博物馆共有48家，其中有休息室、存包处、饮水处、座椅等基本服务设施的只有6家。与国有博物馆相比，其配套服务设施很不健全和完善，这也是导致非国有博物馆观众稀少的重要原因。

---

① 山东省文化和旅游厅：《山东省文化和旅游厅对省政协十二届四次会议第12040245号提案的答复》，2021年3月26日，http://whhly.shandong.gov.cn/art/2021/10/28/art_100574_10294198.html，2021年10月28日。

因此，非国有博物馆要在增加服务设施和提升优质服务上下功夫。

首先，健全完善基础设施，设立必要的停车场、餐饮处、存包处、休息处、服务台等硬件设施，让观众在参与博物馆旅游时有地方可以停留和休息，有时间品味博物馆的文化和内涵，使博物馆真正成为观众休闲娱乐的场所。淄博傅山自然地质博物馆在做"精"展览的同时，努力做"优"服务工作，他们在博物馆内设立了休息室、研学室、咖啡厅、文创商店等硬件设施，打造了一座具有科普、教育、展示和艺术创意、服务接待于一体的现代博物馆，使参观过程变成了一种动、闲、乐、教相结合的体验过程，很受青少年观众的欢迎。自2021年6月18日开馆以来，观众人数不断增长。① 在这方面，最具代表性的是四川省建川博物馆。它不仅将30余个场馆汇集在一起，而且还进一步将酒店、客栈、茶馆、文物商店等服务配套设施汇集在一起，形成了一个集藏品展示、教育研究、旅游休闲、艺术博览、影视拍摄等多项功能于一体的新概念博物馆。由于该馆服务设施齐全，配套完善，极大地提高了对公众的吸引力。该馆于2005年开馆，3年后就已扭亏。到2019年旅客参观数量达1 300多万人次，打造了我国非国有博物馆新模式②。

其次，多策划和提供一些个性化讲解服务。为了让观众更好地了解博物馆，对年龄不同、层次不同的观众设计不同的讲解词，为观众提供个性化、温馨化讲解服务。讲解要力求生动形象，吸引观众的注意力。

第三，拓宽服务范围。非国有博物馆可发挥自己的区位优势，利用本地、本馆的特色资源，加强与学校、社区的合作，为青少年学生、社区居民提供丰富多彩的文化活动，特别是开发一些针对青少年的文化体验项目，使博物馆真正成为广大青少年喜欢的第二课堂。

第四，是顺应互联网发展趋势，加强数字化建设，打破时间、地点等方面的限制，为观众提供随时随地、方便快捷的文化服务，以提高博物馆的社

---

① 张强：《淄博傅山自然地质博物馆"看点"真不少》，2021年10月22日，https://i.ifeng.com/c/8AWXtcrTZR2?ivk_sa=1023197a，2021年10月22日。

② 王可一：《建川博物馆：打造非国有博物馆发展新模式》，《小康》2019年10月上旬刊。

会关注度。

（三）做"全"形象宣传

博物馆要提高对观众的吸引力，一方面需要自身服务的提升与深化，另一方面也需要外部的支持与宣传。宣传是博物馆扩大影响、吸引公众最直接和最有效的方法。非国有博物馆由于是民办身份，建立后政府的主流媒体没有给予相应的宣传，造成社会知名度不高。要改善这种"养在深闺人未识"的局面，就必须采取多种形式，运用多种渠道，进行全方位宣传，努力让公众了解博物馆。

首先，是做好媒体宣传。目前，媒体宣传仍是我国最重要的宣传方式，是博物馆宣传自己、推介自己的重要渠道。受思想观念和资金财力等方面的制约，当前全国大多数非国有博物馆还没有意识到宣传工作的重要性，宣传方式仍然比较传统落后，宣传手段也仅限于向观众发放博物馆简介和宣传手册等。即使偶尔运用报纸、广播、电视等宣传方式，往往也是被动地接受媒体采访、发布一两条活动消息等，很少主动地将自我形象和活动成果及时推荐给观众，从而使博物馆处于自我封闭、无人知晓的状态。各非国有博物馆要树立全方位、包容性的宣传理念，既要充分利用广播、电视、报刊等传统媒体，更要利用微信、微博、抖音等新传媒平台进行宣传推广。特别是要充分发挥现代网络技术具有的信息容量大、方便快捷且不受时间地点限制等特点，积极主动地向公众发布展品展览信息和活动开展情况。要力争通过最大化的宣传，使博物馆特色展览和"明星"藏品真正为社会所知晓和喜欢。

其次，是做好活动宣传。除陈列展览外，策划活动也是博物馆凝聚人气、吸引观众的重要手段。在当前形势下，非国有博物馆要想生存发展，单靠举办一两个展览坐等观众上门参观是不行的，必须组织策划一系列丰富多彩的宣传活动。特别是要充分利用一些关键时间节点和一些特殊节日，如"5·18国际博物馆日""世界文化遗产日"等纪念日，以及春节、端午、中秋等传统节日，多策划一些人们具有地方特色、人们喜闻乐见的文化教育和民俗活动，通过活动吸引观众，通过活动凝聚人气。此外，非国有博物馆还可发挥运营灵活、社会联系面广的特点，借助社会知名人士开展形象宣传。可邀请专家、学者、企业家等来博物馆开展调研、讲学、交流等活动，通过发挥"名人"效应，不仅能够吸引观众，还可以帮助博物馆寻求社会支持，扩大藏品和资金来源。如观复博物馆的马未都先生、四川省建川博物馆的樊建川先生等，都是通过自己个人的知名度和邀请其他社会名人来宣传博物馆，都收到了较好的宣传效果。

第三，是做好旅游宣传。博物馆是旅游业发展的重要资源。随着人们生活水平和文化素质的提高，参观博物馆已成为当前品质旅游的重要项目，近年来出现的"博物馆里过大年"等就是一种时尚旅游。非国有博物馆应抓住文化与旅游融合发展的有利时机，通过争取当地政府和旅游部门的支持，将非国有博物馆纳入整体旅游规划和精品旅游线路之中，力争使博物馆成为旅客到一个地方旅游的"必经之地"。要加强与当地旅游公司的合作，组织多样化的参观线路，向旅客介绍博物馆，并适当加以引导。要做好形象包装和宣传推介，力争使博物馆既是文化场所，又是旅游目的地。要将互联网、人工智能等现代科技手段融入博物馆标识系统和解说系统之中，让非国有博物馆能"说话"，会"说话"，"说旅游话"。要争取当地政府部门的支持，可在高速公路、国道、省道等路段和旅游景点设立非国有博物馆指示路标，在车站、机场、酒店等放置一些非国有博物馆的宣传品，这样既方便旅客参观，又扩大非国有博物馆的影响，进一步提高了非国有博物馆的知名度。

（本文系2021年度山东省人文社科课题"文旅融合发展背景下山东省非
国有博物馆建设现状调查与发展对策研究"成果之一）

文旅融合视域下非国有博物馆实现良性 发展对策探讨

自2010年以来①，国家连续下发《关于促进民办博物馆发展的意见》《关于进一步推动非国有博物馆发展的意见》等文件，强力推进非国有博物馆事业。我国非国有博物馆建设迎来发展"春天"，各种规模、各个门类的博物馆如雨后春笋，在全国各地大量涌现。2020年底，全国登记备案的非国有博物馆已达1 860家，占全国博物馆总数（5 788家）的1/3。②非国有博物馆成为我国博物馆体系的重要补充，成为提供公共文化服务的重要力量。虽然我国非国有博物馆在建设中取得了很大成就，但在运行过程中却遇到了服务效能差、观众人数少、生存难度大等突出问题，有的地方甚至出现了"一边是蜂拥而起，一边是运营维艰"骑虎难下、左右为难的现象，急需有关方面和业内人士加强调查研究，尽快探索出一条非国有博物馆生存、发展之路。本文不涉及政府支持、社会参与等外部因素，只从博物馆自身层面进行专题研究，提出一些有针对性的建议和对策。

一、目前非国有博物馆运行中遇到的突出困难和问题

与世界数百年的博物馆发展史相比，非国有博物馆在我国还是一个新生事物，即使算上1905年张謇自费创办的中国第一家博物馆——南通博物苑，

---

① 2010年1月，国家文物局、民政部、财政部、国土资源部、住房和城乡建设局、文化部、国家税务总局联合下发《关于促进民办博物馆发展的意见》，鼓励民办博物馆发展。从此，我国非国有博物馆开始进入大规模发展时期。

② 吴强华：《非国有博物馆发展正当其时》，《中国文物报》2021年8月12日第3版。

我国博物馆的历史也仅有100多年。我国非国有博物馆大规模建设、发展只有十几年的时间。由于我国非国有博物馆进入门槛低、兴起时间晚、运行时间短，以及数量大、成分复杂等原因，目前还没有一套成熟的经验可以借鉴，从而使非国有博物馆在运行过程中遇到了许多困难和问题，其中最为突出、最为严重、直接制约当前非国有博物馆生存、发展的问题主要有两个方面。

（一）我国非国有博物馆展陈水平普遍不高，难以吸引观众

不可否认，像四川省建川博物馆、西安大唐西市博物馆、上海震旦博物馆、马未都先生创立的观复博物馆等，它们的展陈水平之高甚至超过了许多国有博物大馆。但从全国来看，我国非国有博物馆的陈列水平却普遍不高，具体表现：

一是俗而不雅，缺少"高度"。每个博物馆都是一所学校，每座博物馆都是保护和传承人类文明的高雅艺术殿堂。但由于我国非国有博物馆诞生于民间、发展于民间，创作和设计也大都出自民间非专业人士之手。由于创办者观念落后、视野狭窄，其策划的展览往往存在着展示方式呆板、展示设施粗糙、展示手段原始等问题，不能适应新时代参观者求知、求游、求乐的多种需求。俗话说"俗而不雅则无味"，由于展陈水平天津市，展览缺少感染力和吸引力，从而使观众看不懂或看得很累，造成了一种"不可不去、又不可再去"的乏态。

二是静而不动，缺少互动性。大部分博物馆布展方式存在着程式化、机械化的现象，参观后有千篇一律、似曾相识的感觉。其推出的展览基本上是历史文物陈列，缺少一定的旅游因素，忽视了旅游功能的完善，冷冰冰的像历史教科书，让观众被动地接受，与观众距离太远。大部分博物馆由于受场馆规模限制，有的博物馆仅有一个展览，没有设计一些体验项目和互动活动，从而使观众有乘兴而来、败兴而归的感受。

三是死而不活，缺少"沉浸感"。虽然有些博物馆文物藏品数量很多，展览中也不乏精品，但展览中的展品却乱堆乱放，彼此之间缺少主次和脉络串联，条理不清，逻辑清晰度不强，观众看不明白，很难融入进去。有的展厅内多为大段大段的介绍性文字，图片少、文字多，视觉冲击力和环境感染力不强，难以引起观众的共鸣。一些展览环境营造和表达内容脱节，展示主题不突出，观众参观后没有印象和感受。有的展览对展品内涵发掘不够，特别是对一些重点文物和"明星"藏品，没有进行重点展示和重点介绍，缺少故事性和表现力，观众得不到一定的启示和教育。

（二）我国非国有博物馆运行经费严重不足，难以长远发展

从创办主体来看，我国非国有博物馆绝大部分是由个人创办，仅有一小部分由企业或村居创办，其建设经费和运行经费自然由创办者承担。由于非国有博物馆在我国还不完善，创办者往往思想准备不足，在前期建馆中投入了大量资金，有的甚至是倾其所有，至于在建成后如何运行大多没有考虑。据山东省文物局调查，我国每年每个非国有博物馆所需运行费用小型馆在二三十万元，中型馆在六七十万元，大型馆在百万元以上甚至数百万元，有半数以上的非国有博物馆完全依赖创办者投入。与有企业、村居作强大后盾的博物馆相比，我国个人创办的博物馆基本上都没有后续资金的支持。由于在博物馆初期已经把个人或家族积蓄全部投入进去，博物馆开馆后已是囊中羞涩、捉襟见肘，运行资金严重匮乏甚至没有。这样，就严重影响了博物馆藏品的增添、展览的更新、设施的改造和提升，严重影响了博物馆后期发展和长远发展。如2020年创建为国家二级博物馆的临沂天泽木文化博物馆，展陈面积8 000平方米，有5万余件珍贵木材标本，建馆时投入了1 200多万元。由于没有更多的资金投入，近年来，该馆主要是依靠变卖多套房产维持运营。"开馆容易运行难"是我国非国有博物馆的当前现状。这种"重建馆、轻运营"的观念，严重影响了非国有博物馆的运行效果和服务质量，更不必说推动非国有博物馆的高质量发展。

近年来，国家已经发现非国有博物馆在运行中遇到的困难，并且各地制定了非国有博物馆运营奖励补助办法，确定对新建成的博物馆一次性给予10万~30万元的财政补助，每年考核合格后再给予3万~4万元的运行补贴。

但毕竟扶持力度有限，只能是杯水车薪，何况有的地方财政补贴还没有完全落地、到位。由于运营经费严重不足，目前许多非国有博物馆生存状况令人担忧，有的博物馆目前是亏损经营或负债经营，甚至有的博物馆处于"半开馆、半闭馆"的状态。2018年12月，济南宜和居博物馆申请注销，成为山东省第一家正式申请退出的非国有博物馆，其原因主要就是因无力继续承担运行经费的巨大开支。

二、今后非国有博物馆走良性发展之路的对策措施

同国有博物馆一样，非国有博物馆同样承担着保护文物藏品、传承民族文化、宣传教育观众、建设文化强国的重要职责，面对运营发展中遇到的一系列困难和问题，各非国有博物馆必须正视现实、立足实际、积极探索，要不等不靠、修炼"内功"、自力更生，通过自身的发展强身健体，通过自己的努力赢得未来。

（一）做精展览陈列，积极吸引观众

展览陈列是博物馆的基本职能和主要职责，是博物馆吸引观众、凝聚人气的重要平台。博物馆展陈质量的高低，直接影响着博物馆的声誉和未来发展。因此，每个博物馆都要立足本地实际和本馆特色，把展览陈列做精、做细、做活、做美。

一是要雅俗结合、雅俗共赏。首先是要扬长避短，把"俗"的文物做"雅"。非国有博物馆藏品的级别、品质虽然无法与国有博物馆相比，甚至有的博物馆没有一、二、三级文物。但每个馆中毕竟都有几件所谓的"镇馆之宝"。各博物馆要注重对重点文物的策划包装，通过挖掘历史内涵，讲出文物故事，让"俗"的展品变高雅。其次要以观众为中心，把"雅"的展陈做"俗"。博物馆虽然是文化场所和艺术殿堂，但不能像象牙塔般的"高冷"。观众不会都是专家，到博物馆参观的人大多是普通观众。在展览展示上既要尊重历史，把"雅"的方面突出出来，又要贴近观众、贴近实际，用"俗"的方式把"游"的元素体现出来。要通过创新使展览和展品

变得雅俗共赏。第三要让"高雅"的场所增加现代服务设施。博物馆不能只停留在获得知识的层面，在文旅融合背景下，要突破传统观念的局限，用现代的旅游理念和手段进行创新和改造。要在传统"雅"的功能上增加旅游功能，积极开发餐饮、茶馆、游玩区等多元的旅游业态，提供多元化的公共服务。四川省建川博物馆在建馆之初就树立了旅游理念，在场馆建设中融进了旅游元素，先后建立起了茶铺、文物商店、餐饮酒店、影剧院等旅游配套设施，建馆后吸引了大批旅客前来参观旅游。经过几年发展，该馆不仅走上了"以馆养馆"的良性发展之路，而且成为我国非国有博物馆的榜样典范。

二是要让"静"的展览和藏品"动"起来。要聘请高水平专家进行展览策划，通过先进的展示方法和科学的陈列技术，让"沉睡"在地下几千年的文物"动"起来，让固定的展览"动"起来，让观众在参观时既受到知识的熏陶，又成为一种快乐的享受。要积极创造条件，多组织举办一些体验性活动。除个别大中型博物馆外，我国非国有博物馆大都是小馆，一般都散布于社区或工商业区之内，缺少大量流动的观众群体。这就要求各个博物馆一定要明确参观对象，融入所在社区和周围居民，尤其是周边的中小学校。要结合本地民俗风情和地域特色，结合本馆实际和展览特色，多组织一些体验性的文化活动。通过体验凝聚人气，通过活动常展常新。要"引进来、走出去"，加强馆际间的交流互动，通过与周边博物馆联合办展、巡回展览等方式，实现"抱薪取暖"直至"抱团发展"。

三是要让展览"活"起来，让展品、人物、场景"活"起来。非国有博物馆要跟上时代的脚步，适应旅客观众的参观需求，多利用一些现代科学技术，做活、做亮、做美博物馆展览。要通过形象的展示、生动的手法和声光电等现代技术，让"静"的展览和展品"活"起来。这方面，可以借鉴现代虚拟技术，结合展览内容，对历史场景进行模拟，对历史事件进行演绎，让古人走出来，让战马跑出来，让古战场复原出来，从而强化观众在参观中的体验感，增强逼真的实景效果。

（二）健全"造血"功能，促进长远发展

与国有博物馆不同，非国有博物馆主要是由社会力量或个人利用民间收藏的文物依法设立，并向公众开放的非营利性社会服务机构。从非国有博物馆的成立、运营、终止等方面与国有博物馆相比较，两者都有极大的不同。从成立的主体来看，国有博物馆由国家成立，其藏品由国家调拨，场馆由财政投资建设；非国有博物馆则是依赖举办人捐赠藏品、举办人出资租赁场地或者自筹建馆。从成立后的运营经费保障看，国有博物馆运营经费由财政或上级拨款，非国有博物馆基本依靠创办者自筹。因此，我国非国有博物馆要实现长远发展，最终还需依靠自己，要通过自己的努力，完善自身"造血"功能，实现"以馆养馆"良性发展。因此，非国有博物馆要立足当前、着眼长远、自力更生，要通过转换思想观念、改革内部管理制度、完善服务配套设施、提高服务功能等措施实现自身发展。在这方面，我国也有成功的经验可以学习借鉴。1996年，文化名人马未都先生成立了我国第一家非国有博物馆——观复博物馆。经过近10年的独立发展，他曾自豪地说："全国有几千家博物馆，我们是不依赖政府拨款、不依赖其他企业拨款，唯一靠自己来运营的博物馆，而且进入了良性循环。"[①]虽然观复博物馆的经验不能完全复制，但其运营做法或许给我们启示：这就是要以产业思维探索非国有博物馆的运营模式，要学习引进企业经营理念，将博物馆产业经营与商业运营结合起来，在博物馆之外增加纪念品销售、休闲餐饮、客栈、茶馆等功能。要以博物馆作为商业运作提供平台和载体，以商业运作为博物馆谋求资金，最终推动博物馆良性发展。

近年来，全国各地非国有博物馆积极探索办馆思路和发展途径，结合自身实际，纷纷采取了"博物馆+产业""博物馆+非遗""博物馆+景区""博物馆+产业""博物馆+高校"等多种办馆模式，通过发展旅游项目、销售文

---

① 朱林：《民办博物馆：藏有"金饭碗" 缘何没饭吃》，《工人日报》2016年5月18日第6版。

创产品、开展商业活动等，增强自身"造血"功能和发展能力，实现了"以馆养馆"的目标。在这方面，洛阳市的做法值得借鉴。近年来，洛阳市各非国有博物馆面对场地租金、人员工资、装修费用、水电成本等巨额费用，面对单靠政府补贴、难以解决运营中的一系列问题，部分非国有博物馆结合各自实际和特点，通过采取"博物馆+"的办馆模式，找到了一条条自我"造血"之路。有的是借助体验、旅游项目，增加收入以馆养馆；有的通过销售文创产品以馆养馆；有的是通过博物馆加景区的模式，通过增加观众数量带动博物馆发展。海南香文化博物馆通过开展商业经营，做好做活博物馆事业，通过扩大文化产业链，实现博物馆健康长足发展。

（三）加强宣传营销，力推博物馆"活下去""火起来"

非国有博物馆是弘扬优秀传统文化的重要窗口，是宣传人、教育人、塑造人的重要阵地。从面上看，目前虽然大部分非国有博物馆都认识到了宣传工作的重要性，但真正重视宣传并开始做这项工作的还是少数，许多非国有博物馆至今还是"养在新闻人未识"。非国有博物馆应该树立"酒香也怕巷子深"的推销理念，利用一切机会、采取多种手段，坚持不懈地进行形象宣传，推销自己，让博物馆真正走进观众、走向社会。

一是做好讲解宣传。讲解工作是博物馆的一项基本职能，是博物馆组织观众、联络社会的最基本宣传手段。从目前情况看，我国大部分非国有博物馆没有配备专职讲解员，有的是由馆长或者举办者做讲解，有的是工作人员做兼职讲解，讲解工作很不规范，从而严重影响了博物馆的宣传效果。要重视博物馆讲解工作，下大气力培养二至三名懂业务、气质好、语言表达能力强的优秀讲解员。要通过讲解员接地气、针对性的讲解，把每件文物讲"活"、把每个人物讲"全"、把每个故事讲"细"并得富有趣味，从而让冰冷的展品在观众心中"热"起来。这样，观众结束参观后，才能会分享、推荐给周围的人群，让更多的人走进博物馆。

二是做好媒体宣传。目前，媒体宣传仍是我国最重要的宣传方式，是博物馆推销自己最重要的渠道。当前大多数博物馆宣传经营方式仍比较传统，宣传手段也仅限于向观众发放宣传手册，以及观众的口口相传。即使偶尔运用报纸、电视等宣传方式，往往也是接受媒体采访、发布一两条活动消息等，很少主动地将自己的精华和成果推销给观众，从而使博物馆处于自我封闭的状态。非国有博物馆既要利用广播、电视、报刊等传统媒体，更要利用微信、微博、抖音等新媒体平台进行推广。要力争通过最大化的宣传，使博物馆特色展览和藏品价值真正为社会所知，从而使博物馆获得更高的社会关注度和社会影响力。

三是做好活动宣传。除陈列展览外，策划活动也是博物馆凝聚人气、吸引观众的重要手段。非国有博物馆要想生存发展，单靠坐等观众上门是不行的，必须策划一系列丰富多彩的活动。特别要利用一些特殊日子，如"5·18国际博物馆日""世界文化遗产日"等纪念日，以及春节、端午、中秋等传统节日，多策划一些丰富多彩的民俗文化活动。通过活动吸引观众，通过活动凝聚人气。

四是做好旅游宣传。随着人们文化素质的提高，参观博物馆成为品质旅游的重要项目。近年来出现的"博物馆里过大年"等就是一种时尚旅游。各非国有博物馆要抓住文化与旅游融合的有利时机，通过争取当地政府支持，力争把自己划进旅游精品线路。要加强与旅游公司的合作，共同做好形象包装和宣传推介，力争使博物馆既是文化场所，又是旅游目的地。要在适宜的路段和各大旅游景点设立博物馆指示路标，这样既方便了旅客参观，又扩大了非博物馆的知名度，实现经济效益和社会效益的"双赢"。

后 记

经过近半年的修改与完善，《齐地文博研究》终于要出版了。这是自己工作33年来学术成果的总结和回顾，更是8年多来自己博物馆工作成果和研究成果的具体体现，在此倍感欣慰。

本书的出版，得到了各相关单位领导和朋友、同事们的大力支持和帮助。淄博市文物局原副局长、文博研究员张光明先生在本书的名称界定、体例编排、内容设计等方面给予了精心指导，《管子学刊》原主编、山东理工大学教授于孔宝老师在文章的写作过程中给予了大力支持，淄博市博物总馆、淄博市博物馆的许多同事曾为本书的出版提供了许多资料和图片。成书期间，还得到了我的家人和其他亲朋好友的支持鼓励。正是在他们的支持、帮助和鼓励下，才有了《齐地文博研究》的顺利出版，在此一并表示衷心感谢！

王焕文

2022年3月1日夜